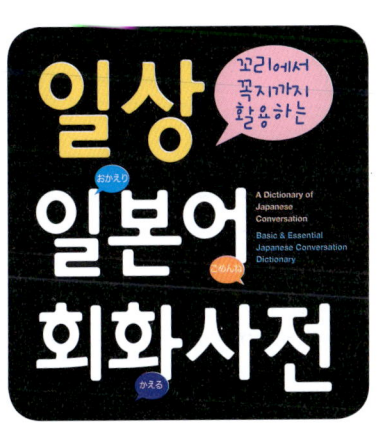

꼬리에서 꼭지까지 활용하는

일상

일본어

회화사전

A Dictionary of
Japanese
Conversation

Basic & Essential
Japanese Conversation
Dictionary

꼬리에서 꼭지까지 활용하는

일상 일본어회화 사전

저 자 이원준

발행인 고본화

발 행 반석출판사

자회사 탑메이드북

2014년 2월 15일 초판 1쇄 인쇄

2014년 2월 20일 초판 1쇄 발행

반석출판사 www.bansok.co.kr

이메일 bansok@bansok.co.kr

157-779 서울시 강서구 양천로 583번지 B동 904호

　　　(서울시 강서구 염창동 240-21번지 우림블루나인 비즈니스센터 B동 904호)

대표전화 02) 2093-3399 **팩 스** 02) 2093-3393

출 판 부 02) 2093-3395 **영업부** 02) 2093-3396

등록번호 제315-2008-000033호

Copyright ⓒ 이원준

ISBN 978-89-7172-734-8 (13730)

Preface

우리나라 사람들이 일본어 회화를 하는 단계를 살펴보면 [교재로 공부하면서 따라 하기] → [우리나라 사람들끼리 서툴지만 프리토킹 해보기] → [최종적으로 원어민과의 대화하기]가 일반적인 순서일 것입니다. 결국 원어민에게 모르는 것도 물어보고 발음도 세련되게 바로잡고 다양한 표현도 익혀야 하는데 막상 그들 앞에 서면 평소에 잘 알고 있던 기본 동사조차 잘 떠오르지 않습니다.

그래서 필요한 것이 회화사전입니다. 온갖 상황에 따른 대화 표현이 잘 정리되어 있는 회화사전을 가지고 다니면서 하고 싶은 말을 미리 찾다보면 의외로 머릿속에 오래 남습니다. 회화사전은 깊은 학문을 연구하는 책이 아니며 극히 실용적인 책일 수밖에 없습니다. 따라서 관련 표현을 찾아보기 편리해야 합니다. 특히 일정한 표현에 얽매이기보다는 다양한 표현을 익힘으로써 특정 상황에서 자유자재로 활용할 수 있다면 금상첨화입니다.

혼자서 이 책을 볼 때는 일본어 부분을 가리고 우리말만 보고 일본어 문장을 추측해보는 훈련이 필요합니다. 이런 식으로 이 책을 소화한다면 기본적인 표현들은 거의 머릿속에서 자유자재로 꺼내어 쓸 수 있습니다.

독자 여러분, 인생은 어차피 혼자 개척해 가야하는 외로운 길입니다. 앞으로 큰 성취를 이루시길 바라며 인생의 교훈이 되는 경구를 전합니다. - 사람의 일생은 무거운 짐을 지고 먼 길을 가는 것과 같으니 서두르지 말지어다.

2014년 2월
이원준

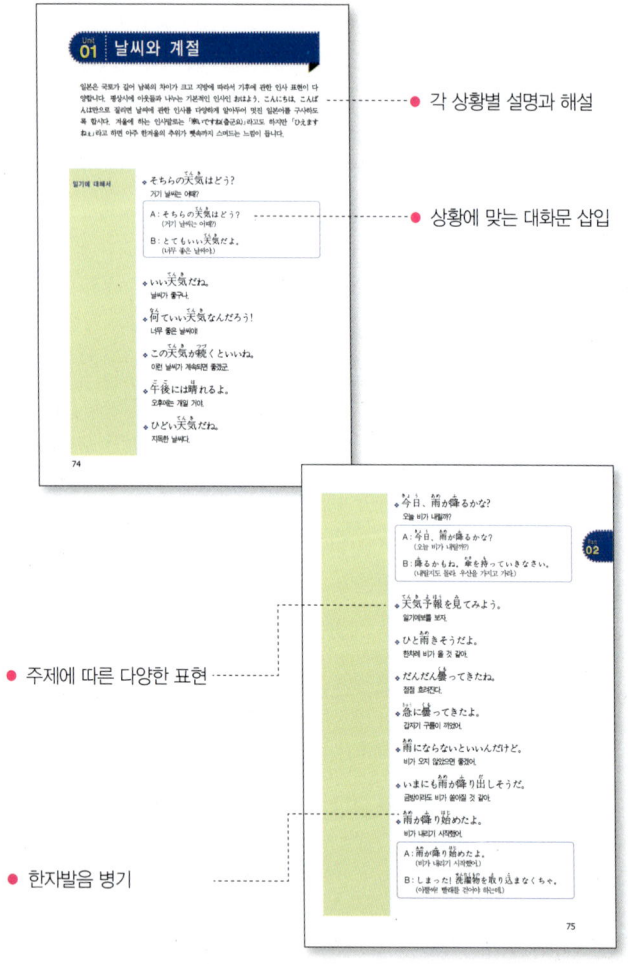

● 각 상황별 설명과 해설

● 상황에 맞는 대화문 삽입

● 주제에 따른 다양한 표현

● 한자발음 병기

일어회화를 정복하기 위해서는 자나 깨나 일어로 생각하고 일본어에 미쳐
야 한다. 따라서 본서에서는 몇 가지 학습방법을 제시한다.

1. 언제 어디서나 휴대할 것

새로 익힌 표현은 꼭 메모하여 본 사전에서 찾아볼 것. 책에서 열 번 읽은
것보다 native에게 직접 들은 말은 기억에 오래 남는다. 이 책의 장점이 바
로 휴대에 편한 사이즈므로 언제나 갖고 다닐 것. 언제 어디서나 학습 여건
이 나쁜 대중교통을 이용하면서 활용이 가능하다.

2. 본 사전을 활용하여 매일 일어로 일기를 쓸 것

머릿속에서 자꾸 문장을 만드는 것은 직접적인 writing 연습이며 간접적으
론 speaking 훈련이 된다. 꾸준히 계속하는 것이 가장 중요하다.

3. 틈만 나면 소설책처럼 읽을 것

자꾸 책을 접하다보면 자기가 필요한 부분을 찾을 때도 순식간에 찾아낼 수
있고 문장 암기에도 효과적이다. 자투리 시간에도 늘 펼쳐 읽는다면 책이
너덜거리기 전에 당신은 이미 이 책이 필요 없어질 것이다.

4. 동시통역사를 준비하는 기분으로 연습할 것

책갈피 가리개를 이용하여 일어 부분을 가리고 우리말만 보고 일어 문장을
추측해보는 훈련이 필요하다. 이런 식으로 소리 내어 읽는 연습을 겸한다면
네이티브 앞에서 상당한 자신감을 유지할 수 있을 것이다.

5. 일본드라마, 영화를 활용할 것

외국어 학습의 가장 중요한 과정은 반복 학습이다. 하지만 반복은 필연적으
로 지루함을 동반한다. 그래서 드라마나 영화, J-pop을 교재로 삼으면 재미
와 학습이라는 일석이조의 효과를 얻을 수 있다.

∶ 목차

Vol.1 Common Japanese Conversation
일상 일본어 회화

Part 01 | 기본 회화

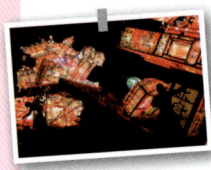

CONTENT :

Part 02 | 일상 회화

Part 03 여행 회화

Part 04 | 비즈니스 회화

Vol.2 Practical Japanese Conversation
실용 일본어 회화

Part 01 | 대화 표현

Part **02** | 의견 표현

Vol.1

Common Japanese Conversation
일상 일본어회화

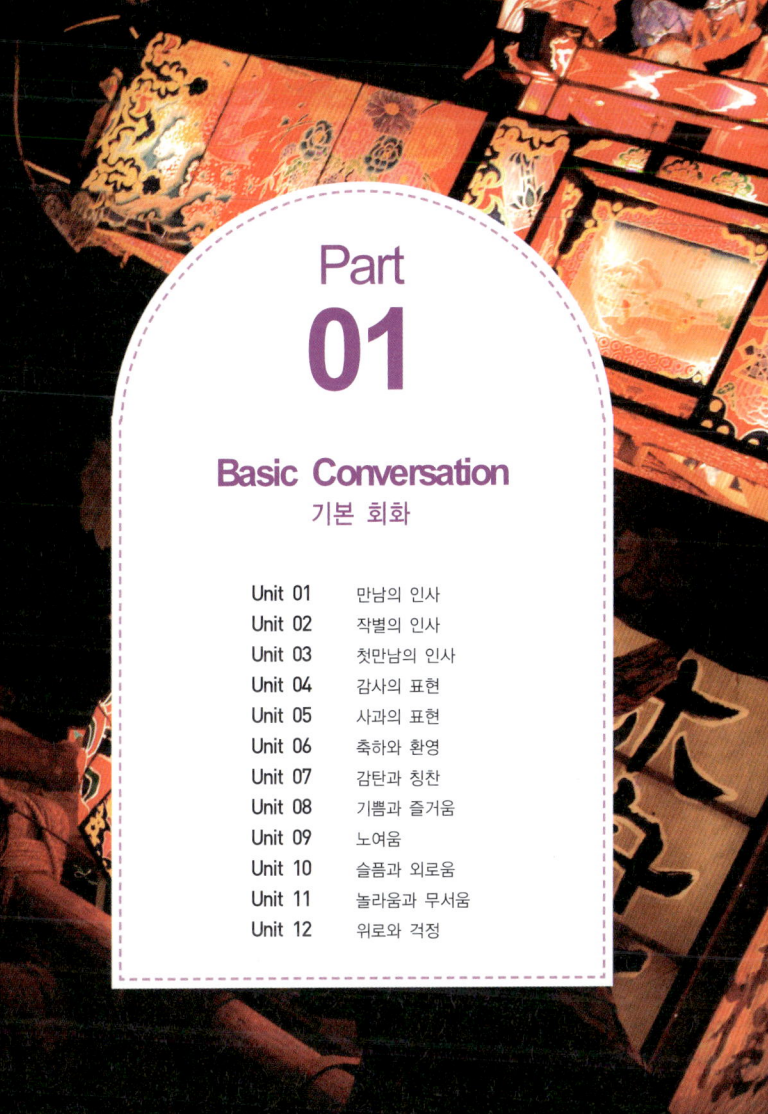

Part
01

Basic Conversation
기본 회화

인사는 모든 인간관계의 출발점입니다. 우리는 아는 사람을 만났을 때 보통 쓰는 말이 「안녕하세요?」이지만, 일본어의 인사는 영어처럼 아침(おはようございます), 낮(こんにちは), 저녁(こんばんは)을 구분하여 씁니다. 서양인들도 그렇지만 일본인들도 낯선 사람에게 인사를 건네는 데 익숙한 편입니다. 인사를 잘하는 것만으로도 인간관계가 부드러워집니다.

일상적으로 만날 때

❖ やあ!
안녕!

❖ おはようございます。
안녕하세요(아침).

❖ こんにちは。
안녕하세요(낮).

❖ こんばんは。
안녕하세요(저녁).

❖ 今、どこへ?
어디 가십니까?

❖ いい天気ですね。
날씨가 좋네요.

❖ 行って来ます。
다녀올게요.

❖ 行って参ります。
다녀오겠습니다.

❖ いってらっしゃい。
잘 다녀오세요.

❖ ただいま。
다녀왔습니다.

❖ お帰りなさい。
어서 오세요.

근황을 물을 때

❖ お元気ですか。
잘 지내십니까?

❖ 元気ですか。
잘 지내세요?

❖ 元気?
잘 지내니?

❖ 調子はどう?
요즘 어때?

❖ 元気だよ。
잘 지내고 있어.

> A : 元気ですか。
> (잘 지내세요?)
> B : 元気だよ。
> (잘 지내고 있어.)

❖ 元気そうだね。
좋아 보인다.

❖ お変りありませんか。
별일 없으세요?

21

❖ まあまあだよ。
그럭저럭.

A : 調子はどう？
(요즘 어때?)
B : まあまあだよ。
(그럭저럭.)

❖ どうしてる？
무슨 일 있어?

❖ 別に何も。
별일 없어.

A : どうしてる？
(무슨 일 있어?)
B : 別に何も。君は？
(별일 없어. 너는?)

❖ 仕事はどう？
일은 어때?

A : 仕事はどう？
(일은 어때?)
B : まあまあだよ。
(그럭저럭.)

❖ 気分はどうですか。
기분은 어떠세요?

❖ この頃はいかがですか。
요즘은 어떠십니까?

❖ 事業はうまくいっていますか。
사업은 잘 되십니까?

❖ 相変わらずだよ。

여전해.

❖ 相変わらず忙しいの?

여전히 바쁘니?

A : 相変わらず忙しいの?
（여전히 바쁘니?）

B : 前ほどではないよ。
（예전만큼은 아니야.）

❖ 忙しそうだね。

바쁜 것 같구나.

A : 来週、仕事で中国に行かなくちゃならないんだ。
（다음 주에 일 때문에 중국에 가야 해.）

B : 忙しそうだね。
（바쁜 것 같구나.）

❖ 何か変わったことは?

무슨 별다른 일이라도 있어?

❖ いや、別に。

아니, 별로.

작별의 인사

매일 만나는 친근한 사이에서는 じゃね, また明日, またね와 같은 가벼운 인사를 건넵니다. 늘 건네는 짧은 인사말에서도 그때그때 기분에 따라 상대에 대한 감정이 묻어나기도 합니다. 밤에 헤어질 때는 おやすみなさい, 친근한 사이라면 おやすみ라고 합니다. 또한 「~によろしくおつたえください(~에게 잘 안부 전해 주십시오)」는 헤어지면서 다른 상대의 안부를 전할 때 쓰이는 표현입니다.

일상적인 작별 인사

❖ さようなら。
잘 가.

❖ バイバイ。
바이바이.

❖ またね。
또 가까운 시일 내에 보자.

❖ また近いうちに。
곧 다시 만나자.

❖ また明日。
내일 보자.

❖ じゃあ、行くね。
그럼 갈게.

A : 出かける時間だ。じゃあ、行くね。
　　(갈 시간이네. 그럼 갈게.)
B : さようなら。
　　(안녕.)

❖ もう行かなければ。
이제 가봐야 돼.

24

A：遅くなってきたね。もう行かなければ。
（늦었네. 그만 가봐야겠어.）

B：わかったわ、またね。
（그래, 또 보자.）

❖ よい一日を。
좋은 하루 보내세요.

❖ よい週末を。
좋은 주말 보내세요.

❖ よいご旅行を。
즐거운 여행되세요.

❖ 休暇を楽しんでね。
휴가 잘 보내요.

❖ 元気でね。
잘 지내라.

A：じゃあね。中村。
（잘 가. 나카무라.）

B：バイバイ、吉岡。元気でね。
（바이바이, 요시오카. 잘 지내라.）

❖ 頑張ってね!
힘내요!

❖ いつでも立ち寄ってね。
언제든 들러.

A：いつでも立ち寄ってね。
（언제든 들러.）

B：ありがとう。そうさせてもらうわ。
（고마워. 그럴게.）

❖ お会いできてうれしかったです。

만나서 반가웠습니다.

> A : もう行かなければ。お会いできてうれし
> かったです。
> (이제 가봐야겠습니다. 만나서 반가웠습니다.)
>
> B : こちらこそ、お会いできてよかったです。
> (저야말로 만나서 반가웠습니다.)

안부를 전할 때

❖ 奥さんによろしく。

부인에게 안부 전해줘.

> A : 奥さんによろしく。
> (부인께 안부 좀 전해줘.)
>
> B : 伝えておくよ。ありがとう。
> (전할게. 고마워.)

❖ 恵美さんによろしくお伝えください。

메구미 씨에게 안부 전해 주세요.

❖ お父さんによろしく。

아버님께 안부 전해 주세요.

❖ 木村先生にどうぞよろしくお伝えください。

기무라 선생님께 부디 안부 전해 주십시오.

❖ ご両親によろしく。

부모님께 안부 전해 주세요.

❖ 関山によろしく言っておいてね。

세키야마에게 안부 전해 줘.

26

남처음 만나 나누는 일본어 인사말을 보면 같은 문화권이라 우리나라 인사와 동질감이 뚜렷이 느껴집니다. 처음 소개받았을 때는 **はじめまして。私は ~です。どうぞよろしくお願いします**를 기계적으로 말해도 좋습니다. 그리고 자신을 낮추는 겸양 표현이 발달되어 있으므로 잘 알아두면 상대에게 좋을 인상을 줄 것입니다.

| 처음 만났을 때 | ❖ **はじめまして。** |
| | 처음 뵙겠습니다. |

A : こんにちは。中村といいます。
　　(안녕하세요. 나카무라라고 합니다.)
B : はじめまして、中村さん。
　　(처음 뵙겠습니다. 나카무라 씨.)

❖ **こちらこそ。**
저야말로.

A : はじめまして。
　　(만나서 반갑습니다.)
B : こちらこそ。
　　(저야말로.)

❖ **山田といいます。**
야마다라고 합니다.

❖ **ヒロと呼んでください。**
히로라고 불러 주세요.

❖ **お会いできてうれしいです。**
만나뵙게 되어 기쁩니다.

❖ 中村さん、お会いできて光栄です。

나카무라 씨, 만나게 되어 영광입니다.

❖ お会いすることを楽しみにしていました。

만나 뵙기를 고대했습니다.

❖ ずっとお会いしたいと思っていました。

늘 만나 뵙고 싶었습니다.

소개할 때

❖ 吉本さんを紹介しましょう。

요시모토 씨를 소개하겠습니다.

❖ 友人の木村さんを紹介します。

친구 기무라 씨를 소개하겠습니다.

❖ よかったら今度彼に紹介しましょうか。

괜찮으시다면 이번에 그를 소개할까요?

❖ 会ったことがなければ紹介しておきましょう。

만난 적이 없으면 소개해 드리지요.

❖ キムさん、佐藤さんに会うのは初めてですね。

김 씨, 사토 씨를 만나는 것은 처음이지요.

❖ 李さん、こちらは田中さんです。

이 씨, 이분은 다나카 씨입니다.

❖ こちらがうちの娘で、こちらが妻です。

이 아이는 우리 집 딸이고, 이쪽이 아내입니다.

❖ キムさん、こちらが私の上司の田中です。

김 씨, 이분은 제 상사인 다나카입니다.

❖ こちらが本日着任された山田課長です。
이분이 오늘 부임한 야마다 과장님입니다.

❖ こちらがこの本の著者の小川先生です。
이분이 이 책의 저자인 오가와 선생입니다.

소개받았을 때

❖ ちょっと自己紹介させてください。
잠깐 제 소개를 하겠습니다.

❖ はじめまして、石原里美と申します。
처음 뵙겠습니다. 이시하라 사토미라고 합니다.

❖ どこかでお会いしたことはありませんか。
어디서 만난 적이 없습니까?

❖ お名前だけは存じていました。
성함만 알고 있었습니다.

A : こんにちは。中村です。
(안녕하세요. 나카무라입니다.)

B : お名前だけは存じていました。お会いでき
てうれしいです。
(성함만 알고 있었습니다. 만나서 반갑습니다.)

❖ 以前にお会いしたことがありますか。
전에 만난 적이 있나요?

A : 以前にお会いしたことがありますか。
(전에 만난 적이 있나요?)

B : いいえ、ないと思います。
(아니오, 없는 것 같은데요.)

29

❖ 前にお会いしたことがあるように思うのですが。

전에 만난 적이 있는 것 같습니다만.

❖ あなたとは電話でお話ししたことがあります。

당신과는 전화로 통화한 적이 있습니다.

A : あなたとは電話でお話ししたことがあります。

(당신과 전화로 통화한 적이 있습니다.)

B : ええ、覚えています。

(예, 기억하고 있습니다.)

❖ お目にかかったことはないと思いますが。

뵌 적이 없는 것 같은데요.

❖ あなたとは初めてだと思いますが。

당신과는 처음인 것 같은데요.

❖ すみません、別の人と間違えてしまいました。

죄송합니다. 다른 사람으로 착각했습니다.

상대와 친해지기
위한 질문

❖ どこのお生まれですか。

어디 태생입니까?

❖ こちらの生活はどうですか。

이곳 생활은 어떻습니까?

❖ どちらへお勤めですか。

어디에 근무하십니까?

❖ 学校はどちらですか。

어느 학교에 다닙니까?

◆ 大学はどこでしたか。
어느 대학을 나왔습니까?

◆ ご趣味は何ですか。
취미는 무엇입니까?

◆ ご家族は何人ですか。
가족은 몇 분입니까?

◆ 日本語が話せますか。
일본어를 할 줄 아나요?

◆ 日本にはいつまでいるんですか。
일본에는 언제까지 있습니까?

◆ これからも連絡を取り合いましょうね。
앞으로도 서로 연락합시다.

◆ どうしたら連絡がつきますか。
어떻게 하면 연락이 됩니까?

◆ ここへは仕事で来ていますか。
여기는 업무로 오셨습니까?

◆ 韓国の生活にはもう慣れましたか。
한국의 생활에는 이제 익숙해졌습니까?

선진국 국민들이 가장 잘 하는 인사가 바로 감사와 사과 인사입니다. 한국인들은 친근한 사이일수록 이런 인사를 잘 못하는 경우가 많은데 일본인뿐 아니라 외국인과의 원만한 인간관계를 위해서 언제나 입에서 나오도록 연습합시다. 감사 표현은 **どうもありがとうございます**, 친근한 사이에선 **ありがとう**나 **どうも**로도 통합니다.

감사할 때

❖ ありがとう。
고마워요.

> A : これはあなたへのプレゼントです。
> (이것은 당신에게 드리는 선물입니다.)
> B : ありがとう。
> (고맙습니다.)

❖ はい、どうも。
네, 고마워요.

❖ どうもありがとう。
대단히 감사합니다.

❖ どうもありがとうございます。
대단히 고맙습니다.

❖ 本当にありがとうございます。
정말로 고맙습니다.

❖ 何はともあれ、ありがとう。
아무튼 고마워요.

❖ 感謝します。
감사합니다.

도움을 받았을 때

❖ いろいろありがとう。
여러 가지로 감사합니다

❖ とにかくありがとう。
아무튼 고마워.

> A：寒いけれど、今日は手伝えないんだ。
> (춥지만, 오늘은 도울 수가 없어.)
> B：いいんだ。とにかくありがとう。
> (괜찮아. 아무튼 고마워.)

❖ いろいろお世話になりました。
여러모로 신세를 많이 졌습니다.

❖ 先日はどうも。
일전에는 고마웠어.

❖ あなたのおかげで助かりました。
당신 덕택에 도움이 되었습니다.

❖ お手伝いありがとう。
거들어 줘서 고마워요.

❖ ご面倒をおかけしました。
수고를 끼쳐드렸습니다.

❖ いつも助けてくれてありがとう。
늘 도와 주셔서 고맙습니다.

❖ みんなの応援、心から感謝します。
여러분의 응원, 진심으로 감사드립니다.

❖ お礼の言葉もありません。
뭐라 감사드려야 할지 모르겠습니다.

❖ ほめてくれてありがとう。
　　칭찬해줘서 고마워.

> A : あなたの新しい髪型、とてもいいわね。
> 　　(당신의 새로운 헤어스타일이 너무 멋있어요.)
> B : ほめてくれてありがとう。
> 　　(칭찬해 줘서 고마워.)

❖ そう言ってくれてありがとう。
　　그렇게 말해줘서 고마워요.

❖ 知らせてくれてありがとう。
　　알려줘서 고마워.

❖ 励ましてくださってありがとう。
　　격려해주셔서 고마워요.

❖ 会いに来てくれてありがとう。
　　만나러 와줘서 고마워.

❖ 音楽会の切符、ありがとうございました。
　　음악회 표, 고마웠습니다.

❖ ご招待ありがとうございます。
　　초대해 주셔서 고맙습니다.

❖ お出迎えいただいて本当にありがとうございます。
　　마중을 나와 주셔서 정말로 고맙습니다.

❖ あなたにはとても感謝しています。
　　당신께 매우 감사하고 있습니다.

신물을 주고받을 때

❖ プレビントをどうもありがとう。
선물 무척 고마워요.

❖ 私にくださるのですか。どうもありがとう。
저에게 주시는 겁니까? 너무 고마워요.

❖ うわあ、うれしい！本当にありがとう。
아, 기뻐! 정말 고마워.

❖ 思いがけないことです。どうもありがとう。
뜻밖입니다. 너무 고마워요.

❖ こういう物を前から欲しいと思っていました。
이런 것을 전부터 갖고 싶었습니다.

❖ ありがとう。そんなことなさらなくてもよかったのに。
고마워요. 이렇게 하시지 않아도 되는데….

격식을 차려 감사를 표현할 때

❖ そうしていただければ、とてもありがたいのですが。
그렇게 해주시면 무척 고맙겠습니다만.

❖ ご親切に、本当に感謝しております。
친절을 베풀어 주셔서 정말 감사하고 있습니다.

❖ ご来社くださり厚くお礼を申し上げます。
저희 회사에 방문해 주셔서 깊은 감사를 드립니다.

❖ 何と御礼を申したらいいのかわかりません。
뭐라 감사의 말씀을 드려야 좋을지 모르겠습니다.

❖ いくら感謝してもしきれないほどです。
아무리 감사를 드려도 부족할 정도입니다.

❖ どういたしまして。
천만에요.

A : ありがとう。
(고마워요.)

B : どういたしまして。
(천만에요.)

❖ お安いご用です。
별 것 아니에요.

A : お時間をいただき、ありがとうございます。
(시간을 내주셔서 감사합니다.)

B : お安いご用です。
(별것 아닌 걸요.)

❖ 大したことじゃないよ。
대단치 않아.

A : いろいろとやってくれてありがとう。
(여러 가지로 수고해줘서 고마워.)

B : いや、大したことじゃないよ。
(아냐, 대단한 것도 아닌데.)

❖ お役に立ててうれしいです。
도움이 되었다니 기쁩니다.

A : 親切にしていただき、ありがとうございます。
(친절하게 대해 주셔서 감사합니다.)

B : お役に立ててうれしいです。
(도움이 되었다니 기쁩니다.)

❖ またいつでもどうぞ。
또 언제든지 도와줄게.

A：教えてくれてありがとう。
（가르쳐 줘서 고마워.）

B：またいつでもどうぞ。
（언제든지 또 물어봐.）

❖ いつでも喜んでお手伝いしますよ。

언제라도 기꺼이 도와 드릴게요.

❖ お手伝いが必要なときは、遠慮なく言ってね。

도움이 필요할 때는 서슴없이 말해.

A：ありがとう。とても助かったよ。
（고마워. 많은 도움이 됐어.）

B：手伝いが必要なときは、遠慮なく言ってね。
（도움이 필요할 때는 언제든 말해.）

❖ どういたしまして。礼にはおよびません。

천만에요. 감사할 것까지는 없습니다.

❖ こちらこそ、どうもありがとう。

저야말로 감사합니다.

A：ご招待いただき、ありがとう。
（초대해 줘서 고마워요.）

B：こちらこそ。来てくれてうれしいわ。
（나야말로, 와줘서 기뻐요.）

❖ 取り立てて言うほどでもありません。

원 별말씀을 다 하십니다.

37

우리나라를 지배하는 이념이 경로효친 사상이라면 일본을 지배하는 이념은 「남에게 피해를 주지 말라」는 것입니다. 따라서 전철에서도 휴대폰 사용을 극히 자제하는 편 입니다. 하지만 사회생활을 하다보면 본의 아니게 폐를 끼치는 일은 발생할 수밖에 없으므로 사과 인사를 제대로 알아둡시다. 대표적인 인사로 **すみません**, **ごめんなさ い**는 기억해둡시다.

사죄를 표할 때	❖ ごめんなさい。

❖ ごめんなさい。
미안해요.

> A : また遅刻だね。
> (또 지각이구나.)
>
> B : すみません。寝過ごしてしまって。
> (미안해. 늦잠을 잤어.)

❖ すみません。
미안합니다.

❖ どうもすみませんでした。
너무 죄송했습니다.

❖ 私がいけなかったんです。
제가 잘못했습니다.

❖ 何とお詫びしてよいかわかりません。
뭐라고 사죄를 드려야 좋을지 모르겠습니다.

❖ 申し訳ありません。
죄송합니다.

❖ おわび申し上げます。
사죄드립니다.

❖ 心からおわびいたします。

진심으로 사과드립니다.

❖ 私が悪かったんです。

제 잘못이에요.

❖ それはどうもすみませんでした。

그 점에 대해 죄송하게 생각합니다.

> A : これは私が注文したものとは違います。
> (이것은 제가 주문한 것이 아닙니다.)
>
> B : それはどうもすみませんでした。
> (그 점에 대해 죄송스럽습니다.)

**사과·사죄의 이유를
말할 때**

❖ 遅くなってすみません。

늦어서 미안합니다.

❖ 気を悪くしたならごめんなさい。

기분 나쁘게 했다면 미안해.

❖ こんなことになってしまってごめんなさい。

이렇게 되어버려 죄송합니다.

❖ お待たせしてすみませんでした。

기다리게 해서 죄송했습니다.

❖ ばかなことをして申し訳ありません。

바보같은 짓을 해서 죄송합니다.

❖ 約束を守らないですみません。

약속을 지키지 못해서 죄송합니다.

❖ お気にさわったらごめんなさい。

비위에 거슬렸다면 미안해요.

❖ 行き過ぎてたらごめんなさい。

지나쳤다면 죄송해요.

실수나 폐를
끼쳤을 때

❖ 間違えました。すみません。

착각했습니다. 미안합니다.

❖ 失礼しました。

실례했습니다.

❖ すみません。不注意でした。

미안해요. 부주의였습니다.

❖ 本当にすみません。うっかりしました。

정말로 미안합니다. 깜빡했습니다.

❖ ご迷惑をおかけして申し訳ありません。

폐를 끼쳐 드려서 죄송합니다.

❖ ご面倒をおかけして申し訳ありません。

귀찮게 해드려 죄송합니다.

❖ お邪魔にならなければよろしいんですが。

폐가 되지 않으면 좋겠습니다만.

실례를 할 때

❖ 失礼ですが、日本の方ですか。

실례합니다만, 일본 분입니까?

❖ ちょっとすみません。通り抜けてもいいで
しょうか。

잠깐 실례합니다. 지나가도 될까요?

❖ 失礼ですが、お名前をうかがってよろしいですか。

실례합니다만, 성함을 여쭤도 되겠습니까?

❖ ちょっと失礼します。すぐ戻ります。

잠깐 실례하겠습니다. 곧 돌아오겠습니다.

❖ どうも失礼いたしました。

무척 실례가 많았습니다.

❖ ぶしつけじゃなければいいんですが。

실례가 되지 않는다면 좋겠습니다만.

**잘못을 인정하고
용서를 구할 때**

❖ 私のほうこそごめんなさい。

저야말로 죄송합니다.

❖ 私がいけませんでした。

제가 잘못했습니다.

❖ 私こそ悪かったんです。

저야말로 잘못했습니다.

❖ 二度と同じ間違いはしません。

다시는 같은 실수를 하지 않겠습니다.

❖ 許していただけますか。

용서해 주시겠습니까?

❖ 私のしたことをお許しください。

제가 한 짓을 용서해 주십시오.

❖ 仕方がなかったんです。

어쩔 수 없었습니다.

❖ どうか許してください。
제발 용서해 주세요.

❖ 今後は気をつけます。
앞으로는 주의하겠습니다.

❖ ご迷惑をおかけするつもりはなかったのです。
폐를 끼쳐 드릴 생각은 없었습니다.

사과·사죄의 응답

❖ いいんですよ。
괜찮아요.

A: ごめんなさい。忘れていました。
　　(죄송해요. 잊고 있었어요.)
B: いいんですよ。
　　(괜찮아요.)

❖ 大丈夫。何でもありませんよ。
괜찮아요. 아무것도 아닙니다.

❖ たいしたことじゃないんです。
대수로운 것은 아닙니다.

❖ かまいませんよ。
상관없어요.

❖ いいんですよ。気にしないでください。
괜찮아요. 걱정하지 말아요.

❖ 何でもないですよ。ご心配なく。
아무것도 아니에요. 걱정하지 말아요.

❖ いいんですよ。誰だって間違えますよ。
괜찮아요. 누구라도 틀려요.

❖ しかたがないよ。
어쩔 수 없는 일이지.

> A : 遅れてすみません。電車が遅れたんです。
> (늦어서 죄송합니다. 전철이 늦어서요.)
>
> B : いいんだ。しかたがないよ。
> (괜찮아. 어쩔 수 없는 일이지.)

❖ 私のほうこそごめんなさい。
저야말로 죄송합니다.

❖ 謝っていただく必要はありません。
사과하실 필요 없어요.

❖ あなたのせいではないわ。
네 탓이 아니야.

> A : 謝らなければならないんだけど。
> (사죄를 해야겠어.)
>
> B : いいえ、あなたのせいではないわ。
> (아니야, 네 잘못이 아니야.)

❖ 誰にだって間違いはあるよ。
누구나 실수는 할 수 있어.

> A : ばかなことをしてしまってごめんね。
> (어처구니없는 짓을 저질러서 미안해.)
>
> B : いいんだ。誰にだって間違いはあるよ。
> (괜찮아. 누구나 실수할 수 있어.)

❖ これから気をつけてね。
앞으로 조심해.

친근한 사이라면 「おめでとう(축하해)」라고 하지만, 정중하게 말할 때는 ございます를 덧붙여 「おめでとうございます(축하드립니다)」라고 합니다. 축하에 대한 응답으로는 「ありがとう(고마워)」나 「おかげさまで(덕분에)」라고 하면 됩니다. 또한 よくいらっしゃいましたゃ おいでくださいました를 생략하여 「ようこそ(잘 오셨습니다)」만으로 방문한 사람을 맞이하는 환영의 인사말로 쓰입니다.

축하할 때	
	❖ おめでとう。
	축하해요.
	❖ お祝いしよう!
	축하하자!
	❖ おめでとうございます。
	축하합니다.
	❖ ご昇進おめでとうございます。
	승진을 축하드립니다.
	❖ 合格おめでとう。
	합격을 축하해요.
	❖ ご結婚おめでとうございます。
	결혼을 축하드립니다.
	❖ お誕生を心からお祝い致します。
	출산을 진심으로 축하드립니다.
	❖ ご卒業おめでとう。
	졸업 축하해.

❖ 誕生日 おめでとう。

생일 축하해.

❖ おめでとう。良かったですね。

축하해요. 다행이네요.

❖ おめでとう。プレゼントです。

축하해요. 선물입니다.

❖ 就職が決ってよかったね。

취직이 결정되어 다행이군.

❖ こんなすばらしいことはないわ。

이렇게 멋진 일은 없어.

❖ 乾杯しよう!

건배하자!

❖ 健康のために乾杯!。

건강을 위해 건배!

축복을 기원할 때

❖ よかったですね。しあわせを祈ります。

다행이군요. 행복을 빌게요.

❖ どうぞお幸せに。

부디 행복하세요.

❖ 新年 おめでとう。

새해 복 많이 받아요.

❖ あけましておめでとうございます。

새해 복 많이 받아요

❖ 母の日、おめでとう。

어머니날, 축하해요.

❖ あなたと歩いてこられてよかった。

당신과 함께 올 수 있어서 다행이야.

❖ 幸運を祈ります。

행운을 빌겠습니다.

환영할 때

❖ いらっしゃい!

어서오세요!

❖ どうぞお入りください!

자 들어오십시오!

❖ 大歓迎です。

대환영입니다.

❖ ようこそ。

잘 오셨습니다.

❖ ようこそおいでくださいました。

참으로 잘 와주셨습니다.

❖ 入社を歓迎します。

입사를 환영합니다.

❖ 木村さん、心より歓迎いたします。

기무라 씨, 진심으로 환영합니다.

❖ ぜひいらしてください。

꼭 오십시오.

❖ 首を長くしてお待ちしていました。

학수고대하고 있었습니다.

❖ この日が来るのを待っていました。

이 날이 오기를 기다렸습니다.

「**すばらしい！ すごい！ すてき！**」 등 칭찬과 감탄을 나타내는 표현은 상대방의 자존심을 세워주고 대화에 활력을 불어넣어줍니다. 또한 일본인은 잘 알지 못하는 상대에 대해서도 칭찬을 곧잘 하는 편입니다. 하지만 칭찬을 들었다고 그 말을 액면 그대로 받아들여 우쭐해하는 것은 곤란합니다. 자신에 대한 칭찬을 조금 걸러서 듣고 남에겐 적절한 타이밍에 칭찬을 건네는 사람이 됩시다.

감탄을 나타낼 때

❖ 素晴らしいですね。
멋지군요.

❖ 素敵！
멋져!

❖ すごいね。
굉장하군.

❖ さすがだね。
역시(대단하군).

❖ それは大したもんだ。
정말 대단하다.

> A : 中村は自分の会社を立ち上げたんだよ。
> (나카무라가 자신의 회사를 설립했대.)
>
> B : それは大したもんだ。
> (정말 대단하다.)

❖ なんて綺麗なんでしょう。
정말 예쁘죠.

❖ とても感動したよ。
정말 감동했어.

47

❖ 面白いですね!

재미있군요!

❖ へえ、これはすごい!

음, 이거 대단하군!

❖ 夢みたいだ。

꿈같아.

> A : 君に奨学金がでることになったよ。
> (네가 장학금을 타게 됐어.)
> B : 本当? 夢みたいだ。
> (정말? 꿈같아.)

❖ うわあ、素晴らしい。

우와, 멋지다.

❖ 美しいなあ。

아름답구나.

❖ なんていい眺めでしょう。

정말 전망이 멋지죠.

❖ いい景色ですね。

경치가 좋군요.

❖ なんていい天気なんでしょう。

무척 좋은 날씨이죠.

❖ やったあ!

해냈어!

> A : 中村、君がコンテストに優勝したんだよ!
> (나카무라, 네가 콘테스트에서 우승했대!)
> B : やったあ!
> (해냈어!)

칭찬할 때

❖ よくやった。
　잘 했어.

> A : 自己最高記録を更新したんだ。
> 　　(개인 최고기록을 갱신했어.)
>
> B : よくやった!
> 　　(잘 했어!)

❖ 似合ってるわよ。
　어울려.

> A : どうかしら?
> 　　(어때 보여?)
>
> B : 似合ってるよ。
> 　　(잘 어울려.)

❖ かっこいいよ。
　멋있어.

❖ かわいいね。
　귀엽군.

❖ いいぞ!
　좋아!

> A : やっと論文を書き上げたよ。
> 　　(겨우 논문을 완성했어.)
>
> B : いいぞ!
> 　　(좋아!)

❖ えらいぞ。
　훌륭해.

❖ いい子だね。
　착한 아이구나.

❖ 大したもんだね。

대단해.

❖ いいことだね。

좋은 일이야.

> A : フランス語の勉強を始めたの。
> (프랑스어 공부를 시작했어.)
>
> B : いいことだね。
> (좋은 일이야.)

❖ とても似合いますよ。

잘 어울려요.

❖ お見事です。

훌륭합니다.

❖ 私も鼻が高いわ。

나도 우쭐한데.

> A : ABC社に就職が決まったよ。
> (ABC사에 취직이 결정됐어.)
>
> B : すごいわね! 私も鼻が高いわ。
> (대단해! 나도 우쭐한데.)

❖ 頼りになるなぁ。

믿음직스러워.

> A : 心配しないで。あとはやっておくから。
> (걱정마라. 나머지는 내가 할게.)
>
> B : ありがとう。頼りになるなぁ。
> (고마워. 믿음직스러워.)

기쁨과 즐거움

유교 도덕이 남아있는 우리나라 사람들은 기쁜 일이 있을 때도 감정표현을 하는 것이 서툰 편입니다. 하지만 칭찬을 듣거나 선물을 받았을 때 적절한 감정 표현은 상대방에게 훌륭한 예의가 됩니다. 기쁨을 나타내는 표현으로는 「感動しました, 最高です, うれしいな!」가 있는데 한자어는 우리말 표현과 비슷하므로 기억하기 쉽습니다.

기쁘거나 즐거울 때

❖ わー! うれしいな!
와! 기쁘다!

❖ よかったあ!
잘됐다!

> A: 君、試験に受かったよ。
> (네가 시험에 합격했어.)
> B: よかったあ! すごく うれしいよ。
> (잘됐다! 너무 기뻐.)

❖ 最高ですよ。
최고예요.

❖ 感動しました。
감동했습니다.

❖ いい気分だ。
기분이 좋아.

❖ 今日は上機嫌だ。
오늘은 기분이 최고야.

❖ 最高の気分だぜ。
　기분이 최고야.

❖ われながらよくやったよ。
　　내가 했지만 만족해.

> A : 成功おめでとう。
> 　　(성공한 거 축하해.)
>
> B : ありがとう。われながらよくやったよ。
> 　　(고마워! 나도 만족스러워.)

❖ これにまさる喜びはありません。
　이보다 더 기쁠 수는 없습니다.

❖ 夢を実現したよ!
　꿈을 실현했어!

❖ 合格したよ!
　합격했어!

❖ それはすてきなことね!
　　그거 근사한 일이구나!

❖ うれしそうだね。
　　기뻐 보여.

> A : うれしそうだね。
> 　　(기뻐 보인다.)
>
> B : ええ。中村に誘われたの。
> 　　(맞아. 나카무라가 데이트 신청했거든.)

❖ うれしくて言葉になりません。
　기뻐서 말이 안 나옵니다.

❖ それはよかったですね。
　그거 다행이군요.

❖ これほどうれしいことはありません。
이만큼 기쁜 일은 없습니다.

❖ 待ちきれないよ!
빨리 하고 싶다!

> A : 今度の週末、スキーに行こうよ。
> (이번 주말에 스키 타러 가자.)
>
> B : いいね。待ちきれないよ!
> (좋아. 빨리 가고 싶어.)

❖ 有頂天だ。
기뻐서 어찌할 바를 모르겠어.

❖ 夢見てるようだ。
꿈꾸고 있는 것 같아.

❖ これにまさる喜びはありません。
이보다 더 기쁠 수는 없습니다.

행운을 얻었을 때

❖ ついてる!
운이 좋군!

❖ ただ運がよかったのさ。
그저 운이 좋았던 거야.

❖ 当たった!
당첨됐어!

❖ 大当たりだ。
복 터졌어.

❖ それはよかった。
그거 다행이야.

❖ ここで君に会えるなんてついてる。
여기서 너를 만날 수 있다니 운이 좋아.

❖ 信じられない!
믿을 수 없어!

행복하거나 안심할 때

❖ 幸せ!
행복해!

❖ とっても幸せ。
너무 행복해.

❖ うれしくてたまらない。
좋아 죽겠어.

❖ やれやれ、これで一安心だ。
아이고, 이제야 한시름 놓겠군.

❖ なんて幸運な話なんだろう。
얼마나 다행스런 이야기야.

❖ ああ、ほっとした!
아, 한숨 돌렸어!

❖ よかったね。
다행이야.

❖ それを聞いて胸がすっきりした。
그걸 듣고 가슴이 시원했어.

일본인들의 국민성은 분노를 잘 감추는 편입니다. 한국인들이 조금씩 자주 화를 낸다면 일본인은 한꺼번에 터뜨리는 성격입니다. 하지만 한국인처럼 큰 소리를 내는 경우는 별로 없습니다. 인간관계에서 이런 경우는 대처가 쉽지 않은데 훌륭한 표현이 상대방의 분노를 누그러뜨리고 좋은 인간관계를 유지시켜줄 것입니다.

화가 날 때

❖ 頭にきたよ。
열받네.

❖ 怒っています。
화가 납니다.

❖ 腹が立つよ。
화가 나.

❖ あなたに腹を立てているのよ!
너한테 너무 화가 나.

> A : どうかしたの?
>   (무슨 일 있어?)
> B : あなたに腹を立てているのよ!
>   (너한테 너무 화가 나!)

❖ これ以上、我慢できないよ。
더 이상 참을 수 없어.

❖ もう限界だね。
이제 한계야.

❖ もううんざりだ。
이제 지겨워.

❖ それって、あんまりだよ。

그건, 너무해.

❖ ばかにするな!

바보 취급하지 마!

❖ もう我慢できない。

더 이상은 못 참겠어.

A : なぜ僕がこの仕事をしなければならないんだ?
（왜 내가 이 일을 해야 하지?）

B : 文句を言うのはやめろ! もう我慢できないよ。
（불평 좀 그만 해라! 더 이상은 못 참겠어.）

❖ 君はいったい何を考えているんだ!

너는 도대체 무슨 생각을 하는 거니?

❖ 言っただろ!

말했잖아!

A : 言っただろ! そんなに簡単に人を信じちゃダメだよ。
（말했잖아! 그렇게 쉽게 사람을 믿어서는 안 된다고）

B : そうだったわね。失敗だったわ。
（그랬지. 실수였어.）

❖ 私に命令しないで!

나에게 명령하지 마!

❖ そんなことは百も承知だ。

그런 것은 잘 알고 있어.

❖ 誰に言っているのかわかってるか?

누구에게 말하고 있는지 알고 있나?

❖ 私を侮辱するなよ。

나를 모욕하지 마.

❖ もうたくさんだ!

그걸로 충분해.

A : 文句を言いたいことはまだあるんだ。
（불만이 몇 가지 더 있어.）

B : やめてくれ! もうたくさんだ!
（그만 좀 해라! 그쯤 했으면 됐어.）

❖ なんて厚かましいんだ!

정말 뻔뻔스럽구나!

❖ よけいなお世話だ。

쓸데없는 간섭이야.

A : 中村と仲直りするべきだと思うよ。
（나카무라와 화해해야 한다고 생각해.）

B : よけいなお世話だ!
（쓸데없는 간섭이야!）

❖ 君、頭がおかしいんじゃないの?

너, 머리가 이상한 거 아냐?

❖ 最低!

저질!

A : 彼ったら、私のことを無視したのよ。
（그가 나를 무시했어.）

B : 最低ね!
（저질이군!）

❖ 黙れ!

닥쳐!

❖ やめろよ!
그만해.

❖ 図々しい奴だ。
뻔뻔스런 녀석이야!

❖ 落ち着いて!
진정해요!

❖ そんなにかたくならないで。
그렇게 굳어 있지 마.

❖ そうむきになるなよ。
그렇게 정색하고 대들지 마.

❖ のんびりとやっていて。
느긋하게 해.

❖ あわてる必要はないです。
당황할 필요는 없습니다.

58

인생에선 늘 기쁜 일만 있을 수는 없고 슬픈 일이 찾아오게 마련입니다. 슬프거나 (悲しい) 우울할(憂うつな) 때도 모두 한 때입니다. 그때를 잘 넘기면 즐거운 일이 찾아옵니다. 일본인은 장례식에서도 눈물을 잘 보이지 않습니다. 어떤 경우에도 큰 소리를 내지 않도록 교육을 받은 것처럼 보입니다. 하지만 인간관계에서 결별과 같은 하기 어려운 말은 단호하게 잘 하는 것 같습니다.

슬플 때

❖ 悲しいな。

슬프구나.

❖ 何だか悲しい。

왠지 슬퍼.

❖ 胸が張り裂ける思いだった。

가슴이 찢어지는 아픔이었어.

❖ 私はずっと悲しみにくれている。

나는 쭉 슬픔에 잠겼어.

❖ なんと無情な!

얼마나 무정한가!

❖ 本当に傷ついたわ。

너무 가슴 아파.

A : あなた、本当に中村と別れたの?
(너, 정말 나카무라와 헤어졌니?)

B : ええ、本当に傷ついたわ。
(응, 정말 상처받았어.)

59

❖ 私の心の内を誰にもわからない。

내 마음은 아무도 몰라.

❖ もう泣きたいよ。

울고 싶어.

> A : 元気がないね。どうしたの?
> (기운이 없구나. 무슨 일 있나?)
>
> B : 財布をなくしたんだ。もう泣きたいよ。
> (지갑을 잃어버렸어. 울고 싶은 심정이야)

❖ 本当に傷ついたわ。

정말로 상처받았어.

외롭고 우울할 때

❖ 寂しいよ。

쓸쓸해.

❖ むなしいよ。

허무해.

❖ あなたには私の気持ちがわからないのよ。

넌 내 기분 이해 못해.

> A : そんなに落ち込むなよ。大したことじゃな
> いさ。
> (너무 우울해 하지 마. 별일도 아닌걸.)
>
> B : あなたには私の気持ちがわからないの
> よ。
> (넌 내 기분 이해하지 못할 거야.)

❖ ゆううつだ。仕事をなくした。

우울해. 일자리를 잃었어.

❖ 落ち込んでいます。
낙심하고 있습니다.

❖ 気がめいる。
마음이 우울해.

❖ 何もやる気がおきない。
아무 것도 할 마음이 생기지 않아.

❖ どうしてゆううつなの?
왜 우울하니?

❖ 今日、彼は陰気な感じだ。
오늘 그는 기분이 가라앉아 있어.

한탄할 때

❖ がっかりだよ。
실망이야.

❖ 残念だよ。
유감이야.

❖ ついてないな。
재수가 없네.

❖ 困ったな。
난처해.

❖ 最悪だよ。
최악이야.

❖ 失望したよ。
실망했어.

❖ 絶望的だよ。
절망적이야.

❖ つら過ぎるよ。

너무 괴로워.

❖ 希望が持てないよ。

희망을 가질 수 없어.

지루할 때

❖ つまらなかったわ。

지루했어.

> A : ゆうべのパーティーはどうだった?
> 　　(어젯밤 파티는 어땠나?)
>
> B : つまらなかったわ。
> 　　(따분했어.)

❖ あんまりだよ。

너무해.

❖ 退屈で死にそう!

따분해 죽겠어!

❖ 居心地が悪いなあ。

마음이 편치 않아.

놀라움과 무서움

놀랐을 때는 「びっくりした!(깜짝 놀랐어!)」, 「驚いた!(놀랐어!)」라고 표현합니다. 또한 しまった는 놀랐을 때나 실패하여 몹시 분할 때 쓰는 말로 우리말의 「아차, 아뿔싸, 큰일 났다」 등으로 해석이 가능합니다. 비슷한 표현으로는 「たいへんだ(큰일이다)」가 있습니다. 믿겨지지 않을 때 쓰이는 말로는 「本当なの(정말이니?)」, 「冗談でしょう(농담이겠죠?)」, 「何だか あやしいな(뭔가 이상한데!)」 등이 있습니다.

놀랐을 때

❖ うっそー!
농담이겠지!

❖ 驚いたよ。
놀랐어.

❖ おやおや!
이런!

❖ ああ、びっくりした。
아, 깜짝 놀랐어.

❖ そんなばかな!
그럴 리가!

> A : 中村さんがクビになったんだって。
> (나카무라 씨가 해고됐대.)
>
> B : そんなばかな!
> (그럴 리가!)

❖ 寝耳に水だね。
아닌 밤중에 홍두깨야.

❖ ショックだよ。
충격이야.

❖ それは驚きましたね。

그거 놀랍군요.

❖ びっくりさせないでよ。

놀라게 하지 말아요.

❖ そうなるはずがないよ!

그렇게 될 리가 없어!

❖ おや、どうして分かるの。

저런, 어떻게 아니?

❖ これはこれは驚きましたね。

이거 참 놀랬어요.

❖ うれしい驚きだ!

뜻밖이야!

> A : あなたに1等賞が当たりました!
> （당신이 1등상을 맞혔습니다!）
>
> B : わあ、うれしい驚きだ!
> （와, 뜻밖이야!）

❖ あきれたね。

어이없군.

❖ あれはいったい何だ?

저건 도대체 뭐야?

❖ 考えてもみなかったね。

생각지도 못했어.

> A : 中村と春子が結婚するんだって。
> （나카무라와 하루코가 결혼한대.）
>
> B : 本当? 考えてもみなかったね。
> （정말? 생각지도 못했어.）

❖ ばかげてるよ。
말도 안 돼.

❖ 驚いて言葉も出ないよ。
놀라서 말도 안 나와.

❖ あっけにとられちゃったよ。
망연자실했어.

Part 01

믿겨지지 않을 때

❖ まさか!
설마!

> A : 中村と春子が結婚するんだよ。
> 　（나카무라와 하루코가 결혼해.）
> B : まさか!
> 　（설마!）

❖ 本気なの?
진심이야?

> A : 僕、春子にプロポーズするよ。
> 　（나 하루코한테 프러포즈할 거야.）
> B : 本気なの?
> 　（진심이야!?）

❖ 本当?
정말?

❖ 信じられないよ。
믿을 수 없어.

❖ どうしてそんなことがあるの?
어떻게 그런 일이 있나?

❖ 耳を疑ったよ。
　귀를 의심했어.

❖ それは初耳だ。
　그건 처음 듣는데.

> A : 春子は妊娠しているのよ。
> 　(하루코가 임신했어.)
>
> B : 本当? それは初耳だ。
> 　(정말? 그것 금시초문인데.)

❖ 信じがたい!
　믿기 어려워!

❖ まったく意外だったよ。
　전혀 예상 밖이었어.

> A : 君の企画が採用されたんだってね。
> 　(네 기획안이 채택되었다면서.)
>
> B : うん、まったく意外だったよ。
> 　(그래, 전혀 예상도 못했던 일이야.)

❖ まさか、そんなことないでしょう。
　설마, 그런 일은 없겠죠.

❖ まさか、信じられません。
　설마, 믿을 수 없어요.

❖ 考えてもみなかったね。
　생각지도 못했어.

> A : 中村と春子が離婚するんだよね。
> 　(나카무라와 하루코가 이혼한데.)
>
> B : 本当? 考えてもみなかったね。
> 　(정말? 생각지도 못했어.)

66

❖ まさか! ご冗談でしょう。

설마, 농담이겠죠?

❖ 君がそんなことをするなんて、まったく意外だね。

네가 그런 일을 하다니 너무 의외야.

> A : 上司と言い争いをしちゃったよ。
> (상사와 말다툼을 했어.)
> B : 君がそんなことをするなんて、まったく意外だね。
> (네가 그런 일을 하다니 너무 의외야.)

무서울 때

❖ 恐かった。

무서웠어.

❖ 恐ろしいね。

무섭군.

❖ 恐い話を聞いて夜眠れなくなったよ。

무서운 이야기를 듣고 잠을 못 잤어.

❖ ゆうべの雷は恐ろしかったわ。

어젯밤 천둥은 무서웠어.

❖ 妹は虫にこわごわと近付きました。

여동생은 벌레에게 멈칫멈칫 다가갔습니다.

❖ 死ぬかと思った。

죽는 줄 알았어.

불의의 사고, 재난, 병 등에 대한 동정을 나타내는 것은 인간의 자연스런 감정이기도 합니다. 희망했던 일이 이루어지지 않았거나 예정이나 기대에 어긋났을 때는 「残念ですね(유감이군요)」를 쓰며, 갑작스런 사고나 불행한 일을 당한 사람에게는 「お気の毒ですね(안 됐습니다)」라고 위로합니다. 또한 실의에 빠졌거나 슬픔에 젖어 있는 사람에게 용기를 복돋을 때는 「頑張ってね(힘내요)」가 쓰입니다.

위로할 때

❖ それはお気の毒に。

그건 유감이야.

❖ あなたの気持ち、わかるわ。

네 기분 이해해.

❖ 大変だね。

힘들겠구나.

❖ そんなに落ち込まないで。

그렇게 우울해 하지 마.

> A : 何もかもうまくいかないんだ。
> (잘되는 일이 하나도 없어.)
>
> B : そんなに落ち込まないで。
> (그렇게 우울해 하지 마.)

❖ がっかりするなよ。

실망하지 마.

> A : 試験に落ちたんだ。
> (시험에 떨어졌어.)
>
> B : がっかりするなよ。また受ければいい
> じゃないか。
> (실망하지 마. 다시 보면 되잖아.)

❖ 大丈夫よ。
　괜찮아.

❖ 気にするなよ。
　걱정하지 마.

> A : バカなことをしちゃったよ。
> 　　(바보같은 짓을 했어.)
> B : 気にするなよ。大丈夫だから。
> 　　(걱정하지 마. 괜찮으니까.)

❖ そんなに深刻に考えることないよ。
　그렇게 심각하게 생각할 것은 없어.

❖ 運が悪かっただけよ。
　운이 나빴을 뿐이야.

❖ 誰にだってあることだよ。
　누구에게나 있을 수 있는 일이야.

> A : 会議で大失敗しちゃった。
> 　　(회의에서 크게 실수했어.)
> B : 大丈夫。誰にだってあることだよ。
> 　　(괜찮아. 누구에게나 있을 수 있는 일이야.)

❖ よくあることだよ。
　자주 있는 일이야.

> A : 面会の時間に遅れたなんて、自分でも信
> 　　じられないわ。
> 　　(면회시간에 늦다니 내 자신도 믿어지지 않아.)
> B : 心配しないで。よくあることだよ。
> 　　(걱정하지 마. 자주 있는 일이야.)

69

❖ そんなふうに自分を責めないで。

그렇게 자신을 탓하지 마.

A : 僕がもっと注意するべきだったんだ。
　　(내가 더 주의했어야 했어.)

B : そんなふうに自分を責めないで。
　　(그렇게 자신을 탓하지 마라.)

❖ 大した問題じゃないよ。

대수로운 일이 아니야.

❖ またチャンスはあるわ。

기회는 또 있어.

A : コンクールで入賞できなかったよ。
　　(대회에서 입상 못했어.)

B : 大したことじゃないわよ。またチャンスはあるわ。
　　(대수로운 일이 아니야. 기회는 또 있을 거야.)

❖ あなただけのせいじゃないわ。

네 잘못 만은 아니야.

A : 僕のエラーのためにチームが負けたんだ。
　　(내 실수로 팀이 졌어.)

B : いいえ、あなただけのせいじゃないわ。
　　(아니야, 네 탓만은 아니야.)

격려할 때

❖ 元気を出して!

기운 내!

A : もう泣きたいわ。
　　(울고 싶어.)

B : 泣いちゃダメだよ。元気を出して!
　　(울면 안 돼. 기운 내!)

70

❖ 幸運を祈ってるよ!

행운을 빌어!

> A : 来週、大事な試合があるんだ。
> (다음주에 중요한 시험이 있어.)
>
> B : 幸運を祈ってるよ!
> (행운을 빌어!)

❖ きっとうまくやれるわ。

꼭 잘할 거야.

> A : 緊張するなぁ。
> (긴장돼.)
>
> B : 心配しないで。きっとうまくやれるわ。
> (걱정하지 마. 꼭 잘할 거야.)

❖ 頑張って!

힘내!

> A : 舞台のオーディションを受けてみるべき
> だと思う?
> (무대의 오디션을 봐야 한다고 생각해?)
>
> B : もちろんだよ。頑張って!
> (물론이지. 힘내!)

❖ 気を落とさないで頑張って。

낙심하지 말고 힘내.

❖ 諦めてはダメよ。

포기해서는 안 돼.

❖ 気持ちを強く持つんだ。

마음을 굳게 먹어.

❖ 君ならできるよ!

너라면 할 수 있어!

A : 試験に受かるかどうか、自信がないよ。
　　(시험에 합격할 수 있을지 없을지, 자신이 없어.)

B : 君ならできるよ!
　　(너라면 할 수 있어!)

❖ 自信を持って。

자신감을 가져.

A : 試合の前はいつも緊張するんだ。
　　(시합 전에는 항상 긴장이 돼.)

B : 自信を持って。
　　(자신감을 가져.)

❖ 僕は君の味方だよ。

나는 네 편이야.

❖ チャンスはあるわ。

기회는 있어.

A : 僕たちが試合に勝つとは思えないよ。
　　(우리들이 시합에 이길 거라고 생각되지 않아.)

B : 諦めちゃダメ。チャンスはあるわ。
　　(포기하지 마. 기회는 있어.)

Part

02

Daily Conversation
일상 회화

일본은 국토가 길어 남북의 차이가 크고 지방에 따라서 기후에 관한 인사 표현이 다양합니다. 평상시에 이웃들과 나누는 기본적인 인사인 **おはよう, こんにちは, こんばんは**만으로 질리면 날씨에 관한 인사를 다양하게 알아두어 멋진 일본어를 구사하도록 합시다. 겨울에 하는 인사말로는 「寒いですね(춥군요)」라고도 하지만 「ひえますねぇ」라고 하면 아주 한겨울의 추위가 뼛속까지 스며드는 느낌이 듭니다.

일기에 대해서

❖ そちらの天気はどう?

거기 날씨는 어때?

> A : そちらの天気はどう?
> (거기 날씨는 어때?)
>
> B : とてもいい天気だよ。
> (너무 좋은 날씨야)

❖ いい天気だね。

날씨가 좋구나.

❖ 何ていい天気なんだろう!

너무 좋은 날씨야!

❖ この天気が続くといいね。

이런 날씨가 계속되면 좋겠군.

❖ 午後には晴れるよ。

오후에는 개일 거야.

❖ ひどい天気だね。

지독한 날씨다.

❖ 今日、雨が降るかな?

오늘 비가 내릴까?

> A : 今日、雨が降るかな?
> (오늘 비가 내릴까?)
>
> B : 降るかもね。傘を持っていきなさい。
> (내릴지도 몰라. 우산을 가지고 가라.)

❖ 天気予報を見てみよう。

일기예보를 보자.

❖ ひと雨きそうだよ。

한차례 비가 올 것 같아.

❖ だんだん曇ってきたね。

점점 흐려진다.

❖ 急に曇ってきたよ。

갑자기 구름이 끼었어.

❖ 雨にならないといいんだけど。

비가 오지 않았으면 좋겠어.

❖ いまにも雨が降り出しそうだ。

금방이라도 비가 쏟아질 것 같아.

❖ 雨が降り始めたよ。

비가 내리기 시작했어.

> A : 雨が降り始めたよ。
> (비가 내리기 시작했어.)
>
> B : しまった! 洗濯物を取り込まなくちゃ。
> (아뿔싸! 빨래를 걷어야 하는데.)

❖ 雨が降っているわ。

비가 오고 있어.

❖ 夕立に遭っちゃったよ。

소나기를 만났어.

❖ 風が強いね。

바람이 세다.

❖ 天気次第だよ。

날씨에 달려 있어.

> A : 明日、海に行くの?
> (내일 바다에 갈까?)
> B : 天気次第だよ。
> (날씨에 달렸어.)

❖ 天気予報がはずれたわ。

일기예보가 빗나갔어.

❖ じめじめしていますね。

구질구질해요. (습하고 더운 모양)

❖ からっとしていますね。

화창하군요.

❖ 今日は日ざしが強い。

오늘은 햇볕이 강하군.

❖ 天気がくずれてきます。

날씨가 궂습니다.

❖ 道が凍っています。

길이 얼어 있습니다.

76

❖ 花粉は飛んでいますか。

꽃가루가 날립니까?

❖ 今年は冷夏です。

올 여름은 기온이 낮습니다.

❖ 暖冬です。

따뜻한 겨울입니다.

일기예보에 대해서

❖ 天気予報を見ましたか。

일기예보를 보았습니까?

❖ 予報では快晴だと言ってました。

예보에서는 맑다고 했습니다.

❖ 週末の天気はどうですか。

주말 날씨는 어떻습니까?

❖ 今日の天気予報は?

오늘 일기예보는?

❖ 天気予報によると明日は雨だそうです。

일기예보에 의하면 내일은 비가 온답니다.

❖ 昨日は晴れのち曇りでした。

어제는 맑은 후에 흐렸습니다.

❖ 明日は曇り時々雨でしょう。

내일은 흐리고 때때로 비가 오겠습니다.

❖ 空気が乾燥しています。

공기가 건조합니다.

❖ さわやかな一日になるでしょう。

상쾌한 하루가 되겠습니다.

❖ 雨雲が広がっています。

비구름이 퍼지고 있습니다.

❖ 雨が降ってきましたよ。

비가 오기 시작했습니다.

❖ 雨が降ったり止んだりでしょう。

비가 오다말다 하겠습니다.

❖ このところ雨が降っていない。

요사이 비가 안 와.

❖ この雨はもうすぐやむと思います。

이 비는 곧 그칠 것입니다.

❖ 日が差してきました。

햇빛이 비치기 시작했습니다.

❖ 雨の降る確率は何パーセントですか。

비가 올 확률은 몇 퍼센트입니까?

기후에 대해 말할 때

❖ 暖かくなってきたね。

따뜻해졌어요.

❖ 暖かくていい天気だ。

따뜻하고 좋은 날씨야.

❖ もうすぐ春だね。

이제 곧 봄이야.

❖ 今日はコートはいらないよ。

오늘은 코트가 필요 없어.

❖ すごく暑いね。

무척 덥군.

❖ 蒸し暑いよ。

무더워.

❖ 今日も暑くなりそうだ。

오늘도 더울 것 같아.

A: 日差しがすごく強いわ。
(햇볕이 너무 강해.)

B: 今日も暑くなりそうだ。
(오늘도 더울 것 같아.)

❖ 暑いのは苦手なの。

더위는 싫어.

❖ この暑さには耐えられないよ。

이 더위는 못 견디겠어.

❖ この暑さ、いつまで続くんだろう。

이 더위, 언제까지 계속될까.

❖ 涼しくなってきてうれしいわ。

서늘해져서 좋아.

❖ 今日は少し肌寒いね。

오늘은 약간 쌀쌀하군.

❖ 4月だというのに、すごく寒いね。

4월이라는데 너무 추워.

❖ 凍えそうに寒いよ。

얼 정도로 추워.

❖ 今年の冬はいつもより寒いよ。

올 겨울은 여느 때보다 추워.

❖ そんな格好で寒くないの?

그런 차림으로 춥지 않니?

❖ 気温は何度?

기온은 몇 도니?

❖ ソウルの冬は寒いの?

서울의 겨울은 춥니?

❖ 気温が氷点下になることもあるんだ。

기온이 영하로 떨어지는 날도 있어.

A : 12月のソウルはどれぐらい寒いの?
 (12월의 서울은 어느 정도 춥니?)

B : 気温が氷点下になることもあるんだ。
 (기온이 영하로 떨어지는 날도 있어.)

❖ 梅雨に入りました。

장마가 시작되었습니다.

❖ 季節の変わり目は天気が不安定だね。

환절기에는 날씨가 변덕스러워.

❖ 外は風が強いでしょう?

밖에는 바람이 세차겠죠?

❖ 風がひどく吹いていますね。

바람이 심하게 불고 있군요.

봄에 대해 말할 때

❖ もうすぐ春ですね。
이제 곧 봄이군요.

❖ ぽかぽか暖かいですね。
포근하군요.

❖ すっかり春めいてきたね。
아주 봄다워졌군.

❖ だんだん暖かくなってきた。
차츰 따뜻해졌어.

❖ 日が長くなりましたね。
해가 길어졌군요.

❖ 桜が咲いたよ。
벚꽃이 피었어.

❖ 花見の季節だね。
꽃구경하는 계절이야.

❖ 新緑がきれいだね。
신록이 아름답군.

여름에 대해 말할 때

❖ 梅雨に入ったよ。
장마가 들었어.

❖ ようやく梅雨が明けた。
드디어 장마가 끝났어.

❖ 天気が変わりやすいですね。
날씨가 변덕스럽군요.

❖ 暑くなってきたね。

더워졌어.

❖ 暑過ぎるよ。

너무 더워.

❖ 熱帯夜が続いている。

열대야가 계속되고 있어.

❖ もう夏も終わりだね。

이제 여름도 막바지야.

❖ 暑さがやわらいで、過ごしやすくなりましたね。

더위가 가셔서 지내기가 좋아졌군요.

가을에 대해 말할 때

❖ 秋になったね。

가을이 되었어.

❖ 読書の秋ですね。

독서의 계절 가을이네요.

❖ 食欲の秋だね。

식욕의 가을이야.

❖ 紅葉が見ごろです。

단풍을 구경하기에 좋은 때입니다.

❖ 今日は小春日和だね。

오늘은 초겨울의 따뜻한 날씨군.

❖ 風が冷たくなった。

바람이 차가워졌어.

82

Part
02

겨울에 대해 말할 때

❖ 木枯らしが吹いた。
찬바람이 불었어.

❖ ずいぶん寒くなったね。
꽤 추워졌어.

❖ すっかり日が短くなった。
해가 무척 짧아졌어.

❖ 霜が降りているよ。
서리가 내렸어.

❖ これは初雪ですね。
이거 첫눈이군요.

❖ いよいよ冬だね。
드디어 겨울이군.

❖ 朝晩の冷え込みが厳しくなった。
아침저녁의 냉기가 심해졌어.

❖ 早く暖かくならないかなあ。
빨리 안 따뜻해지려나.

때에 관한 표현은 일상생활에서 언제 어디서든 입에서 술술 나올 때까지 익혀두어야
합니다. 시간을 물을 때는 「何時ですか(몇 시입니까?)」라고 하며, 이에 대한 응답으
로 정각이면 ちょうど를 쓰고 정각을 지났을 때는 すぎ를 써서 표현합니다. 월 요
일 또는 날짜를 물을 때는 의문사 何를 써서 何月(なんがつ), 何曜日(なんようび),
何日(なんにち)라고 묻고, 연도를 물을 때는 何年(なんねん)이라고 하면 됩니다.

시간을 말할 때

❖ 今、何時ですか。
   지금 몇 시입니까?

❖ 8時5分です。
   8시 5분입니다.

❖ 9時5分前です。
   9시 5분전입니다.

❖ 11時15分過ぎです。
   11시 15분이 지났습니다.

❖ ちょうど正午です。
   정각 정오입니다.

❖ もう6時を過ぎたよ。
   벌써 6시가 넘었어.

A : もう6時を過ぎたよ。
    (벌써 6시가 지났어.)

B : あら、家に帰らなくちゃ。
    (어머, 집에 가야겠어.)

❖ 2時をちょっとまわりました。

2시가 좀 지났습니다.

❖ 時間は3時半です。

시간은 3시 반입니다.

❖ 5時近くです。

5시가 다 됐습니다.

❖ その時計は2～3分遅れているよ。

그 시계는 2~3분 느려.

❖ あの時計、合ってる?

저 시계는 맞니?

❖ その時計は5分進んでいるよ。

그 시계는 5분 빨라.

A : その時計は5分進んでいるよ。
　　(그 시계는 5분 빨라.)

B : そうだね。直しておこう。
　　(맞아. 고쳐 놓을게.)

시간에 대해서

❖ 何時に約束がありますか。

몇 시에 약속이 있습니까?

❖ 4時頃には戻って来ます。

4시 무렵에는 돌아오겠습니다.

❖ 15分だけ早退していいでしょうか。

15분만 일찍 가도 되겠어요?

❖ もう行く時間ですよ。

이제 갈 시간입니다.

❖ ちょっと時間をいただけないでしょうか。

잠시 시간을 내주실 수 없을까요?

❖ 門限が10時なんです。

10시까지 들어가야 해요.

❖ 朝は何時ごろ起きますか。

아침에는 몇 시 무렵에 일어납니까?

❖ 昨夜は何時に寝ましたか。

어젯밤은 몇 시에 잤습니까?

❖ 仕事は朝9時から始まります。

일은 아침 9시부터 시작됩니다.

❖ わたしの時計では11時です。

내 시계는 11시입니다.

❖ 何時に?

몇 시에?

A: 明日のテニスコートを予約したよ。
　　(내일 테니스코트를 예약했어.)

B: 何時に?
　　(몇 시에?)

❖ そろそろ失礼する時間です。

이제 갈 시간입니다.

❖ 時間がないのよ。

시간이 없어요.

❖ 時間がなくなってきたよ。

시간이 다 됐어.

❖ もう時間だ。

시간 됐어.

> A : あと5分待ってくれる?
> (앞으로 5분만 기다려 줄래?)
>
> B : ダメだよ。もう時間だ。
> (안 돼. 시간 됐어.)

❖ 時は金なり。

시간이 돈이다.

연월일에 대해서

❖ 今日は何日ですか。

오늘은 며칠입니까?

❖ あなたの誕生日はいつですか。

당신의 생일은 언제입니까?

> A : お誕生日はいつ?
> (생일이 언제냐?)
>
> B : 5月26日です。
> (5월 26일입니다.)

❖ 明後日には帰ってきます。

모레는 돌아오겠습니다.

❖ 試験はいつからですか。

시험은 언제부터입니까?

❖ 模擬テストは何日ですか。

모의고사는 며칠입니까?

❖ 今日は何曜日ですか。

오늘은 무슨 요일입니까?

❖ 日曜は何をする予定ですか。

일요일에는 무엇을 할 예정입니까?

❖ 今日は何月何日ですか。

오늘은 몇 월 며칠입니까?

❖ 次の会合は6月28日、金曜日です。

다음 회의는 6월 28일 금요일입니다.

❖ 今度の日曜日は、一日中家にいるよ。

이번 일요일에는 하루 종일 집에 있어.

❖ 中旬なら時間があるよ。

중순이라면 시간이 있어.

❖ 今年は平成何年ですか。

올해는 헤이세이 몇 년입니까?

❖ 何年の生まれですか。

몇 년 생입니까?

❖ 何年ですか。

무슨 띠입니까?

❖ 来年日本へ留学する予定です。

내년에 일본으로 유학을 갈 예정입니다.

Unit 03 : 일상생활

여기서는 하루 일과를 일본어 표현으로 다루었습니다. 아침에 일어나서(起きる) 이불을 개고(布団を畳む) 신문을 보고(新聞を読む) 이를 닦고(歯を磨く) 세수를 하고(顔を洗う) 아침을 먹고(朝御飯を食べる) 출근하여(出勤する) 일한(働く) 다음 퇴근하여(退社する) 집으로 돌아와서(うちへ帰る) 샤워를 하고(シャワーを浴びる) 저녁을 먹은(晩御飯を食べる) 후 텔레비전을 보고(テレビを見る) 잡니다(寝る).

아침에 일어나서

❖ 早く起きなさい。
빨리 일어나라.

❖ もう起きる時間よ。
이제 일어날 시간이야.

❖ もうちょっと寝かせて。
조금 더 자게 해줘요.

❖ もう朝よ。
벌써 아침이야.

❖ まだ起きないの?
아직 안 일어나니?

❖ もうそろそろ起きなくっちゃ。
이제 슬슬 일어나야지.

❖ まだ眠いよ。
아직 졸려.

❖ 寝た気がしない。
잔 것 같지가 않네.

❖ 睡眠不足だ。

수면 부족이야.

❖ 目覚まし時計の音にまったく気づかなかった。

자명종시계 소리를 전혀 듣지 못했어.

❖ すっかり寝坊した。

늦잠을 너무 잤어.

❖ どうして起こしてくれないの?

왜 깨워주지 않았니?

❖ よく眠れた?

잘 잤니?

❖ あまり眠れなかった。

잘 자지 못했어.

❖ いつもより早起きした。

평소보다 일찍 일어났어.

❖ 怖い夢を見て、飛び起きた。

무서운 꿈을 꾸어서 벌떡 일어났어.

❖ 昨日の夜、何時に寝たの?

어젯밤 몇 시에 잤니?

❖ 朝起きが悪い。

아침에 잘 못 일어나.

❖ 寝違えて、首が痛い。

잠을 잘 못 자서 목이 아파.

❖ まだ寝ぼけた顔してる?

아직 잠이 덜 깬 얼굴이지!?

세면·이닦기

❖ もう顔を洗ったの?

벌써 세수했니?

❖ 顔を洗ったら、目が覚めるわよ。

세수하면 잠이 깰 거야

❖ 顔を洗ったら、さっぱりしたよ。

세수를 했더니 산뜻해.

❖ 寒いからお湯で顔を洗いたい。

추우니까 더운 물로 세수하고 싶어.

❖ 冷たい水で顔を洗った。

찬물로 세수를 했어.

❖ 洗顔石けんを使うと肌がつるつるになる。

세숫비누를 사용하면 피부가 매끈매끈해져.

❖ あ、石けんが目に入っちゃった。

아, 비눗물이 눈에 들어가 버렸어.

❖ 顔をふくタオルを取ってくれない?

얼굴 닦는 타월을 갖다 줄래?

❖ 1日に3回は歯を磨こう。

하루 세 번 이를 닦자.

❖ 食後に歯磨きをする。

식후에 이를 닦아.

❖ 歯磨きしてから寝るのよ。

이를 닦고 나서 잠사.

❖ 新しい歯ブラシを使おう。

새 칫솔을 쓸게.

❖ 磨いていたら歯茎から血が出た。

닦다 보니 잇몸에서 피가 났어.

❖ 歯垢が落ちないわ。

치석이 안 없어져.

❖ 電動歯ブラシはけっこういい。

전동 칫솔은 상당히 좋아.

목욕·샤워

❖ お風呂、入ってるわよ。

목욕하고 있어.

❖ お風呂、お先にどうぞ。

목욕 먼저 하세요.

❖ いい湯加減だったわ。

목욕물 온도가 알맞았어.

❖ 長風呂した。

너무 오래 목욕했어.

❖ 湯冷めしないようにね。

목욕 후 한기 안 들도록 해.

❖ 早くお風呂に入りなさい。

빨리 목욕해라.

❖ もうお風呂に入ったの?

벌써 목욕했니?

❖ 湯加減はどう?

목욕물은 적당하니?

92

❖ 熱過ぎたよ。
　너무 뜨거웠어.

❖ お湯が少し冷めていた。
　목욕물이 좀 식었어.

❖ 今晩は熱めのお風呂に入りたい。
　오늘밤은 조금 뜨거운 물로 목욕하고 싶어.

❖ ぬるめのお湯がいい。
　미지근한 물이 좋아.

❖ 背中、流しましょうか。
　등 밀어 줄까요?

❖ シャワーを浴びようかな。
　샤워를 할까?

❖ 髪を洗った。
　머리를 감았어.

❖ 朝、さっとシャワーを浴びます。
　아침에 간단하게 샤워를 합니다.

❖ シャワーが出ないよ。
　샤워가 안 나와.

❖ シャワーを浴びて、さっぱりした。
　샤워를 해서 상쾌해졌어.

❖ トイレットペーパーがなくなりそうだ。

화장지가 다 떨어질 것 같아.

❖ トイレの水が流れないよ。

화장실 물이 안 빠져.

❖ トイレの電灯が切れた。

화장실 전등이 나갔어.

❖ トイレの水が止まらない。

화장실 물이 안 멈춰.

❖ 今度のトイレは冬は便座が温かい。

이번 화장실은 겨울에는 좌변기가 따뜻해.

❖ 朝はトイレが込み合う。

아침에는 화장실이 붐벼.

❖ 父はトイレが長いので、みんなが困っている。

아버지는 화장실에 오래 계셔서 모두 힘들어해.

❖ うちの子は洋式トイレしか知らない。

우리 아이는 양식 화장실밖에 몰라.

❖ うちの子はまだ一人で用が足せない。

우리 아이는 아직 혼자서 용변을 못 봐.

❖ トイレは毎日掃除します。

화장실은 매일 청소합니다.

❖ トイレで新聞を読むのはやめてください。

화장실에서 신문 보는 건 그만두세요.

❖ 私はもともとトイレが近い。

나는 원래 화장실에 자주 가.

잠들기 전에

❖ 寝つきが悪い。
잠이 잘 안 와.

❖ 寝つきがよい。
잠이 잘 와.

❖ いつまで起きているの?
언제까지 안 잘 거야?

❖ さあ、寝る時間よ。
자, 잠잘 시간이야.

❖ 早く寝るんですよ。
일찍 잘게요.

❖ まだ眠たくない。
아직 안 졸려.

❖ 夜ふかししちゃだめよ。
밤샘하면 안 돼.

❖ 明かりを消してね。
불을 꺼줘요.

❖ いい夢を見ますように。
좋은 꿈꿔요.

❖ 戸締まりを見てくるわ。
문단속이 되어 있는지 보고 올게.

❖ 窓を開けたまま寝るのはよくないわ。
창문을 열어 둔 채 자는 것은 좋지 않아.

❖ 寝る前には食べないほうがいい。
자기 전에는 먹지 않는 게 좋아.

❖ シーツが新しいので気持ちがいい。

시트가 새것이라 기분이 좋군.

❖ いつも睡眠時間はどれくらいですか。

보통 몇 시간 정도 잡니까?

❖ 今晩は早く寝よう。

오늘밤은 일찍 자자.

❖ ゆっくりお休みください。

안녕히 주무세요.

❖ 今夜も寝るのが遅くなりそうだ。

오늘밤도 늦게 잘 것 같아.

❖ 忙しくて、睡眠時間を削るしかない。

바빠서 잠자는 시간을 줄일 수밖에 없어.

❖ 結局、徹夜した。

결국 철야를 했어.

❖ 昨夜は一睡もできなかった。

어젯밤은 한 잠도 못 잤어.

❖ 昨晩は熟睡した。

어젯밤은 푹 잤어.

❖ 私は眠りが浅い。

나는 선잠을 자.

❖ 夜中に何度も目覚めた。

밤중에 몇 번이나 잠이 깼어.

❖ 寝相がよくない。

잠버릇이 안 좋아.

❖ いびきをかいていたよ。

코를 골았어.

❖ 寝言を言っていたよ。

잠꼬대를 했어.

❖ 何度も寝返りを打ってたよ。

몇 번이나 뒤척였어.

❖ 夢でうなされていたわよ。

가위눌렸어.

❖ 寝汗をかいちゃった。

식은땀을 흘렸어.

❖ 私はあおむけで寝る。

나는 위를 보고 누워 자.

❖ 彼は大の字になって寝ている。

그는 큰 대자로 자고 있어.

여기서는 집안일을 할 때 흔히 접할 수 있는 적절한 일본어 표현을 배웁니다. 집안
일은 주부만 하는 것이 아닙니다. 요즘은 맞벌이를 하는 부부가 많아 부부가 적절하
게 가사를 분담하는 일이 많습니다. 휴일이나 평소에 집안일을 하는 것은 어쩌면 당
연한 일인지도 모르겠습니다. 집안에서 하는 일은 청소(掃除)나 세탁(洗濯), 다림질
(アイロンが掛け), 요리(料理), 설거지(皿洗い) 등 무수히 많습니다.

청소

❖ 私は毎日部屋の掃除をします。

나는 매일 방청소를 합니다.

❖ 手分けして掃除を始めましょう。

분담해서 방청소를 시작합시다.

❖ 私がぞうきん掛けをするわ。

내가 걸레질을 할게.

❖ 私が窓ガラスをふくわ。

내가 창문유리를 닦을게.

❖ 細かい置物は乾いた布でふいてね。

자잘한 실내 장식물은 마른 천으로 닦아요.

❖ タイルの床はブラシでゴシゴシ洗わないと。

타일바닥은 솔로 팍팍 닦아야 해.

❖ 週に一度、家全体に掃除機をかけます。

일주일에 한 번은 집 전체를 청소기로 밉니다.

❖ ちり取りはどこですか。

쓰레받기는 어디에 있어요?

❖ 台所はいつもきれいにしています。

부엌은 항상 깨끗이 합니다.

❖ 家具の裏は掃除機が届かない。

가구 뒤쪽은 청소기가 안 닿아.

❖ キッチンの油汚れにはうんざりします。

부엌의 기름때는 진절머리가 나요.

❖ コンピューターの掃除はどうしてますか。

컴퓨터 청소는 어떻게 하고 있습니까?

❖ トイレはこまめに掃除します。

화장실은 꼼꼼히 청소합니다.

❖ 冬はベランダの掃除はしません。

겨울에는 베란다 청소를 안 합니다

세탁·다림질

❖ 洗濯物、乾いたかな?

빨래는 말랐을까?

❖ 雨でなかなか乾かないわね。

비가 와서 좀처럼 안 말라.

❖ 乾燥機にかけようかしら。

건조기를 틀까.

❖ いいお天気だから、洗濯物がよく乾くわね。

날씨가 좋으니까 빨래가 잘 마르네.

❖ 布団を干そうかな。

이불을 널까.

❖ 洗濯物を干してくれないかしら。

빨래를 널어 줄래?

❖ これは日陰に干してね。

이것은 그늘에 널어 줘요.

❖ 洗濯物を取り入れてほしいんだけど。

빨래를 거두어 들여줬으면 하는데.

❖ 洗濯物をたたんでね。

세탁물을 개어 줘요.

❖ このTシャツ、洗ったら伸びちゃったわ。

이 티셔츠 빨았더니 늘어났어.

❖ これ、色落ちしちゃった。

이거, 색깔이 빠져 버렸어.

❖ 洗っても、このシミは取れないわね。

빨아도 이 얼룩은 빠지지 않아.

❖ これはクリーニングに出したほうがいいかな。

이것은 세탁소에 보내는 게 좋을까.

❖ クリーニングに出してきてね。

세탁소에 갖다 주고 와요.

❖ やっとアイロンをかけ終わったわ。

간신히 다림질을 마쳤네.

❖ アイロンをかけてくれない?

다림질을 해줄래?

❖ 当て布をしてアイロンをかけてね。

천을 대고 다림질을 해줘요.

❖ これ、どうやって焼くの?

이거, 어떻게 굽지?

❖ つけ合わせは何にしよう。

곁들임은 무엇을 하지?

❖ 魚を薄切りにしてくれる?

생선 얇게 잘라 줄래?

❖ 野菜を食べやすいサイズに切ってね。

야채를 먹기 좋은 크기로 잘라 줘요.

❖ みんなで汚れた食器を流しまで運びましょう。

모두 더러워진 식기를 싱크대까지 나릅시다.

❖ 僕たちがお皿洗いを担当しましょう。

우리가 설거지를 맡읍시다.

❖ じゃあ、私たちがふいて食器棚に片づけます。

그럼, 우리가 닦아서 찬장에 정리할게요.

❖ お鍋を洗うのも忘れないように。

냄비를 씻는 것도 잊지 않도록.

❖ この家には食器洗い機がないのですか。

이 집에는 식기세척기가 없나요?

❖ テーブルのまわりの床も掃除してください。

테이블 주위의 바닥도 청소해 주세요.

일본의 화폐단위는 ¥(엔)으로서 시중에서 사용되고 있는 화폐의 종류는 경화가 1, 5, 10, 50, 100, 500¥(엔)의 여섯 가지이며, 지폐는 1000, 2000, 5000, 10000 ¥(엔) 네 가지입니다. 은행을 이용해본 경험이 있는 사람이라면 일본에서 은행을 이용하는 데는 별 어려움이 없고 통장을 개설할 때는 외국인등록증이나 여권을 지참해야 합니다. 자유롭게 입출금할 수 있는 예금통장을 만드는 것이 편리하며, 업무시간은 오후 3시까지입니다.

은행에서

✦ 銀行はどこにありますか。
은행은 어디에 있습니까?

✦ 現金自動支払機はどこにありますか。
현금자동인출기는 어디에 있습니까?

✦ 銀行の窓口は3時までです。
은행의 창구는 3시까지입니다.

✦ 55番のカードをお持ちのお客様、窓口へどうぞ。
55번 번호표를 가지신 손님은 창구로 오십시오.

✦ ここにお名前と電話番号をご記入ください。
여기에 성함과 전화번호를 기입해 주십시오.

✦ ローンの相談をしたいのですが。
대출 상담을 하고 싶은데요.

✦ 振込手数料がかかります。
입금 수수료가 듭니다.

❖ 口座を設けたいのですが。
구좌를 개설하고 싶은데요.

❖ 普通預金口座にしてください。
보통예금구좌로 해주세요.

❖ 口座をこの銀行に移したいんですが。
구좌를 이 은행으로 옮기고 싶은데요.

❖ 定期預金と積立預金ではどちらがいいで
しょうか。
정기예금과 적금 중 어느 것이 좋겠어요?

❖ 利息は何パーセントですか。
이율은 몇 퍼센트입니까?

❖ 用紙に記入しました。
용지에 기입했습니다.

❖ 当座預金口座に直接振り込んでもらえ
ますか。
당좌예금 구좌로 직접 입금해 주시겠어요?

❖ 投資信託は扱っていますか。
투자신탁은 취급합니까?

❖ ローンは利用できますか。
융자는 이용할 수 있습니까?

❖ 長期貸付制度について知りたいのですが。
장기대출 제도에 대해 알고 싶은데요.

❖ 預金したいのですが。
예금하고 싶은데요.

❖ 5万円引き出したいのですが。

5만 엔을 인출하고 싶은데요.

❖ 引出残高はいくらになりますか。

출금 후 잔액은 얼마가 됩니까?

❖ 銀行に口座を開いた。

은행에 계좌를 열었어.

❖ 普通預金口座を解約した。

보통예금 계좌를 해약했어.

❖ 通帳に記帳した。

통장에 기장했어.

❖ 月末は銀行が込んでいる。

월말에는 은행이 붐벼.

❖ 家賃を振り込んだ。

집세를 송금했어.

❖ 残高はどれくらいかな。

잔고는 얼마나 될까?

❖ お金をおろしてこなくっちゃ。

돈을 찾아 와야 해.

❖ コンビニに銀行のATMが設置された。

편의점에 은행의 현금인출기가 설치되었어.

❖ 両替の窓口はどちらですか。

환전 창구는 어디인가요?

❖ 両替をするにはどうしたらいいのですか。
りょうがえ

환전을 하려면 어떻게 하면 됩니까?

❖ 今日の交換レートはいくらですか。
きょう　　こうかん

오늘 환율은 얼마입니까?

❖ 旅行者小切手を買いたいのですが。
りょこうしゃこぎって　か

여행자수표를 사고 싶은데요.

❖ 旅行者用小切手を現金に換えたいので
りょこうしゃよう こぎって げんきん か
すが。

여행자용 수표를 현금으로 바꾸고 싶은데요.

❖ 小切手の一枚一枚に署名が必要ですか。
こぎって　いちまいいちまい　しょめい　ひつよう

수표 한 장 한 장에 전부 서명이 필요합니까?

저금

❖ 貯金してる?
ちょきん

저금하고 있니?

❖ 私、積立貯金を始めたの。
わたし　つみたてちょきん　はじ

나 적금을 들었어.

❖ 結婚資金にしたいわ。
けっこんしきん

결혼자금으로 하고 싶어.

❖ 定期預金にしたほうがいいかな。
ていきよきん

정기예금으로 하는 게 좋을까?

❖ 定期預金が満期になったのよ。
ていきよきん　　まんき

정기예금이 만기가 되었어.

❖ 学資保険を始めた。
がくしほけん　はじ

교육보험을 들었어.

❖郵便局と銀行とどっちがいいかしら。

우체국과 은행 어느 쪽이 좋을까?

❖預け先は分散させたほうがいいかな。

예금처는 분산시키는 게 좋을까?

❖今利息は何パーセントなの?

지금 이자는 몇 퍼센트니?

❖利息は期待しちゃいけないよ。

이자는 기대하면 안 돼.

❖株だと大損する可能性があるよね。

주식은 크게 손해볼 가능성이 있어.

❖賢い資産運用をしなくっちゃ。

현명한 재산 운용을 해야겠어.

❖貯金を解約しようかな。

저금을 해약할까?

❖貯金が減っていく一方だよ。

저금이 줄어가고 있어.

절약

❖節約しなくっちゃね。

절약해야겠어.

❖もう無駄遣いしないわ。

이제 낭비는 안 할 거야.

❖無駄な出費をなくさなくっちゃ。

쓸데없는 지출을 없애야겠어.

❖ もう少しは切り詰めたほうがいいね。
좀 더 줄이는 게 좋겠어.

❖ どこを倹約しようかな。
어디를 줄일까?

❖ 家計が大変なのよ。
가계가 큰일이야.

❖ お小遣いの値上げは無理ね。
용돈을 올리는 건 무리야.

❖ 赤字になりそうだね。
적자가 날 것 같아.

❖ 思わぬ出費がかさんじゃったね。
생각지 않은 지출이 늘어났어.

❖ 無駄遣いしないでね。
낭비하지 말아요.

❖ 家計簿つけてる?
가계부 쓰고 있나?

❖ 節約した甲斐があったわ。
절약한 보람이 있었어.

❖ 出費をこれ以上抑えるのは難しいなあ。
지출을 이 이상 억제하기란 어렵구나.

❖ 家計を見直さなくっちゃ。
가계를 재검토 해야겠어.

일본의 우체국은 각처에 있고 편지, 소포배달 이외에 저금, 보험 등의 업무도 취급합니다. 보통 우체국의 업무시간은 월요일부터 금요일까지로 오전 9시부터 오후 5시까지이며 토·일요일 및 경축일은 쉽니다. 또 우표나 엽서는 우체국 외에 kiosk(전철역에 있는 매점) 등 [〒]mark가 있는 상점에서도 판매합니다. post box는 도로 여기저기에 설치되어 있고 적색으로 mark가 붙어 있습니다.

우체국을 가기 전에

❖ 近くに郵便局はありますか。

근처에 우체국이 있습니까?

❖ 手紙が来てるよ。

편지가 와 있어.

❖ 書類で送りました。

서류로 보냈습니다.

❖ はがきを買ってきてくれない?

엽서를 사다 줄래?

❖ この手紙をポストに出してきてね。

이 편지를 우체통에 넣고 와요.

❖ このはがき、宛て先不明で戻ってきたわ。

이 엽서, 수신지 불명으로 되돌아 왔네.

❖ 郵便番号が七ケタになった。

우편번호가 7자리가 되었어.

❖ 郵便番号は何番かしら。

우편번호는 몇 번이지?

편지를 부칠 때

❖ 速達でお願いします。
빠른우편으로 부탁합니다.

❖ 往復はがきをいただきたいのですが。
왕복엽서를 주셨으면 하는데요.

❖ 何枚ですか。
몇 장입니까?

❖ 切手を5枚ください。
우표를 5장 주세요.

❖ 80円切手を10枚ください。
80엔짜리 우표를 10장 주세요.

❖ この記念切手はまだありますか。
이 기념우표는 아직 있습니까?

❖ この手紙の送料はいくらですか。
이 편지 요금은 얼마입니까?

❖ 航空便だといくらかかりますか。
항공편이라면 얼마나 듭니까?

❖ これを書留にしてください。
이걸 등기로 보내주세요.

❖ この手紙をソウルに出したいんですが。
이 편지를 서울로 부치고 싶은데요.

❖ ソウルまで着くのにどのくらいかかりますか。
서울까지 도착하는 데 어느 정도 걸립니까?

❖ もっと速い方法で送りたいんですが。
더 빠른 방법으로 보내고 싶은데요.

109

❖ これを韓国に送るのにいくらかかりますか。

이걸 한국에 보내는 데에 얼마나 듭니까?

❖ 発信人の名前と住所はどこに書いたらいいですか。

발신인 이름과 주소를 어디에 쓰면 됩니까?

❖ 郵便番号は313−631です。

우편번호는 313 - 631입니다.

❖ この小包の重さを計ってください。

이 소포의 무게를 달아 주세요.

❖ 中身は印刷物です。郵送料はいくらですか。

내용물은 인쇄물입니다. 우송료는 얼마입니까?

Unit
07 이발과 미용

이발소는 理容室(りようしつ), 床屋(とこや)라고도 하며, 친근감을 담아「床屋(とこや)さん」이라고 부르는 경우도 많습니다. 정기 휴일은 대개 월요일(도쿄 부근)이며 가게 안에 흔히 남자 모델 사진이 있으므로 그것을 보고 머리 모양을 정해도 됩니다. 미용실의 미용은 머리 손질만을 말하는 것이 아니라, 얼굴이나 모습을 아름답게 하는 일 전반을 가리키며 美容室(びようしつ), beauty salon, hair salon 등 여러 가지로 불리고 있습니다.

이발소에서

❖ 髪を切りたいのですが。
　머리를 자르고 싶은데요.

❖ 散髪とひげそりをお願いします。
　이발과 면도를 부탁합니다.

❖ 散髪だけお願いします。
　이발만 부탁합니다.

❖ ひげ剃りは?
　면도는?

❖ どのように切りましょうか。
　어떻게 자를까요?

❖ どのくらい短く切りましょうか。
　어느 정도 짧게 자를까요?

❖ 分け目はどこにつけましょうか。
　가르마는 어느 쪽으로 할까요?

❖ スポーツ型にしてください。
　스포츠형으로 해 주세요.

❖ 今と同じ髪型にしてください。

지금과 같은 헤어스타일로 해 주세요.

❖ 耳は見えるようにしてください。

귀는 보이도록 해 주세요.

❖ 前髪はそのままにしてください。

앞머리는 그대로 해 주세요.

❖ 髪を少し刈ってください。

머리를 조금 잘라 주세요.

❖ 口ひげを残してください。

콧수염을 남겨 주세요.

❖ 髪の毛を染めてください。

머리카락을 염색해 주세요.

미용실에서

❖ 週末、美容院に行こうかな。

주말에 미용실에 갈까?

❖ 明日の午後1時に予約したいのです

が、空いていますか。

내일 오후 1시에 예약을 하고 싶은데, 비어 있습니까?

❖ どなたかのご紹介でいらっしゃいましたか。

누군가의 소개로 오셨습니까?

❖ 今日はどうなさいますか。

오늘은 어떻게 하시겠습니까?

❖ ずいぶん伸びましたね。
꽤 길었네요.

❖ カットとパーマをお願いします。
커트와 파마를 부탁합니다.

❖ どれくらいカットしますか。
얼마나 커트를 할까요?

❖ 切りそろえるくらいですか。
다듬어 자르는 정도로 할까요?

❖ ショートにしたいのですが。
짧게 자르고 싶은데요.

❖ どんな感じのショートカットがいいですか。
어떤 느낌인 숏커트가 좋겠습니까?

❖ 前髪はどうしますか。
앞머리는 어떻게 하겠습니까?

❖ 今、伸ばしているところなんです。
지금 기르고 있는 중입니다.

❖ 後ろはどれくらいの長さにしましょうか。
뒤는 어느 정도 길이로 할까요?

❖ パーマ液が目に染みませんか。
파마약이 눈에 안 들어가겠어요?

❖ シャンプー台のほうへどうぞ。
샴푸하는 곳으로 오세요.

❖ 軽くパーマをかけたいんですが。
가볍게 파마하고 싶은데요.

❖ ヘアスタイルを変えたいのですが。

헤어스타일을 바꾸고 싶은데요.

❖ スタイルブックをご覧になりますか。

스타일북을 보시겠습니까?

❖ このくらいの長さだと、いろいろアレンジ
できますよ。

이 정도 길이면 여러 가지로 변화를 줄 수 있습니다.

❖ つめのトリートメントをしていただけ
ると聞いたのですが。

네일 트리트먼트를 해 주신다고 들었는데요.

Unit 08 슈퍼마켓

일본의 슈퍼마켓은 주택가 근처에 많이 있으며 가격은 백화점보다 저렴합니다. 식품, 주방기구 그리고 그 밖의 일상잡화가 진열되고 있으며, 자유로이 물건을 고를 수 있습니다. 주요 슈퍼마켓 체인으로는 다이에이, 세이유, 자스코, 이토요카도 등이 있습니다. 또한 할인점은 철도역이나 기타 번화한 지역에 있으며, 다량의 물품을 다른 곳보다 염가로 판매하여 경쟁력을 확보하고 있는 할인점은 현금만 취급합니다.

식료품을 구입할 때

❖ 今日は肉の特売日です。

오늘은 고기를 특가 판매하는 날입니다.

❖ 大して安くなってないわね。

별로 싸진 것도 없군.

❖ あっ、これ昨日半額になってる。

아, 이거 어제 반값으로 내렸네.

❖ 閉店間際には30パーセント引きになるはずよ。

폐점 직전에는 30퍼센트 할인이 될 거야.

❖ 賞味期限はいつかしら。

먹을 수 있는 기한은 언제까지일까?

❖ 試食してみよう。

시식해 보자.

❖ 駅の近くの店のほうが安くて新鮮だ。

역 근처 가게 쪽이 싸고 신선하다.

❖ フルーツはいつも決まった店で買います。

과일은 항상 정해진 가게에서 삽니다.

❖ ちょっと高くても、野菜は無農薬のほう
がいい。

좀 비싸도 야채는 농약을 안 친 게 좋아.

❖ 鶏のもも肉を三枚ください。

닭다리 세 개 주세요.

❖ ハムは何グラムにしますか。

햄은 몇 그램 드릴까요?

❖ 野菜も買っていかなくちゃ。

야채도 사가야 해.

❖ 今日はキャベツ終わっちゃったの?

오늘 양배추는 다 팔렸어요?

❖ お弁当は何にしようかしら。

도시락은 무엇으로 쌀까?

❖ 出来合いのお惣菜ってけっこういけるのよ。

시제품 반찬도 상당히 맛있어.

❖ 夕ご飯はコンビニのお弁当で済まそうか
な。

저녁식사는 편의점 도시락으로 때울까?

❖ 酒のさかなは何がいいかしら。

술안주는 무엇이 좋을까?

❖ お米は配達してください。

쌀은 배달해 주세요.

❖ デザートは何にしようかしら。

디저트는 무엇으로 할까?

❖ 食料品は週末にまとめ買いします。

식료품은 주말에 한꺼번에 삽니다.

❖ 今日はしょうゆが安いから、もう一本買っておこう。

오늘은 간장이 싸니까 한 병 더 사 두자.

❖ 最近、野菜がとても高い。

요즘, 야채가 무척 비싸.

생필품을 구입할 때

❖ 電池を三本買ってきてくれない?

건전지를 3개 사올래?

❖ そろそろごみ袋がなくなりそうだよ。

슬슬 쓰레기봉지가 떨어질 것 같아.

❖ 電球の買い置きがなくなった。

전구 사둔 것이 다 떨어졌어.

❖ ほかに要るものない?

그 밖에 필요한 것 없니?

❖ 今日は買うものが多いから、一緒に来てくれない?

오늘은 살 게 많으니까, 함께 안 올래?

❖ 日用品売場はどこかな。

일용품 매장은 어디지?

❖ 売場が変わってわかりにくくなった。

매장이 바뀌어서 찾기가 어렵게 됐어.

❖ カートを持ってきてくれる?

キ트를 가져올래?

❖ 今日はトイレットペーパーが安い。

오늘은 화장지가 싸.

❖ お買い得だね。

사면 이익이야.

❖ お一人様一個限りだって。

한 사람에 한 개만 판대.

❖ この植木はおいくらですか。

이 화분은 얼마입니까?

❖ お花はいいのがあるかしら。

좋은 꽃이 있는지 모르겠네.

❖ そろそろ歯ブラシを買い替えようか。

이제 새 칫솔로 바꿀까?

❖ 歯磨き粉ってまだあったっけ?

치약은 아직 있던가?

❖ 台所用のスポンジも買っておこう。

주방용 스펀지도 사두자.

❖ 台所洗剤はどれがいいの?

주방세제는 어느 것이 좋지?

❖ 芳香剤は何の香りにしようかな。

방향제는 무슨 향기로 할까?

❖ 石けんを買い忘れちゃった。

비누 사는 것을 잊어버렸어.

118

❖ すみません。バンドエイドはどこに置いて
あ
ありますか。
미안합니다. 1회용반창고는 어디에 있습니까?

❖ 何か買い忘れた気がするけど、何だっけ?
なに か わす き なん
뭔가 잊고 안 산 생각이 드는데, 뭐였지?

❖ 今度は買うものをメモしておいたほうがい
こん ど か
いね。
앞으로는 살 것을 메모해 두는 게 좋겠어.

❖ 私って無駄なものを買っちゃったりする
わたし む だ か
のよね。
나는 쓸데없는 것을 사버리기도 해.

세탁과 이사

우리는 세탁소 하면 흔히 주택가를 떠올리지만, 일본에는 주택가가 아닌 도심 한가운데에 「미사즈 히트」라는 작은 세탁소가 붐을 일으키고 있습니다. 더러워진 옷을 급히 세탁해야 하는 경우에도 이용되지만 주로 출근길에 맡기고 퇴근길에 찾아가는 독신 남녀, 맞벌이 부부들이 애용하고 있습니다. 클리닝을 부탁할 때는 「クリーニングをお願いします」, 다림질을 부탁할 때는 「アイロンをお願いします」라고 하면 됩니다.

세탁을 맡길 때

❖ クリーニングをお願いします。

클리닝을 부탁해요.

❖ いつ仕上がりますか。

언제 됩니까?

❖ 洗濯についてお尋ねしたいんですが。

세탁에 대해서 묻고 싶은데요.

❖ ワイシャツ3枚とズボンがあります。

와이셔츠 3장과 바지가 있습니다.

❖ このしみは取れるでしょうか。

이 얼룩은 지워질까요?

> A : この染み、とれるかしら?
> (이 얼룩 지워질까?)
>
> B : クリーニング屋へ持って行った方がいいよ。
> (세탁소에 가져가는 것이 좋겠어.)

❖ 明日の朝までにお願いします。

내일 아침까지 부탁합니다.

❖ このズボンをプレスしてもらいたいんですが。
이 바지를 다려 주셨으면 하는데요.

❖ サイズを直してもらえますか。
사이즈를 고칠 수 있나요?

❖ すそを少し長くしてください。
옷단을 조금 길게 해주세요.

❖ このシャツは洗濯したら縮みますか。
이 셔츠는 세탁하면 줄어듭니까?

A : このシャツは洗濯したら縮みますか。
　　(이 셔츠는 세탁하면 줄어듭니까?)

B : ええ、少し縮みます。
　　(예, 조금 줄어듭니다.)

❖ 袖を少し短くしてください。
소매를 조금 줄여주세요.

❖ いつできますか。
언제 됩니까?

이사할 때

❖ 来月、引っ越しするんだよ。
다음 달에 이사해.

❖ もっと大きな家に引っ越しましょうよ。
더 큰 집으로 이사합시다.

A : もっと大きな家に引っ越しましょうよ。
　　(더 큰 집으로 이사합시다.)

B : それは無理だよ。
　　(그건 무리야.)

❖ どこに引っ越すの?

어디로 이사하니?

❖ いつ引っ越すの?

언제 이사하니?

❖ 広くなるの?

넓혀 가니?

❖ 今度は一戸建てです。

이번에는 단독주택입니다.

❖ 会社からは遠くなります。

회사에서는 멀어집니다.

❖ どこの運送会社に頼もうかな。

어느 이삿짐센터에 맡길까?

❖ 運送会社に引っ越しの見積もりを出し
てもらった。

이삿짐센터에서 이사 견적서를 받았어.

❖ 引っ越し代ってけっこうかかるね。

이사 비용이 상당히 드는군.

❖ 粗大ごみが大量に出た。

크고 쓸모없는 쓰레기가 많이 나왔어.

❖ 引っ越しの準備は大変だ。

이사 준비를 하는 게 힘들어.

❖ 引っ越しの手伝いに来てくれない?

이사를 도우러 와줄래?

❖ 引っ越しの準備がなかなかはかどらないんだ。

이사 준비가 좀처럼 진척이 안 돼.

❖ 段ボール箱が足りない。

판지박스가 모자라.

❖ どの箱に何を入れたか、わからなくなったよ。

어느 상자에 뭘 넣었는지 모르겠어.

❖ 引っ越してすぐに必要なものはこの箱に
入れたよ。

이사하고 당장 필요한 것은 이 상자에 넣었어.

❖ この箱は本だから重いよ。

이 상자는 책이라 무거워요.

❖ その箱には「ワレモノ注意」って書いてお
いてね。

그 상자에는 「파손주의」라고 써 두어요.

❖ トラックは何時に来るの?

트럭은 몇 시에 오지?

❖ この箱を運んでくれない?

이 상자를 날라줄래?

❖ これ、コンピューターだから気をつけ
て運んでください。

이거, 컴퓨터니까 조심해서 날라 주세요.

❖ 引っ越ししたけれど、まだ家の中が片づ
いていない。

이사는 했지만, 아직 집안이 정리되어 있지 않아.

❖引っ越しって疲れるね。

이사란 피곤하군.

❖もう引っ越しはしたくない。

이제 이사는 하고 싶지 않아.

❖引っ越しパーティーをしましょう。

집들이를 합시다.

❖いろいろなところに住所変更届を出さ
なくてはならない。

여러 곳에 주소변경 신고를 해야 해.

❖引っ越し貧乏だよ。

이사하는 데 돈이 너무 들었어.

Unit 10 | 학교

일본도 우리와 마찬가지로 6-3-3-4제입니다. 상대가 학생처럼 보일 때는 학생이냐고 물을 때는 보통 学生さんですか, 학년을 물을 때는 何年生ですか라고 합니다. 어느 학교를 졸업했는지를 물을 때는 どこの学校を出ましたか라고 하고, 전공에 대해서 물을 때는 専攻は何ですか라고 합니다. 또한 시험에 대해서 물을 때는 今度の試験はどうでしたか, 시험이 어려웠으면 予想外に難しかったです, 쉬웠으면 易しかったですら고 표현합니다.

출신학교에 대해서

❖ 学校はもう卒業しています。
대학은 이미 졸업했습니다.

❖ 大学へ行っています。
대학에 다니고 있습니다.

❖ どちらの大学を出ましたか。
어느 대학을 나왔습니까?

❖ 東京大学の出身です。
도쿄대학 출신입니다.

❖ 早稲田大学の出身です。
와세다 대학 출신입니다.

> A: 出身大学はどちらですか。
> (어느 대학 출신입니까?)
> B: 早稲田大学の出身です。
> (와세다 대학 출신입니다.)

❖ どちらの大学に行っていますか。
어느 대학을 다니고 있습니까?

❖ ミシガン大学で修士号をとりました。

미시간 대학에서 석사학위를 취득했습니다.

전공에 대해서

❖ 専攻は何ですか。

전공은 무엇입니까?

❖ 何を専攻なさいましたか。

무엇을 전공하셨습니까?

❖ 大学では何を勉強しましたか。

대학에서는 무엇을 공부했습니까?

❖ 歴史を専攻しています。

역사를 전공하고 있습니다.

> A : 専攻は何ですか。
>   (전공은 뭐예요?)
> B : 歴史を専攻しています。
>   (역사를 전공하고 있어요)

❖ 学部と大学院で日本の文学を専攻しました。

학부와 대학원에서 일본 문학을 전공했습니다.

❖ 経済を専攻していますか。

경제를 전공하고 있습니까?

❖ 教師の資格をとるための勉強をしています。

교사자격증을 따기 위해서 공부하고 있어요.

❖ 料理を勉強しています。

요리를 공부하고 있어요.

❖ 専門学校へ通っています。

전문학교에 다니고 있어요.

> A : あなたは大学生ですか。
> (당신은 대학생입니까?)
>
> B : いいえ、専門学校へ通っています。
> (아니오, 전문학교에 다니고 있어요)

❖ 外国に留学したいんです。

외국에 유학가고 싶어요.

❖ 日本留学を計画しています。

일본유학을 계획하고 있어요.

학년과 선후배

❖ 何年生ですか。

몇 학년입니까?

❖ 学生さんですか。

학생입니까?

❖ 来年卒業します。

내년에 졸업합니다.

❖ 大学院への進学を考えています。

대학원 진학을 생각하고 있어요.

❖ 学校は家から近いですか。

학교는 집에서 가깝습니까?

❖ 今、通っている学校はどうですか。

지금 다니고 있는 학교는 어때요?

127

❖ キャンパスは広くて静かです。

캠퍼스는 넓고 조용합니다.

❖ この学校は男女共学です。

이 학교는 남녀공학입니다.

❖ あれが図書館ですか。

저게 도서관입니까?

❖ 食堂もありますか。

식당도 있습니까?

❖ 運動場はなかなか広いですね。

운동장은 상당히 넓군요.

❖ 高校生の家庭教師をしています。

고등학생의 가정교사를 하고 있어요.

> A: アルバイトはしていますか。
> (아르바이트는 하고 있어요?)
>
> B: ええ、高校生の家庭教師をしています。
> (예, 고등학생의 가정교사를 하고 있어요.)

통학

❖ 行ってきます。

다녀오겠습니다.

❖ お弁当はカバンに入れた?

도시락은 가방에 넣었니?

❖ 忘れ物はない?

잊은 것 없니?

❖ 道草しないで行くのよ。

도중에 한눈팔지 말고 가야 해.

❖ まだ学校へ行かないの?

아직 학교에 안 가니?

❖ 今日は学校に行きたくないな。

오늘은 학교에 가고 싶지 않아.

❖ もうこんな時間だ。早く行かなくっちゃ。

벌써 시간이 이렇게 됐구나. 빨리 가야 해.

❖ もう少し早く家を出たほうがいいじゃないの?

좀 더 일찍 집에서 나서는 게 좋지 않겠니?

❖ 今朝はいつもより遅くていいんだよ。

오늘 아침은 평소보다 늦어도 돼.

❖ 急がないと、遅刻するよ。

서둘지 않으면 지각해.

❖ もうすぐスクールバスが来るわよ。

이제 곧 스쿨버스가 올 거야.

❖ バスに乗り遅れた。

버스를 놓쳤어.

❖ 自転車で通学している。

자전거로 통학하고 있어.

❖ 通学定期券が切れた。

통학 정기권이 다 되었어.

❖ 友達といっしょに学校へ行くことにしている。

친구와 함께 학교에 가기로 했어.

❖ 月水金は学校の帰りに予備校に行く。

월수금은 학교에서 돌아가는 길에 입시학원에 가.

❖ 何か忘れ物したような気がする。

뭔가 잃어버린 것 같은 느낌이 들어.

학교생활

❖ 何のクラブに入ってるんですか。

무슨 동아리에 들었어요?

❖ 大学時代に何かクラブ活動をしましたか。

대학시절에 뭔가 동아리 활동을 했습니까?

❖ どのクラブに属していますか。

어느 동아리에 소속되어 있습니까?

❖ アルバイトはしてるの?

아르바이트는 하고 있니?

❖ パートで働いているんですか。

파트타임으로 일하고 있습니까?

❖ 卒業したらどうするんですか。

졸업하면 어떻게 할 겁니까?

❖ 学生時代、アルバイトをしたことがあり
ますか。

학창시절, 아르바이트를 한 적이 있습니까?

❖ どの講義を受けるか決めた?

어떤 강의를 받을지 정했니?

❖ この講義はおもしろそうだね。

이 강의는 재미있을 거 같아.

❖ この講義は絶対、取るよ。

이 강의는 꼭 수강할래.

130

❖ 学部の掲示板を見た?

학부 게시판 봤니?

❖ 休講と補講があったよ。

휴강과 보강이 있었어.

❖ じゃあ、講義が終わったら、学生会館に行くよ。

그럼, 강의가 끝나면 학생회관으로 갈 거야.

❖ これからアルバイトなんだ。

지금부터 아르바이트야.

❖ 何のアルバイトをしているの?

무슨 아르바이트를 하고 있니?

❖ 家庭教師だよ。

과외선생이야.

❖ もうすぐ大学祭だね。

이제 곧 대학축제구나.

수업

❖ さあ、授業を始めます。

자, 수업을 시작합시다.

❖ 教科書を開けて。

교과서를 펴세요.

❖ 黒板をよく見てください。

칠판을 잘 보세요.

❖ もう一度説明してください。

다시 한번 설명해 주세요.

❖ 後ろからよく見えますか。

뒤에서 잘 보입니까?

❖ 分かりますか。

알겠습니까?

❖ 質問はありませんか。

질문은 없습니까?

❖ ちょっと休みましょう。

잠깐 쉽시다.

❖ 始めましょう。

시작합시다.

❖ 今日はこれで終わりましょう。

오늘은 이만 마치겠어요.

❖ 宿題をやってきましたか。

숙제를 해왔습니까?

❖ この問題をやりたい人はいませんか。

이 문제를 풀고 싶은 사람 없습니까?

❖ この答えは何ですか。

이 답은 무엇입니까?

❖ 先生、質問があります。

선생님, 질문이 있습니다.

❖ はい、何ですか。

네, 무엇입니까?

❖ いい質問ですね。

좋은 질문이군요.

❖ だれか、わかる人いませんか。
누군가 아는 사람 없습니까?

❖ これはとても重要ですよ。
이것은 매우 중요해요.

❖ しっかり理解しておいてくださいね。
확실히 알아 두세요.

❖ 来週はテストをします。
다음 주에는 테스트를 합니다.

❖ じゃあ、時間をとりますから、考えてください。
그럼, 시간을 줄 테니까 생각하세요.

❖ では、今日はここまで。
그럼, 오늘은 여기까지.

❖ この続きは次回にしましょう。
다음에 이어서 합시다.

❖ じゃあ、これは宿題にします。
그럼, 이것을 숙제로 하겠습니다.

❖ 3時間目が自習になった。
3교시가 자습이 되었어.

❖ 1時間目、サボっちゃった。
1교시, 빼먹었어.

시험과 성적

❖ いつから中間テストが始まりますか。
언제부터 중간고사가 시작됩니까?

❖ 明日から期末試験です。

내일부터 기말시험입니다.

❖ 試験勉強はしましたか。

시험공부는 했습니까?

❖ 一夜漬けしかありませんよ。

벼락치기로 공부할 수밖에 없어요.

❖ 今度の試験はどうでしたか。

이번 시험은 어땠어요?

❖ なかなか難しかったですよ。

상당히 어려웠어요.

❖ 予想外に易しかったです。

예상 외로 쉬웠습니다.

❖ 試験の結果はどうでしたか。

시험 결과는 어땠어요?

❖ 予想どおりうまくいったよ。

예상대로 잘 됐어.

❖ まぐれで当たったよ。

요행으로 붙었어.

❖ 合格でした。

합격했어요.

❖ 不合格でしたよ。

떨어졌어요.

❖ 当時、学校の成績はまあまあでした。

당시 학교 성적은 그저 그랬습니다.

134

❖ 試験の時間割が発表された。
시험 시간표가 발표되었어.

❖ 試験に出る範囲はどこですか。
시험에 나오는 범위는 어디입니까?

Part
02

❖ カンニングがばれた。
커닝이 발각되었어.

❖ 追試を受けたよ。
추가시험을 봤어.

❖ クラスの平均点は悪かった。
반 평균은 나빴어.

❖ もうすぐ模擬試験の結果がわかる。
이제 곧 모의시험 결과를 알 수 있어.

❖ 試験の代わりにレポートを書かなければ
ならない。
시험 대신에 리포트를 써야 해.

❖ 論述問題ばかりだった。
논술문제 뿐이었어.

❖ 暗記問題は得意なんだ。
암기시험은 잘해.

❖ 国家試験に合格した。
국가시험에 합격했어.

❖ 司法試験に落ちた。
사법고시에 떨어졌어.

❖ 国家公務員試験を受験しようかな。

국가공무원 시험을 볼까?

❖ 図書館で本を借りてくるよ。

도서관에서 책을 빌려 올게.

❖ 貸し出し期間は2週間です。

대출 기간은 2주일입니다.

❖ 一度に5冊まで借りられます。

한 번에 다섯 권까지 빌릴 수 있습니다.

❖ 今はコンピューターで検索できる。

지금은 컴퓨터로 검색할 수 있어.

❖ この本は貸し出し中です。

이 책은 대출 중입니다.

❖ 閲覧の手続きはどうすればいいのですか。

열람 수속은 어떻게 하면 됩니까?

❖ これは借りられるのですか。

이것은 빌릴 수 있는 것입니까?

❖ この論文はコピーしておこう。

이 논문은 복사해두자.

❖ 図書館に本を返してくるよ。

도서관에 책을 돌려주고 올게.

❖ 授業が終わったら、図書館に行くのが日課
です。

수업이 끝나면 도서관에 가는 것이 일과입니다.

❖ 閲覧室は満席だ。

열람실은 다 찼어.

학교 행사

❖ 今日は息子の入学式です。

오늘은 아들 입학식입니다.

❖ もうすぐ新学期が始まる。

이제 곧 신학기가 시작돼.

❖ 担任の先生はだれかな。

담임선생님은 누굴까?

❖ 今度は何組かな。

이번은 몇 반일까?

❖ あの子と初めて同じクラスになったよ。

저 아이와 처음으로 같은 반이 되었어.

❖ 修学旅行は楽しかった。

수학여행은 즐거웠어.

❖ 遠足はどこに行くの?

소풍은 어디로 가니?

❖ 毎日、運動会の練習だよ。

매일 운동회 연습이야.

❖ 5年1組の教室はどこですか。

5학년 1반 교실은 어디입니까?

❖ 文化祭のとき、クラスで芝居をするんだ。

문화제 때 반에서 연극을 해.

가족관계

일본어로 자신의 가족을 상대에 말할 때는 윗사람이건 아랫사람이건 모두 낮추어서 말하고 상대방의 가족을 말할 때는 비록 어린애라도 존경의 의미를 나타내는 접두어 ご(お)나 접미어 さん을 붙여서 높여 말하는 것이 우리와 큰 차이점입니다. 단 가족 간에 부를 때 윗사람인 경우는 さん을 붙여 말하며, 아랫사람인 경우는 이름만 부르거나, 이름 뒤에 애칭인 ちゃん을 붙여 부릅니다.

가족에 대해서

❖ 何人家族ですか。

가족은 몇 명입니까?

❖ ご家族は何人ですか。

가족은 몇 명입니까?

A : ご家族は何人ですか。
(가족은 몇 명입니까?)

B : 4人です。
(네 명입니다.)

❖ 両親と弟、それに私です。

부모님과 남동생, 그리고 저입니다.

❖ 両親と妹がいます。

부모님과 여동생이 있습니다.

❖ 5人家族です。

5인 가족입니다.

❖ うちは大家族です。

우리 집은 대가족입니다.

◆ よく家族でお出掛けですか。
가족과 함께 자주 외출하십니까?

◆ ご家族に会いに何回くらい帰省しますか。
가족을 보러 몇 번 정도 고향에 갑니까?

◆ ご両親はおいくつですか。
부모님 연세는 몇입니까?

◆ ご両親といっしょに住んでいるんですか。
부모님과 함께 살고 있습니까?

◆ おじいさんとおばあさんはご健在ですか。
할아버지와 할머니는 건강하십니까?

형제자매에 대해서

◆ 兄弟姉妹はおありですか。
형제자매는 있으십니까?

> A: 兄弟姉妹はおありですか。
> (형제(자매)는 있습니까?)
>
> B: はい、姉がひとりいます。
> (네, 누나가 한 명 있습니다.)

◆ 兄と妹がいます。
형과 여동생이 있습니다.

◆ 私はひとりっ子です。
저는 외동입니다.

◆ ご兄弟は何人ですか。
형제는 몇 분입니까?

❖ あなたが兄弟姉妹でいちばん年上ですか。

당신이 형제자매 중에서 제일 위입니까?

❖ 弟さんはいくつですか。

남동생은 몇 살입니까?

친척과 자녀에 대해서

❖ 日本にどなたか親戚の人がおありですか。

일본에 친척분이라도 계십니까?

❖ お子さんは?

아이는 있나요?

❖ 子供はいません。

아이는 없습니다.

❖ お子さんはいますか。

자녀분은 있으세요?

> A : お子さんはいますか。
> (자녀분은 있습니까?)
>
> B : はい、3人します。
> (네, 세 명 있습니다.)

❖ 息子がひとり、娘がふたりいます。

아들 하나, 딸 둘 있습니다.

❖ 小学生の娘がひとりいます。

초등학생인 딸이 하나 있습니다.

Unit 12 취미와 여가

취미와 여가만큼 다양한 소재를 가지고 있는 화제도 많지 않으므로 「ご趣味は何ですか(취미는 무엇입니까?)」로 시작해서 여러 상황에 응용할 수 있도록 이곳에 언급된 표현을 잘 익혀두길 바랍니다. 서로 좋아하는 것과 관심을 가지고 있는 것에 대해 이야기하면 훨씬 대화가 부드럽게 진행됩니다. 무슨 일에 흥미가 있는지를 물을 때는 「何に興味をお持ちですか(무엇에 흥미를 가지고 계십니까?)」라고 합니다.

취미에 대해서

❖ ご趣味は何ですか。
취미는 무엇입니까?

❖ 何かご趣味はありますか。
뭔가 취미가 있습니까?

> A : 何か趣味はありますか。
> (무슨 취미가 있나요?)
>
> B : 釣りが好きです。
> (낚시를 좋아합니다.)

❖ 仕事以外に何か特に興味のあることはありますか。
일 이외에 무슨 특별한 흥미가 있습니까?

❖ 趣味の1つは記念切手を集めることです。
취미 중에 하나는 기념우표를 모으는 것입니다.

❖ 骨董品集めに興味があります。
골동품 수집에 흥미가 있습니다.

❖ 僕の趣味はギターをひくことです。
내 취미는 기타를 치는 것입니다.

❖ 特に趣味と言えるものはありません。
특별히 취미라고 할 수 있는 것은 없습니다.

❖ これといった趣味がないんですよ。
이렇다 할 취미가 없어요.

❖ 趣味は楽しいですね。
취미는 즐거운 것이군요.

❖ 趣味と実益を兼ねています。
취미와 실익을 겸하고 있습니다.

❖ どんなことに興味を持っていますか。
어떤 것에 흥미가 있습니까?

A : どんなことに興味を持っていますか。
(어떤 것에 흥미가 있습니까?)

B : コンピューターに興味を持っています。
(컴퓨터에 흥미를 가지고 있습니다.)

여가 활동에 대해서

❖ 気晴らしにどんなことをなさいますか。
기분전환으로 어떤 것을 하십니까?

❖ 仕事の後はどうやって楽しんでますか。
일이 끝난 후에 어떻게 즐기십니까?

❖ 暇なときは何をしていますか。
한가할 때는 무엇을 하십니까?

A : 暇なときは何をしていますか。
(한가할 때는 무엇을 합니까?)

B : カラオケにはよく行きますね。
(노래방에 자주 갑니다.)

❖ 旅行が好きです。

여행을 좋아합니다.

❖ 毎年のように海外旅行に行くんですよ。

매년 해외여행을 갑니다.

❖ 来年は日本旅行を計画しています。

내년에는 일본 여행을 계획하고 있습니다.

❖ 温泉にはよく行きます。

온천에는 자주 갑니다.

❖ 温泉につかると本当にリラックスします。

온천욕을 하면 정말 피로가 풀립니다.

유원지

❖ 家族で遊園地に行った。

가족과 함께 유원지에 갔어.

❖ 新しくできたテーマパークに行こうか。

새로 생긴 테마파크에 갈까?

❖ 入場券はいくら?

입장권은 얼마지?

❖ 休日だから、どこも込んでるね。

휴일이라서 어디고 붐벼.

❖ 2時間待ちですって。

2시간 기다려야 한대요.

❖ ジェットコースターに乗りたいの。

제트코스터를 타고 싶어.

❖ スリル満点だよ。

스릴 만점이야.

❖ ああ、怖かった。

아아, 무서웠어.

❖ 怖くて、目が開けられなかったよ。

무서워서 눈을 뜰 수 없었어.

❖ お化け屋敷に入った?

도깨비 집에 들어갔니?

❖ これは一日遊べるチケットだよ。

이것은 하루 놀 수 있는 티켓이야.

❖ ここでお弁当を食べよう。

여기서 도시락을 먹자.

❖ 花火がきれいだったね。

불꽃놀이가 멋있었어.

❖ 今日は楽しかった?

오늘 즐거웠니?

낚시

❖ この辺りでは何が釣れるの?

이 근처에서는 뭐가 잡히니?

❖ 釣果はどうでしたか。

낚시 성과는 어땠어요?

❖ 釣れますか。

잡힙니까?

144

❖ あまり釣れないなぁ。
별로 안 잡히네.

❖ 今日も1匹も釣れなかった。
오늘도 한 마리도 낚지 못했어.

❖ 今日は大漁だ。
오늘은 많이 낚았어.

❖ どのルアーを使おうかな。
어느 루어(가짜미끼)를 쓸까?

❖ あたりがあった!
감촉이 있었어!

❖ さあ、早くリールを巻いて。
자아, 빨리 릴을 감아요.

❖ たもを取ってくれない?
뜰채를 갖다 줄래?

❖ その釣りざおはとてもいいね。
그 낚싯대는 무척 좋군.

❖ こんな大物を釣ったのは初めてだよ。
이런 월척을 낚은 것은 처음이야.

❖ 魚拓を取った。
어탁을 떴어.

❖ 釣糸が切られてしまったよ。
낚싯줄이 끊겨 버렸어.

❖ えさは何を使ってるの?
미끼는 뭘 사용하고 있니?

❖ 釣った魚をリリースした。

잡은 물고기를 풀어줬어.

❖ 夜釣りに出かけた。

밤낚시를 갔어.

등산

❖ 山登りが好きです。

등산을 좋아합니다.

❖ 学生のころは山岳部に入っていた。

학생 시절에는 등산부에 가입해 있었어.

❖ テントを張った。

텐트를 쳤어.

❖ もうすぐ山頂だよ。

이제 곧 정상이야.

❖ 頂上まであと一息だよ。

정상까지 앞으로 금방이야.

❖ 霧が晴れてきたね。

안개가 개이고 있군.

❖ 山の天気は変わりやすい。

산의 날씨는 변덕이 심해.

❖ 山で悪天候に見舞われたよ。

산에서 악천후를 만났어.

❖ やっぱり山はいいね。

산은 역시 좋구나.

❖ どこの山に登りたい?

어느 산에 오르고 싶니?

❖ 体力に応じて登山計画を立てよう。

체력에 맞게 등산 계획을 세우자.

❖ 山を甘く見てはいけない。

산을 쉽게 봐서는 안 돼.

그밖에 취미

❖ 陶芸を始めたんですよ。

도예를 시작했어요.

❖ まだまだ初心者です。

이제 아직 초심자입니다.

❖ 何か趣味をもたなくっちゃ。

뭔가 취미를 가져야겠어.

❖ 何をやっても長続きしないのよね。

뭘 하거나 오래 계속 못해.

❖ 下手の横好きなの。

잘하지 못하지만 무척 좋아해.

❖ 好きこそものの上手なれって言うじゃない。

좋아하는 것이 장기가 된다는 말이 있잖아.

❖ ご主人といっしょに楽しめる趣味なんてどう?

남편과 함께 즐길 수 있는 취미는 어때?

❖ 趣味とはいっても素人離れしているね。

취미라고 하지만 초보자 수준을 넘었군.

❖ 昔とったきねづかですよ。

옛날에 익힌 솜씨는 지금도 자신 있어요.

❖ 週末、同好の士が集まるんですよ。

주말에 동호인이 모여요.

❖ 何かけいこごとをしているの?

뭔가 배우고 있니?

❖ 茶道をしています。

다도를 하고 있습니다.

❖ 年を取ってから花道を始めました。

나이가 들고 나서 꽃꽂이를 시작했습니다.

❖ やりたいと思ったときに始めるのが一番
ですね。

하고 싶을 때 시작하는 것이 제일이에요.

❖ これが私の道楽です。

이것이 나의 즐거움입니다.

❖ 骨董品に目がないんですよ。

골동품에 푹 빠져 있습니다.

일본어에는 「사랑」이라는 말을 愛(あい)와 恋(こい)로 말합니다. 愛는 넓은 의미의
사랑을 말하고, 恋는 남녀간의 사랑을 말합니다. 또한 「애인」을 恋人(こいびと)와 愛
人(あいじん)이라고 합니다. 愛人은 불륜의 관계를 말하므로 우리말로 직역하여 愛人
이라고 하지 않도록 주의합시다. 참고로 연애중일 때는 「恋愛中(れんあいちゅう)」,
헤어지다는 「別(わか)れる」, 이성에게 차이다는 「ふられる」라는 표현을 씁니다.

우정에 대해서

❖ 私たちは仲よしです。

우리들은 사이가 좋습니다.

❖ 木村は私の親友です。

기무라는 제 진짜 친구입니다.

❖ 吉田はあなたの親友でしょ?

요시다는 당신 친구이죠?

❖ 彼女はほんの友達ですよ。

그녀는 그저 친구예요.

❖ 明子さんはいつからの知り合いですか。

아키코 양은 언제부터 아는 사이였습니까?

❖ 池田さんは私の同僚です。

이케다 씨는 제 동료입니다.

❖ この会社でいちばん親しい人は誰ですか。

이 회사에서 가장 친한 사람은 누구입니까?

❖ あなた以外に外国人の友人がいないんです。

당신 이외에 외국인 친구가 없습니다.

❖ 彼はいわゆる飲み友達です。

그는 이른바 술친구입니다.

이성과의 교제

❖ 異性の友達はいますか。

이성 친구는 있습니까?

❖ 木村さんはボーイフレンドがいますか。

기무라 씨는 남자 친구가 있습니까?

❖ 特別に交際している女性はおりません。

특별히 교제하고 있는 여자는 없습니다.

❖ 妹さんとデートできるように計らってくれ
ないかな。

여동생과 데이트할 수 있도록 주선해 주지 않겠나?

❖ 今度の日曜日に彼女とデートします。

이번 일요일에 그녀와 데이트합니다.

❖ デートの費用は全部男がもつべきだと思
いますか。

데이트 비용은 전부 남자가 내야 한다고 생각합니까?

❖ 初恋は16歳の時でした。

첫사랑은 16살 때였습니다.

❖ 彼女と恋愛中です。

그녀와 연애 중입니다.

❖ 木村は僕のいもうとに一目ぼれしてしま
いました。

기무라는 내 여동생에게 첫눈에 반해 버렸습니다.

❖ 洋子にプロポーズしたのに、ふられちゃった。

요코에게 프러포즈를 했는데 거절당했어.

❖ お似合いのカップルだ。

어울리는 커플이야.

❖ 私たちの仲はかなりうまく行っています。

우리들은 사이좋게 잘 지내고 있습니다.

첫만남

❖ 一目惚れだよ。

첫눈에 반했어.

❖ 初めて会ったなんて思えない。

처음 만난 느낌이 안 들어.

❖ まるでずっと以前から知っていたみたいだ。

마치 훨씬 이전부터 알고 있던 것 같아.

❖ こんな気持ちは初めてだよ。

이런 기분은 처음이야.

❖ 笑顔がとても印象的だった。

웃는 얼굴이 아주 인상적이었어.

❖ 君に初めて会ったときのことが忘れられない。

너를 처음 만났을 때의 일을 잊을 수 없어.

❖ 紹介したい人がいるんだよ。

소개하고 싶은 사람이 있어.

❖ 会ってみる?

만나 볼래?

❖ 君のことばかり考えているんだ。

　너만을 생각하고 있어.

❖ 連絡先を教えてもらえますか。

　연락처를 알려 주겠어요?

❖ 携帯の番号を教えてください。

　휴대폰 번호를 가르쳐 주세요.

❖ 初めて会ったとき、ドキドキしちゃった。

　처음 만났을 때 두근거렸어.

❖ すてきな人だなと思ったの。

　근사한 사람이구나 생각했어.

❖ こんな気持ちになるなんて思ってもみな
かったわ。

　이런 기분이 되리라고 생각도 해보지 않았어.

❖ 彼のことを考えると、わくわくするよ。

　그를 생각하면 가슴이 두근거려.

❖ 片思いなのよ。

　짝사랑이야.

❖ こういうふうに出会うこともあるのね。

　이렇게 만나는 일도 있구나.

❖ また会えるなんて夢みたいだわ。

　다시 만나다니 꿈만 같네.

❖ 彼女に夢中なんだ。

　그녀에게 푹 빠졌어.

◆ 彼女は僕の好みのタイプなんだよ。

그녀는 내가 좋아하는 타입이야.

◆ 僕のことをどう思ってる？

나를 어떻게 생각하니?

◆ 君は世界で一番かわいいよ。

넌 세상에서 제일 귀여워.

데이트

◆ 今度、デートしない？

이번에 데이트 안 할래?

◆ 僕とつき合ってくれるかな？

나와 안 사귈래?

◆ 今度、映画を観に行こうよ。

다음에 영화보러 가자.

◆ お茶でも飲みに行きませんか。

차라도 마시러 가지 않겠어요?

◆ 今度、お食事をご一緒しませんか。

이번에 함께 식사를 안 하시겠습니까?

◆ 明日、ひま？

내일 한가하니?

◆ 一緒に行きたいところがあるんだ。

함께 가고 싶은 데가 있어.

◆ 11時にいつもの場所で待っているよ。

11시에 늘 만나던 장소에서 기다리고 있을게.

❖ また電話するよ。

또 전화 할게.

❖ 今度はどこに行こうか。

이번에는 어디로 갈까?

❖ どこか行きたいところある?

어딘가 가고 싶은 데 있니?

❖ 何時がいい?

몇 시가 좋겠니?

❖ 待った? 遅れてごめんね。

기다렸지? 늦어서 미안해.

❖ その服、とてもよく似合うね。

그 옷 아주 잘 어울리네.

❖ 君のためなら何でもするよ。

너를 위해서라면 뭐든지 할게.

❖ 今度の週末はどうする?

이번 주말은 어떻게 하지?

❖ またいつでも連絡してよ。

또 언제든지 연락해요.

❖ この間、デートをキャンセルしてごめんね。

요전 데이트를 취소해서 미안해.

❖ 結婚するの?

결혼할 거니?

❖ 結婚なんてまだ考えていないのですが。

　　　결혼 따윈 아직 생각도 안 하고 있는데요.

❖ 家まで送ってくれてありがとう。

　　　집까지 바래다줘서 고마워.

헤어짐

❖ もう信じられないわ。

　　　이제 믿을 수 없어.

❖ もう終わりよ。

　　　이제 끝이야.

❖ もう取り返しがつかないわ。

　　　이제 돌이킬 수가 없어.

❖ もう何を言っても無駄なようね。

　　　이제 뭐라고 말해도 소용이 없을 것 같아.

❖ 別れたほうがいいわ。

　　　헤어지는 게 좋겠어.

❖ 別れましょう。

　　　헤어집시다.

❖ やり直すことはできないの?

　　　다시 시작할 수는 없겠니?

❖ ごめんなさい、もうダメよ。

　　　미안해. 이제 안 돼.

❖ もう一度だけチャンスをくれないか。

　　　다시 한번 기회를 주지 않을래.

❖ なぜそんなことが言えるの?

어떻게 그런 말을 할 수 있니?

❖ いつからこんなになったのかしら。

언제부터 이렇게 되었는지 몰라.

❖ 言いわけなんて聞きたくないわ。

변명 따위는 듣기 싫어.

❖ あなたの気持ちがもうわからないの。

네 마음은 이제 모르겠어.

❖ とても遠くにいるみたい。

무척 멀리 있는 것 같아.

❖ 私の気持ちがわかる?

내 기분 알겠어?

❖ 二人の間に何が残っているって言うの?

두 사람 사이에 뭐가 남아 있다는 거야?

❖ 一人になって、よく考えたいの。

혼자서 충분히 생각하고 싶어.

❖ どちらか悪いというわけじゃないでしょ。

어느 쪽이 나쁘다는 건 아니죠.

❖ これまでありがとう。

지금까지 고마웠어.

❖ 私たちの仲もこれで終りね。

우리 사이도 이걸로 끝이군.

❖ 二人は最近別れたらしいよ。

두 사람은 최근에 헤어진 것 같아.

결혼

일본어에서는 결혼은 현재도 진행 중이므로 과거형으로 말하지 않고 結婚しています로 말을 합니다. 우리말로 직역하여 結婚しました라고 한다면 일본인은 과거에 결혼한 적이 있고 지금은 이혼해서 혼자 사는 것처럼 여기게 됩니다. 일본인의 결혼은 크게 「恋愛結婚(연애결혼)」과 「お見合い結婚(중매결혼)」으로 나눌 수 있습니다. 둘 다 우리나라와 별 차이가 없습니다.

결혼 상대의 타입에 대해 말할 때

❖ どんな男性が好きですか。
어떤 남자를 좋아합니까?

❖ 背が高くてハンサムで、それに冗談が
わかる人がいいわ。
키가 크고 잘생기고, 게다가 농담을 할 줄 아는 사람이 좋아.

❖ 色が黒くて男性的な人が好きよ。
피부가 까맣고 남성적인 사람을 좋아해.

❖ スポーツ好きで私を守ってくれるような人
がいいわ。
스포츠를 좋아하고 나를 지켜줄 것 같은 사람이 좋아.

❖ ユーモアのある人が好きなの。
유머가 있는 사람을 좋아해.

❖ 包容力があって融通のきく人が好きですわ。
포용력 있고 융통성 있는 사람을 좋아해요.

❖ ロマンチックで野生的な男性が好きです。
로맨틱하고 야성적인 남자를 좋아합니다.

❖ 知的で穏やかな人といるといちばんほっ
とするの。

지적이고 온화한 사람과 있으면 가장 편해.

❖ 彼は私の好みのタイプじゃないわ。

그는 내가 좋아하는 타입이 아냐.

❖ どんな人と結婚したいですか。

어떤 사람과 결혼하고 싶습니까?

❖ 仕事が安定している人と結婚したいわ。

직장이 안정된 사람과 결혼하고 싶어.

❖ どんな女の子が好き?

어떤 여자를 좋아해?

❖ 目が大きくて髪の長い女性が好きです。

눈이 크고 머리카락이 긴 여자를 좋아합니다.

❖ 好きなタイプの女性は?

좋아하는 타입의 여자는?

❖ 女らしい人がいいですね。

여성스러운 여자가 좋아요.

❖ 彼女は僕の理想型じゃないよ。

그녀는 이상형이 아냐.

❖ 家庭的な人と結婚したいと思います。

가정적인 사람과 결혼하고 싶습니다.

결혼에 대해서

❖ 結婚してますか、独身ですか。

결혼했습니까, 독신입니까?

❖ 私は結婚しています。
저는 결혼했습니다.

❖ ばつ一です。
한 번 이혼한 적이 있습니다.

❖ 婚約中です。
약혼한 상태입니다.

❖ 結婚して3年になります。
결혼한 지 3년 됐어요.

❖ お姉さんは結婚してるんですか。
누나는 결혼했습니까?

❖ 妹はこの前の土曜日に結婚しました。
여동생은 요전 토요일에 결혼했습니다.

❖ 木村と結婚するの?
기무라와 결혼하니?

❖ いつ彼と結婚するの?
언제 그와 결혼하니?

❖ 比呂と春華が結婚するんだよ。
히로와 하루카가 결혼해.

A : 比呂と春香が結婚するんだよ。
(히로와 하루카가 결혼해.)

B : まさか!
(설마!)

❖ いくつで結婚したいと思いますか。
몇 살에 결혼하고 싶습니까?

❖ すてきな人を見つけてその気になったら結婚します。

멋진 사람을 찾아서 마음이 내키면 결혼하겠습니다.

❖ 「お見合い」って聞いたことがありますか。

「맞선」이라는 말을 들어본 적이 있습니까?

❖ 見合い結婚は仲人さんが整えます。

중매결혼은 중매쟁이가 주선합니다.

❖ あなたはお見合いで結婚するつもりですか。

당신은 중매로 결혼할 생각입니까?

❖ ご結婚おめでとう。で、お相手は?

결혼 축하해. 그런데 상대는 누구야?

❖ 新婚旅行はグアムへ行きます。

신혼여행은 괌으로 갑니다.

❖ 夫の家族と同居します。

남편 가족과 함께 삽니다.

결혼상대에 대해서

❖ 心に留めている人でもいるのかい。

마음에 둔 사람이라도 있나?

❖ 結婚相手は慎重に選ぶべきです。

결혼상대는 신중히 골라야 해요.

❖ 私は金より愛を選びます。

저는 돈보다는 사랑을 선택할 겁니다.

❖ 私が選んだ人と結婚するつもりです。

제가 선택한 사람과 결혼할 겁니다.

❖ 似合いの結婚相手を探してください。

어울리는 결혼 상대를 찾으세요.

❖ 結婚相手に何を望みますか。

결혼 상대에게 무엇을 바라세요?

❖ 彼女は私の理想の人です。

그녀는 나의 이상형입니다.

❖ 来月に結婚式を挙げることにしました。

다음 달에 결혼식을 올리기로 했습니다.

임신과 출산에 대해서

❖ 彼女は子供を作りたがっている。

그녀는 아이를 갖고 싶어 해.

❖ 妻に近く子供が生まれます。

곧 아내가 아이를 낳습니다.

❖ 予定日はいつですか。

예정일은 언제입니까?

❖ 彼女は妊娠3ヶ月です。

그녀는 임신 3개월입니다.

❖ あのね。私、妊娠しているの。

저 말이야, 나 임신했어.

❖ お子さんは何人ほしいですか。

자녀는 몇 명 갖고 싶으세요?

❖ 彼女は火曜日に女の子を生みました。

우리는 화요일에 여자아이를 낳았습니다.

❖ 赤ん坊は男ですか、女ですか。

아기는 남자예요, 여자예요.

별거와 이혼에 대해서

❖ 私たちはよくけんかする。

우리들은 자주 싸워.

❖ もう妻を愛していないんだ。

이제 아내를 사랑하지 않아.

❖ ぼくの妻は浮気しているんだ。

내 아내는 바람을 피우고 있어.

❖ ぼくらは仲たがいし始めた。

우리들은 틀어지기 시작했어.

❖ 気が変わったんだ。

마음이 변했어.

❖ 君は変わったよ。

넌 변했어.

❖ ぼくは君を理解しているものと思っていたんだが。

난 너를 이해하는 놈이라고 생각했는데.

❖ あなたといてもつまらないの。

너와 함께 있어도 재미없어.

❖ ぼくは今、妻と別居しているんだ。

난 지금 아내와 별거 중이야.

❖ 離婚しよう。

이혼하자.

❖ 別れるってことはつらいことだ。

헤어진다는 것은 괴로운 일이야.

❖ 君を失って、とても耐えられない。

너를 잃고 도저히 견딜 수 없어.

❖ 私を失恋させないでくれ。

나를 버리지 말아 줘.

직업 분류에는 크게 「会社員(かいしゃいん)」과 「自営業(じえいぎょう)」으로 나눌 수 있습니다. 일본에서는 공무원을 「役人(やくにん)」이라고도 하며, 회사원을 「サラリーマン」이라고 합니다. 참고로 일본어에서는 자신이 속해 있는 사람을 외부 사람에게 말할 경우 우리와는 달리 자신의 상사라도 높여서 말하지 않습니다. 단, 직장 내에서 호출을 할 때 상사인 경우에는 さん을 붙여 말합니다.

직장에 대해서	❖ どの会社に勤めていますか。 어느 회사에 근무합니까? ❖ 私はこの会社に勤めています。 저는 이 회사에 근무합니다. ❖ 部署はどこですか。 어느 부서입니까? ❖ 私はこの会社で営業をやっています。 저는 이 회사에서 영업을 하고 있습니다. ❖ 会社はどこにあるんですか。 회사는 어디에 있습니까? ❖ 定年はいつですか。 정년은 언제입니까?
출퇴근에 대해서	❖ 出勤前はあわただしい。 출근 전에는 분주해.

❖ 朝食を食べる時間がない!
아침밥을 먹을 시간이 없어!

❖ 行ってきます。
다녀올게요.

❖ 駅まで走ることもあります。
역까지 달리는 경우도 있습니다.

❖ 通勤電車はぎゅうぎゅう詰めだ。
통근전철은 꽉 차.

❖ 健康のために一駅分は歩くようにしています。
건강을 위해 한 역 구간은 걷도록 하고 있습니다.

❖ タイムカードを押し忘れてしまった!
타임카드를 찍는 걸 잊어버렸어!

❖ 電車が遅れて遅刻した。
전철이 늦어서 지각했어.

❖ 家を出てから会社に着くまでちょうど1時間かかる。
집을 나와 회사에 도착하기까지 꼭 1시간 걸려.

❖ 3回乗り換えしなくてはいけない。
세 번 갈아타야 해.

❖ お先に失礼します。
먼저 실례합니다.

❖ お疲れさまでした。また明日!
수고하셨습니다. 내일 또 봅시다!

❖ 帰りに食事でもしましょうか。

귀가 길에 식사라도 할까요?

❖ 今夜はまっすぐ帰ります。

오늘밤은 곧장 돌아갈게요.

❖ 今夜は残業で帰りが遅くなるよ。

오늘밤은 잔업으로 귀가가 늦어질 거야.

근무에 대해서

❖ スケジュールを確認してみます。

스케줄을 확인해 보겠습니다.

❖ する事がたくさんあるんだ。

할 일이 많아.

❖ この仕事はそんなに大変じゃないよ。

이 일은 그다지 힘들지 않아.

❖ 仕事をさぼるな!

일을 게을리 하지 마라!

❖ その仕事とは縁が切れた。

그 일에서 손뗐어.

❖ これをホチキスでとめてください。

이걸 스테이플러로 철해주세요.

❖ この書類をコピーしてくれる?

이 서류를 복사해 주겠니?

❖ このコピー機はこわれています。

이 복사기는 고장났습니다.

❖ コピー機の紙切れだと思うよ。

복사기 종이가 떨어졌을 기야.

❖ ひと休みしよう。

잠깐 쉬자.

❖ コーヒーはいかがですか。

커피 드실래요?

❖ そろそろ昼食の時間だ。

곧 점심시간이야.

❖ さあ、仕事を始めよう。

자, 일을 시작하자.

❖ 仕事はどうだい?

일은 어때?

❖ 息をつく暇もないんだ。

숨 쉴 틈도 없어.

❖ どうして遅れてるんだい。急いでくれ。

왜 늦었나? 서둘러 주게.

❖ この用紙はどう記入すればいいの?

이 용지는 어떻게 기입하면 되나?

❖ 会議はうまくいったよ。

회의는 잘 되었어.

❖ 会議は長引きそうだ。

회의가 길어질 것 같아.

❖ できるかぎりの事はした。

할 수 있는 데까지는 했어.

167

❖ よし、確認。

좋아, 됐어.

❖ もう一度最初からやり直してくれ。

다시 한번 처음부터 해주게.

❖ 書類を私に提出してくれ。

서류를 나에게 제출해 주게.

❖ 今夜は残業するの?

오늘밤은 잔업 하니?

❖ このレポートを今日中に仕上げてくれ!

이 보고서를 오늘 중으로 마무리하게!

❖ 適当にやっちゃいましょう。

적당히 해치웁시다.

상사와 부하에 대해서

❖ 彼とはウマが合う?

그와는 마음이 맞니?

❖ 私はみんなとうまくやっていきたいんだ。

나는 모두와 잘 지내고 싶어.

❖ あの人の本心がわからない。

그 사람 본심을 알 수 없어.

❖ へつらう人は嫌いだ。

아첨하는 사람은 싫어.

❖ 私は家族より仕事を優先するんだ。

난 가족보다 일을 우선해.

❖ 君はどちらの味方なんだ。

넌 누구 편이야?

❖ あなたは上司が好きなの?

넌 상사를 좋아하니?

❖ いや、彼は私にとてもつらくあたるんだ。

아냐, 그는 나를 너무 심하게 다뤄.

❖ 彼は本当にきびしい。

그는 매우 엄격해.

❖ あんなこと言っても彼は無視するねえ。

그런 말을 해도 그는 무시해.

❖ 彼はいつもぼくを目のかたきにする。

그는 항상 나를 눈엣가시처럼 여겨.

❖ 私は彼にたいへん感謝しているんだ。

나는 그에게 무척 감사하고 있어.

❖ 彼にはたいへんお世話になっています。

그에게는 많은 신세를 지고 있습니다.

아무리 친한 친구라 하더라도 집으로 초대하지 않는다는 일본인도 많습니다. 이것은 집이 좁기 때문이기도 하지만 대개 자기 집안을 남에게 보이는 것을 꺼리기 때문입니다. 그러므로 일본인 집에 초대받는 것은 관계가 상당히 깊어졌다고 볼 수 있습니다. 일단 알게 된 사람이나 친구와 한층 더 친해지기 위해서는 자신의 집이나 파티에 초대해서 대화를 나누는 것은 서로의 거리낌 없는 친분을 쌓는 데 매우 중요한 의미를 갖습니다.

초대할 때

❖ 今度、うちに食事に来ませんか。
이번에 우리 집에 식사하러 오지 않겠어요?

❖ 今晩、わたしと食事はどう？
오늘밤에 나와 식사 어때?

❖ いっしょに外へ食事に出ませんか。
함께 밖으로 식사하러 가지 않겠어요?

❖ あなたを家にお招きしたいのですが。
당신을 우리 집에 초대하고 싶은데요.

❖ いつか遊びに来てください。
언제 놀러 오세요.

❖ うちへ来ておしゃべりをしませんか。
집에 와서 이야기라도 하지 않겠어요?

❖ 中村と鈴木も誘っているんだ。
나카무라와 스즈키도 초대했어.

❖ 誕生パーティーに来てね。
생일 파티에 와요.

❖ ご都合をお知らせください。
사정을 알려 주십시오.

❖ ご家族そろってお越しください。
가족 모두 함께 오십시오.

❖ どうぞお気軽にいらしてください。
아무쪼록 가벼운 마음으로 오십시오.

❖ 6時半頃来てくれる?
6시 반 쯤 와주겠니?

> A : 何時に行けばいいかな?
> (몇 시에 갈까?)
> B : 6時半頃来てくれる?
> (6시 반 쯤 와주겠니?)

❖ 駅まで迎えに行くよ。
역으로 마중 갈게.

❖ 駅に着いたら電話してね。
역에 도착해서 전화해.

초대에 응할 때

❖ 喜んでうかがいます。
기꺼이 가겠습니다.

❖ もちろん行きます。
물론 가겠습니다.

❖ きっと行きます。
꼭 가겠습니다.

❖ 招いてくれてありがとう。
초대해 줘서 고마워.

❖ いいですねえ。

좋지요.

❖ 喜んでうかがうわ。

기꺼이 갈게.

> A : 私の家に来ない?
> （우리 집에 안 올래?）
>
> B : ええ、喜んでうかがうわ。
> （응, 기꺼이 갈게.）

❖ もちろん行くよ。

물론 갈게.

❖ 私のほかに誰が来るの?

나 외에 누가 오니?

❖ 何か持っていこうか。

뭐 가져갈까?

> A : 何か持っていこうか。
> （뭐 가져갈까?）
>
> B : ワインを1本持ってきてくれたらうれしいわ。
> （와인 한 병 가져오면 좋겠어.）

❖ デザートを持っていくわ。

디저트를 가져갈게.

❖ 日本の家庭料理をごちそうするよ。

일본 가정요리를 대접할게.

❖ 手ぶらで来てね。

그냥 와.

A：何を持っていけばいいの？
（뭘 가져가면 좋겠니?）

B：いいのよ。手ぶらで来てね。
（괜찮아. 그냥 와.）

**초대에 응할 수
없을 때**

❖ 残念ながら行けません。
유감스럽지만 갈 수 없습니다.

❖ その日は行けないようですが。
그 날은 갈 수 없을 것 같은데요.

❖ あいにくその時は忙しいんです。
공교롭게 그 때는 바쁩니다.

❖ すまないけど、その日はだめです。
미안하지만, 그 날은 안 됩니다.

❖ 行きたいのはやまやまですが…。
가고 싶은 마음은 굴뚝같은데….

❖ その日は先約がありますので。
그 날은 선약이 있어서요.

❖ いつか別の日のほうがよさそうですね。
언제 다른 날로 하는 게 좋을 것 같군요.

❖ また誘ってみてください。
다시 불러 주세요.

❖ せっかくですが、今日は都合が悪いんです。
모처럼이지만, 오늘은 사정이 안 좋습니다.

남의 집을 방문할 때는 「ごめんください(실례합니다)」라고 상대를 부른 다음 주인이
나올 때까지 현관에서 기다립니다. 주인이 「どちらさまですか(누구십니까?)」라면서
나오면 자기소개를 하고, 가볍게 인사를 나눈 뒤 주인의 안내로 집안으로 들어갑니
다. 일본도 우리와 마찬가지로 실내에서는 신발을 신지 않습니다. 이때 준비해온 선
물을 これをどうぞ(이걸 받으십시오)라고 하면서 건넵니다.

방문했을 때

❖ お邪魔します。

실례합니다. (들어갈 때 인사)

❖ お招きありがとう。

초대해 줘서 고마워.

> A : お招きありがとう。
>   (초대해 줘서 고마워.)
>
> B : 来てくれてうれしいわ。
>   (와줘서 기뻐.)

❖ この家はすぐに見つけられた?

우리 집은 금방 찾을 수 있었니?

> A : この家はすぐに見つけられた?
>   (우리 집은 금방 찾았니?)
>
> B : ええ、問題なくここまで来られたわ。
>   (예, 문제없이 여기까지 왔어.)

❖ 上着はここに掛けてね。

외투는 여기에 걸어.

❖ 妻の久美子には前に会っているよね?

아내 **구미코는** 전에 만난 적이 있지?

> A : 妻の久美子には前に会っているよね?
> (아내 구미코는 전에 만난 적이 있지?)
>
> B : ええ。久美子さん、また会えてうれしいです。
> (응. 구미코 씨, 다시 만나서 기뻐요)

❖ 息子の太郎と娘の花子だよ。

아들 다로와 딸 하나코야.

❖ これ、おみやげだよ。

이건 선물이야.

> A : これ、おみやげだよ。
> (이건 선물이야)
>
> B : ありがとう。今、開けていいかしら?
> (고마워. 지금 열어봐도 될까?)

❖ こんなのを欲しいと思っていたのよ。

이런 거 갖고 싶었어.

❖ 気に入ってもらえてうれしいよ。

마음에 들어 해서 기뻐.

❖ どうぞ楽にしてね。

편하게 있어.

❖ どうぞ、座って。

자, 앉아.

❖ 拓也と石毛もすぐに来るはずだよ。

다쿠야와 이시게도 곧 올 거야.

❖ いいお住まいですね。

좋은 집이구나.

❖ 素敵なお部屋ね。

멋진 방이야.

> A : 素敵なお部屋ね。
> (멋진 방이야.)
>
> B : ほめてくれてありがとう。
> (칭찬해 줘서 고마워.)

❖ ご家族の写真がたくさんあるわね。

가족사진이 많이 있구나.

❖ この写真はどこで撮ったの?

이 사진은 어디서 찍었니?

> A : この写真はどこで撮ったの?
> (이 사진은 어디서 찍었니?)
>
> B : この前の夏、北海道で撮ったんだよ。
> (지난여름에 홋카이도에서 찍은 거야.)

❖ 写真に写っているこの人は誰?

사진에 있는 이 사람은 누구야?

> A : 写真に写っているこの人は誰?
> (사진에 있는 이 사람은 누구야?)
>
> B : 僕の母だよ。
> (우리 엄마야.)

방문객을 맞이할 때

❖ どちら様でしょうか。

누구십니까?

❖ どうぞお入りください。

어서 들어오세요.

176

❖ ようこそいらっしゃいました。
잘 오셨습니다.

❖ まあ、木村さん！ しばらくですね。
어머, 기무라 씨! 오랜만이에요.

❖ ようこそ。楽しみにお待ちしていました。
어서 오세요. 무척 기다리고 있었습니다.

❖ ちょっとお待ちください。
잠깐 기다려 주십시오.

❖ そんなことなさらなくても良かったのに。
ありがとう。
이런 건 가지고 오시지 않아도 되는데. 고마워요.

방문객을 대접할 때

❖ 何か飲み物はいかが？
뭐 좀 마실래요?

> A：何か飲み物はいかが？
> (뭐 좀 마실래요?)
> B：ええ、ビールをもらえますか。
> (응, 맥주를 줄 수 있습니까?)

❖ 何を飲む？
뭐 마실래?

> A：何を飲む？
> (뭐 마실래?)
> B：まず白ワインをいただくよ。
> (우선 백포도주를 마실게.)

❖ ビールをもう一杯どう？
맥주 한 잔 더 할래?

❖ これは典型的な日本の家庭料理よ。

이것은 전형적인 일본 가정요리야.

> A : これは典型的な日本の家庭料理よ。
> (이것은 전형적인 일본 가정요리야.)
>
> B : すばらしいね!
> (근사하다.)

❖ おいしそうだね。

맛있어 보여.

❖ これを全部つくるのは大変だったでしょ
うね。

이것을 전부 만들다니 힘드셨겠네요.

❖ どれもすごくおいしいわ。

모두 맛있어.

❖ もう少しいかが?

좀 더 먹을래요?

> A : もう少しいかが?
> (좀 더 먹을래요?)
>
> B : ええ、いただきます。
> (예, 더 주세요.)

❖ 天ぷらはこのつゆにつけて食べるんだよ。

튀김은 이 국물에 찍어서 먹는 거야.

❖ こうやって食べるんだよ。

이렇게 먹는 거야.

❖ 日本の食べ物は好きですか。

일본 음식은 좋아하세요?

❖ 日本の食べ物では、何がいちばん好き?

일본 음식으로는 무엇을 가장 좋아해?

❖ 何か食べられないものはある?

뭐 못 먹는 것은 있니?

❖ 作り方を教えてあげるわ。

만드는 법을 가르쳐 줄게.

> A : この料理はどうやって作るの?
> (이 요리는 어떻게 만드나?)
>
> B : 作り方を教えてあげるわ。
> (만드는 법을 가르쳐 줄게)

❖ 作り方を書いてあげよう。

만드는 법을 적어줄게.

❖ 十分に食べた?

많이 먹었니?

> A : 十分に食べた?
> (많이 먹었나?)
>
> B : うん、お腹いっぱいだよ。
> (응, 배불러.)

방문을 마칠 때

❖ そろそろおいとまします。

슬슬 일어나겠습니다.

❖ もう時間が遅いですから。

너무 시간이 늦어시요.

❖ そろそろ失礼する時間だ。

이제 그만 갈 시간이야.

179

❖ 遅くなってきたからね。

늦었어.

❖ 行かなくちゃならないので…。

가야겠어요….

❖ そろそろ失礼しなくては。

이제 실례해야겠어요.

❖ もっと長くいられたらいいのだけど。

좀 더 있으면 좋겠지만.

A : 本当にもう帰るの?
(정말 벌써 가는 거야?)

B : もっと長くいられたらいいのだけど。
(좀 더 있고 싶지만)

❖ とても楽しかった。ほんとうにありがとう。

무척 즐거웠어. 정말로 고마워.

❖ 本当に楽しくお話しできました。

정말로 말씀 즐거웠습니다.

❖ 私の方にもぜひ来てください。

저희 집에도 꼭 오십시오.

❖ 楽しかったです。

즐거웠습니다.

❖ 夕食をごちそうさまでした。

저녁을 잘 먹었습니다.

❖ 今度はぜひ、私の家に来てね。

이번에는 꼭 우리집에 와.

A：今度はぜひ、私の家に来てね。
(이번에는 꼭 우리집에 와.)

B：ありがとう、そうさせてもらうわ。
(고마워. 그렇게 할게.)

**주인으로서의
작별 인사**

❖ もうお帰りですか。

벌써 가시겠습니까?

❖ 来てくれてありがとう。

와줘서 고마워.

❖ 夕食を召し上がって行きませんか。

저녁이라도 드시고 가지 않겠습니까?

❖ わたしの方はかまわないんですよ。

저는 괜찮습니다.

❖ それじゃ、お引き留めはいたしません。

그럼, 만류하지는 않겠습니다.

❖ 来ていただいて、こちらこそ楽しかったです。

와주셔서 저야말로 즐거웠습니다.

❖ いつでもまた来てください。

언제든지 또 오십시오.

❖ では、気をつけて。

그럼 조심해서 가세요.

❖ もうちょっといいじゃないですか。

좀 더 계시다 가세요.

❖ また来てくださいね。

또 오세요.

전화를 걸 때는 「もしもし、キムですが、～をお願いします(여보세요, 김인데요, ～를 부탁합니다)」라고 먼저 자신의 신분이나 소속단체를 밝히고 통화를 할 상대를 부탁합니다. 전화를 받을 때는 「もしもし、○○でございますが(여보세요, ○○입니다만)」이라고 자신의 이름 등을 밝혀 상대가 확인하는 수고를 덜어주는 것도 전화 에티켓의 하나입니다. 전화 상대를 바꿔줄 때는 「少々お待ちください(잠깐 기다려 주십시오)」라고 합니다.

전화를 걸 때

❖ もしもし、鈴木さんのお宅ですか。
여보세요. 스즈키 씨 댁입니까?

❖ もしもし、広美さんをお願いします。
히로미 양을 부탁합니다.

❖ もしもし、そちらは木村さんでしょうか。
여보세요. 기무라 씨입니까?

❖ 田中先生はおられますか。
다나카 선생님은 계십니까?

❖ 中村さんにつないでください。
나카무라 씨에게 연결해 주십시오.

❖ 田中さんと連絡をとりたいのですが。
다나까 씨와 연락을 취하고 싶은데요.

❖ 経理部の木村さんとお話ししたいんですが。
경리부 기무라 씨와 통화를 하고 싶은데요.

❖ 営業部のどなたかとお話ししたいんですが。
영업부 아무나 통화를 하고 싶은데요.

❖ 編集部へつないでいただけませんか。

편집부로 연결해 주시겠어요?

❖ 内線の10番をお願いします。

내선 10번을 부탁합니다.

전화를 받을 때

❖ 僕が出るよ。

내가 받을게.

❖ あなた出てくれない?

너 전화 받아 주겠니?

❖ 私は今、出られないのよ。

나는 지금 받을 수 없어.

> A : 君、出てくれる?
> （너 받아 주겠니?）
> B : 私は今、出られないのよ。
> （나는 지금 받을 수 없어.）

❖ ABC社です。ご用件をどうぞ。

ABC사입니다. 용건을 말씀하십시오.

❖ はい、私です。

네, 접니다.

> A : もしもし、裕美子さんはいますか。
> （여보세요, 유미코 씨는 있습니까?）
> B : はい、私です。
> （네, 접니다）

❖ 代わりました、中村です。

전화 바꿨습니다, 나카무라입니다.

❖ すみません、よく聞こえないのですが。
죄송합니다만, 잘 들리지 않는데요.

❖ どちらさまですか。
누구십니까?

> A：鈴木さんをお願いします。
> （스즈키 씨를 부탁합니다.）
>
> B：どちらさまですか。
> （누구십니까?）

❖ お名前のスペルをお願いします。
이름 철자를 부탁합니다.

❖ ヒロセ社の中村様ですね。
히로세사의 나카무라 씨죠?

❖ どちらの前田にご用でしょうか。
어느 쪽 마에다를 찾으세요?

❖ 前田という者は二人いるのですが。
마에다라는 분이 두 분 계시거든요.

> A：前田さんをお願いしたいのですが。
> （마에다 씨를 부탁합니다.）
>
> B：前田という者は二人いるのですが。
> 前田神と前田靖史です。（마에다라는 분이 두
> 분 계시는데, 마에다 신과 마에다 야스시입니다.）

❖ ご用件をうかがえますか。
용건이 뭔지 여쭤 봐도 될까요?

> A：社長をお願いします。
> （사장님을 부탁합니다.）
>
> B：ご用件をうかがえますか。
> （용건이 뭔지 여쭤봐도 될까요?）

184

❖ 少々お待ちください。

잠시만 기다리십시오.

전화를 연결할 때

❖ 浩美に代わります。

히로미를 바꿔줄게요.

❖ ちょっと待ってね。一郎を呼んでくるから。

잠깐만 기다려요. 이치로를 불러올게요.

❖ 中村、君にだよ。

나카무라, 전화 왔어.

A : 中村、君にだよ。
 (나카무라 전화 왔어.)

B : 誰から?
 (누구한테?)

❖ 後でかけ直すことにする。

나중에 다시 전화할게.

A : 今、シャワーを浴びているんだ。
 (지금 샤워 중인데.)

B : 後でかけ直すことにする。
 (나중에 다시 전화할게.)

❖ 初芝社の斎藤さんから電話です。

하츠시바사의 사이토 씨께서 전화하셨습니다.

❖ 1番に電話が入っています。

1번에 전화가 와있습니다.

185

❖ 中村さんから2番にお電話です。

나카무라 씨가 2번으로 전화하셨습니다.

❖ おつなぎします。

연결해 드리겠습니다.

❖ 内線458におつなぎします。

내선 458로 연결해 드리겠습니다.

❖ 佐々木におつなぎします。

사사키 씨께 연결해 드릴게요.

❖ 担当の者におつなぎします。

담당자 분과 연결해 드리겠습니다.

> A : 御社からの請求書についてうかがいたい
>   のですが。
>   (귀사의 청구서에 대해 문의 드리고 싶은데요.)
>
> B : 担当の者におつなぎします。
>   (담당자 분과 연결해 드리겠습니다.)

전화 받을 상대가
없을 때

❖ いつお戻りになりますか。

언제 돌아오십니까?

❖ 何とか連絡する方法はありませんか。

무슨 연락할 방법은 없습니까?

❖ 彼女に連絡できる他の番号はありませんか。

그녀에게 연락할 수 있는 다른 번호는 없습니까?

❖ あとでもう一度かけなおします。

나중에 다시 한 번 걸게요.

전화를 받을 수
없을 때

❖ 今、ほかの電話に出ているのですが。
지금 다른 전화를 받고 있는데요.

> A : 三浦さんをお願いします。
> (미우라 씨를 부탁합니다.)
>
> B : すみません。ただいま、別の電話に出て
> おります。
> (죄송합니다. 지금 다른 전화를 받고 있습니다.)

❖ すみません。まだ出社しておりません。
미안합니다. 아직 출근하지 않았습니다.

❖ ただいま昼食に出ておりますが。
방금 점심을 먹으러 나갔는데요.

❖ すみません、ただいま会議中です。
미안합니다, 지금 회의 중입니다.

❖ 彼女は今、留守なんですが。
그녀는 지금 집에 없는데요.

> A : 洋子さんをお願いします。
> (요코 씨를 부탁합니다.)
>
> B : 彼女は今、留守なんですが。
> (그녀는 지금 집에 없는데요.)

❖ 1時間ほどで戻るはずです。
1시간 정도 후에 돌아오실 겁니다.

❖ 午後には戻るはずです。
오후에는 돌아올 겁니다.

❖ 3時頃には戻るはずです。
3시경에는 돌아올 겁니다.

❖ まだ帰ってきていないんですが。

　아직 돌아오지 않았는데요.

❖ ちょっと席をはずしております。

　잠깐 자리를 비웠습니다.

❖ すみません、今日は休みを取っております。

　미안합니다. 오늘은 쉽니다.

❖ 今出張中です。

　지금 출장중입니다.

메시지를 부탁할 때

❖ お電話をいただきたいのですが。

　전화를 주셨으면 하는데요.

❖ 伝言していただけますか。

　전해 주시겠습니까?

❖ 伝言をお願いできますか。

　메모를 부탁해도 될까요?

> A : 伝言をお願いできますか。
> 　（메모를 부탁해도 될까요?）
>
> B : ええ、どうぞ。
> 　（예, 그러세요）

❖ 木村から電話があったとお伝えください。

　기무라한테 전화가 왔다고 전해주십시오.

❖ 戻りましたら、私に電話をくれるように

　言ってください。

　돌아오면 나에게 전화하라고 말해 주세요.

❖ 帰ったら電話するように言いましょうか。

돌아오면 전화하도록 말할까요?

❖ 伝言をお伝えしましょうか。

메시지를 전해 드릴까요?

❖ わかりました。伝言をお伝えしておきます。

알겠습니다. 메시지를 전해 드리겠습니다.

❖ 木村さん、さっきキムさんから電話があ
りました。

기무라 씨, 아까 김 씨에게 전화가 있었습니다.

전화 통화와 끊을 때

❖ 今、話してもいい?

지금 얘기해도 괜찮니?

❖ お邪魔にならないといいのだけど。

방해가 되지 않으면 좋겠어.

A : お邪魔にならないといいのだけど。
　　(방해가 되지 않으면 좋겠어.)

B : いや、構わないよ。
　　(아니, 괜찮아.)

❖ お仕事中、お邪魔してごめんなさい。

일하는데 방해해서 미안해.

❖ こんなに朝早く電話してごめんなさい。

이렇게 아침 일찍 전화해서 미안해.

❖ 起こしてしまったかな?

잠을 깨운 거니?

A : 起こしてしまったかな?
(잠을 깨운 거니?)

B : いや、起きていたよ。
(아니, 일어나 있었어.)

❖ 話をするのは久しぶりだね。
얘기해 본지 오래간만이다.

A : 話をするのは久しぶりだね。
(얘기해 본지 오래간만이다.)

B : そうだね。元気だった?
(그래. 잘 지냈니?)

❖ 昨日、電話をかけ直さなくてごめんね。
어제 다시 전화하지 못해서 미안해.

❖ 留守番電話を聞いたよ。
자동 응답기에 남겨진 것 들었어.

❖ メッセージを受け取ったよ。
메시지를 받았어.

❖ 悪いけど、今、手が離せないの。
미안하지만 지금 무척 바빠.

❖ 30分ぐらい後でかけ直していいかしら?
30분 정도 후에 다시 전화해도 될까?

A : 30分ぐらい後でかけ直していいかしら?
(30분 정도 후에 다시 전화해도 될까?)

B : わかった。電話を待ってるよ。
(알았어. 전화 기다릴게.)

❖ どこからかけているの?
어디서 전화하는 거야?

❖ 電話を待っていたんだよ。
전화를 기다리고 있었어.

❖ ちょっと待って。誰か来たわ。
잠깐 기다려. 누가 왔어.

❖ そろそろ失礼しなくては。
이제 그만 통화해야겠어.

❖ お話しできてよかったです。
통화하게 되서 좋았어요.

❖ お電話ありがとうございました。
전화해 주셔서 고맙습니다.

❖ 電話をかけ直していただき、ありがとうございました。
전화를 다시 주셔서 고맙습니다.

잘못 걸려온 전화

❖ 番号をお間違えのようですが。
번호가 틀린 것 같습니다만.

❖ 何番へおかけですか。
몇 번에 거셨습니까?

❖ すみません、番号をかけ間違えました。
미안합니다, 번호를 잘못 걸었습니다.

❖ すみません、こちらには松本という名の者はおりません。
미안합니다, 여기에는 마츠모토라는 이름을 가진 사람이 없습니다.

❖ すみません、間違えました。

미안합니다. 잘못 걸었습니다.

통화에 문제가 있을 때

❖ 後でかけ直します。

나중에 다시 걸겠습니다.

❖ 失礼しました。切れてしまいました。

실례했습니다. 끊어졌습니다.

❖ ちょっと電話が遠いのですが。

통화음이 작은데요.

❖ あっ、ほかの電話が入ってしまいました。

아, 다른 전화가 걸려왔습니다.

❖ では、またかけます。

그럼, 또 걸겠습니다.

❖ もうカードがないんで切れちゃいます。

이제 카드가 다 되어 끊어지겠습니다.

❖ すみません。さっき、電話が切れちゃって。

미안합니다. 아까 전화가 끊어져서.

국제전화를 걸 때

❖ ソウルへ国際電話をかけたいのですが。

서울에 국제전화를 걸고 싶은데요.

❖ 交換台を通さないといけませんか。

교환을 통해야 합니까?

❖ ソウルへコレクト・コールにしてくれますか。

서울에 컬렉트콜로 걸어 줄래요?

❖ 韓国へ直接電話する方法を教えてくれ
ますか。
한국에 직접 전화하는 방법을 가르쳐 주겠어요?

❖ すみません、別の人につながってしま
いました。
미안합니다. 다른 사람에게 연결되어 버렸습니다.

❖ すみません、通話を取り消してもらえ
ますか。
미안합니다, 통화를 취소해 주시겠어요?

❖ 切ってしまったので、もう一度つないでく
ださい。
끊어 버렸는데, 다시 한번 연결해 주세요.

❖ 相手につながらないのですが、どうし
たらいいでしょうか。
상대에게 연결이 되지 않는데, 어떻게 하면 될까요?

❖ かかった時間と料金を教えてくれませんか。
통화한 시간과 요금을 알려 주겠어요?

휴대폰을 이용할 때

❖ 携帯からですか。
휴대폰으로 전화하는 겁니까?

❖ あっ、これから地下に入っちゃうわ。
앗, 이제 지하로 들어가 버리네.

❖ もしもし。聞こえますか。
여보세요. 들립니까?

❖ 携帯の電波がよくないので、聞きとれないんですが。

휴대폰 감이 안 좋아서 못 알아듣겠는데요.

❖ もしもし。今どこ?

여보세요. 지금 어디야?

❖ 私の携帯の番号が変わったの。

내 휴대폰 번호가 바뀌었어.

❖ 用件はメールで入れます。

용건은 문자로 보낼게요.

Unit 19 약속

일본인의 약속에 대한 관념은 철저한 편입니다. 상대와 약속을 할 때는 우선 상대방의 형편이나 사정을 물어본 다음 용건을 말하고 시간과 장소를 말하는 것이 순서입니다. 가능하면 장소와 시간은 상대방이 정하는 게 좋습니다. 또한 약속 장소를 정할 때는 상대가 쉽게 찾을 수 있는 곳을 염두에 둬야 합니다. 그렇지 않고 일방적으로 자신만이 알고 있는 장소를 선택하면 상대에 대한 예의가 아닐 뿐만 아니라 제 시간에 만나지 못할 것입니다.

약속할 때

❖ 必ずやります。
반드시 하겠습니다.

❖ 約束するよ。
약속할게.

❖ 約束だよ。
약속이야.

❖ 私を信じて。
나를 믿어요.

❖ この約束は絶対にやぶらないよ。
이 약속은 절대로 어기지 않을 거야.

❖ 今度こそ約束を守ってね。
이번이야 말로 약속을 지켜요.

❖ 誓うよ。
맹세해.

❖ 神にかけて誓うよ。
신에게 걸고 맹세할게.

195

❖ そんな約束はできないよ。

그런 약속은 못해.

약속을 청할 때

❖ これからお邪魔してもいいでしょうか。

지금 방문해도 될까요?

❖ お話ししにうかがってもいいですか。

말씀드리러 찾아뵈도 될까요?

❖ ちょっとお話ししたいのですが。

잠깐 말씀드리고 싶습니다만.

❖ お話ししたいことがあります。

말씀드릴 게 있습니다.

❖ いつかお時間があればお目にかかりたいのですが。

언제 시간이 있으면 뵙고 싶습니다만.

❖ 今日、のちほどお目にかかれますでしょうか。

오늘, 조금 있다가 뵐 수 있을까요?

약속 시간과 장소를 정할 때

❖ いつがいちばん都合がいいですか。

언제가 가장 시간이 좋습니까?

❖ 金曜の夜は都合がいいですか。

금요일 밤은 시간이 됩니까?

❖ 土曜の午後 3時はどうです?

토요일 오후 3시는 어때요?

❖ 今度の日曜日、何か約束がありますか。
이번 일요일에 **무슨** 약속이 있습니까?

❖ 何時まで時間があいてますか。
몇 시까지 시간이 비어 있습니까?

❖ どこで会いましょうか。
어디서 만날까요?

❖ どこがいちばん都合がいいですか。
어디서 만나는 게 가장 좋을까요?

❖ 仕事が終わったら5時に事務所の前で会いましょうか。
일이 끝나면 5시에 사무실 앞에서 만날까요?

❖ 新宿駅で3時ごろ待ち合わせましょう。
신주쿠 역에서 3시 무렵에 만나기로 합시다.

**약속 제안을
승낙할 때**

❖ いいですよ。じゃ、その時に会いましょう。
좋아요. 그럼 그 때 만납시다.

❖ それで好都合です。
그게 좋겠습니다.

❖ わたしもそれで都合がいいです。
저도 그 때가 좋겠습니다.

❖ いつでもお好きな時にどうぞ。
언제든지 좋으실 때 하십시오.

❖ では、その時間にお待ちします。
그럼, 그 시간에 기다리겠습니다.

❖ 私はどちらでも都合がいいですよ。あなたは？

저는 어디든지 좋아요. 당신은?

약속 제안을 거절할 때	❖ 残念ながら、今日の午後はだめなんです。 유감스럽지만, 오늘 오후는 안 되겠습니다. ❖ すみませんが、今日は一日中忙しいのです。 미안하지만, 오늘은 하루 종일 바쁩니다. ❖ 本当にすまないけど、今週は時間がないんです。 정말로 미안하지만, 이번 주에는 시간이 없습니다. ❖ あいにくと約束があります。 아쉽게도 약속이 있습니다. ❖ 今日はまずいけど、明日はどうです？ 오늘은 곤란한데, 내일은 어때요?
약속을 변경하거나 취소할 때	❖ 別の日にしていただけないでしょうか。 다른 날로 해 주실 수 없을까요? ❖ 急用ができてしまって行けません。 급한 일이 생겨서 갈 수 없습니다. ❖ 来月まで延ばしていただけませんか。 다음 달까지 연기해 주실 수 없습니까? ❖ ご迷惑にならなければよろしいのですが。 폐가 되지 않는다면 괜찮겠습니까?

198

❖ 本当にすみませんが、お約束が果たせ
ません。
정말로 미안합니다만, 약속을 지킬 수 없습니다.

❖ 約束を守らないで、すみません。
약속을 못 지켜서 죄송합니다.

❖ 今日の約束時間を少し早めたいんです
が。
오늘 약속시간을 조금 앞당겼으면 하는데요.

❖ すみませんが、約束を一日ぐらい遅らせ
ませんか。
미안하지만, 약속을 하루 정도 늦출 수 없나요?

❖ すみませんが、今日の約束が守れなくな
りまして…。
미안합니다만, 오늘 약속을 지킬 수 없게 되어서….

대부분 사람들은 한가할 때 자신이 좋아하는 일이나 평소에 관심을 가지고 있는 일을 하게 마련입니다. 한가할 때 무엇을 하는지 물을 때는 「お暇なときは何をしますか (한가할 때는 무엇을 합니까?)」라고 하며, 여기서 「暇(ひま)」는 시간이 있는 한가로운 상태를 말합니다. 한편 우리는 온라인게임을 즐기는 편이지만, 일본인은 비디오게임을 선호하는 편이며, 일반 성인은 국민적 오락인 파친코(パチンコ)를 즐깁니다.

오락에 대해서

❖ どんなゲームをしたいんですか。
어떤 게임을 하고 싶으세요?

❖ ポーカーのやり方を教えてくれますか。
포커 치는 법을 가르쳐 줄래요?

❖ ジャンケンで順番を決めましょう。
가위바위보로 차례를 정합시다.

❖ テレビ・ゲームに夢中になっています。
텔레비전 게임에 빠져 있습니다.

❖ パチンコをやってみましたか。
파친코를 해보았습니까?

❖ 将棋をやってみたら、面白くてやめられません。
장기를 두어 보았더니 재미있어서 그만둘 수 없어요.

❖ 碁は好きですが、腕が鈍ってます。
바둑은 좋아합니다만, 실력이 떨어졌습니다.

❖ 競馬などの賭け事には全然興味がありません。
경마 등의 도박에는 전혀 흥미가 없습니다.

❖ トランプをよく切って。
트럼프를 잘 섞어 줘요.

❖ みんなに7枚ずつ配って。
모두에게 7장씩 나눠 줘요.

❖ 旅行にはトランプを持っていこう。
여행갈 때는 트럼프를 가지고 가자.

❖ このゲームではカードを多く集めた人か勝ちです。
이 게임에서는 카드를 많이 모은 사람이 이깁니다.

❖ だれが親になる?
누가 선이 될래?

❖ 好きなコマを選んでください。
좋아하는 말을 선택하세요.

❖ サイコロを振ってもいいですか。
주사위를 흔들어도 되겠어요?

❖ だれかこのゲームのルールを知ってる?
누군가 이 게임의 룰을 알고 있니?

❖ ルールが複雑で覚え切れない。
룰이 복잡해서 다 외울 수가 없어.

❖ 4人集まると麻雀が始まる。
네 사람이 모이면 마작이 시작돼.

❖ テレビゲームは1日1時間だけよ。
텔레비전 게임은 하루 1시간만이야.

❖ 新しく出たゲームソフトを買いに行こう。
　새로 나온 게임 소프트를 사러 가자.

❖ このゲームは世界中でとても人気がある。
　이 게임은 전 세계적으로 매우 인기가 있어.

❖ テレビゲームはもう終わりにしなさい。
　게임은 이제 그만 해라.

> A：テレビゲームはもう終わりにしなさい。
> 　（게임은 이제 그만 해라.）
>
> B：このゲームが終わるまでだよ。
> 　（이 게임이 끝날 때까지요.）

❖ テレビゲームのやり過ぎで目が悪くなった。
　텔레비전 게임을 지나치게 해서 눈이 나빠졌어.

❖ どっちのゲーム機がほしい?
　어느 게임기를 가지고 싶니?

❖ 学校にゲームを持っていくことは禁止されています。
　학교에 게임을 가지고 가는 것은 금지되어 있습니다.

❖ 学習を兼ねたゲームが人気です。
　학습을 겸한 게임이 인기입니다.

갬블

❖ 毎週宝くじを買わずにはいられない。
　매주 복권을 사지 않고는 못 배겨.

❖ 宝くじに毎月いくらくらい使ってるの?
　복권을 사는 데 매달 얼마나 쓰고 있니?

202

❖ 数字選択式の宝くじは当たりそうで当たらない。

로또복권은 맞을 듯 하면서도 안 맞아.

❖ 競馬で大穴を当てた。

경마에서 대박을 터뜨렸어.

❖ 彼はいつも競馬新聞を読んでいる。

그는 항상 경마신문을 보고 있어.

❖ 競馬の予想屋って当てになるの?

경마 예상 전문가는 믿을 수 있니?

❖ 最後のレースは惜しいところではずした。

마지막 레이스는 아깝게 빗나갔어.

❖ あのレースは八百長くさい。

저 레이스는 미리 짜고 하는 것 같아.

❖ パチンコはやめるときが難しい。

파친코는 그만둘 때가 어려워.

❖ パチンコで生活している人っているんだよね。

파친코로 생활하는 사람이 있대.

❖ 新しく開店したパチンコ屋に長蛇の列ができた。

새로 개점한 파친코 가게에 장사진을 쳤어.

❖ 週末は麻雀に足が向く。

주말에는 마작을 하러 가.

❖ 賭け麻雀は禁止されています。

도박 마작은 금지되어 있습니다.

❖ ラスベガスのカジノに行ってみたい。
라스베이거스의 카지노에 가보고 싶어.

❖ サッカーくじって買ったことある?
축구로또라는 걸 산 적 있니?

❖ ギャンブルでもうけている人はどれぐらいいるんだろうか。
갬블로 돈을 버는 사람은 얼마나 있을까?

❖ 今度はいくら負けたんだい?
이번에는 얼마나 잃었니?

❖ 一日で五万円もすっちゃったんだ。
하루에 5만 엔이나 날렸어.

❖ 私は一切ギャンブルはしません。
나는 일절 도박은 안 합니다.

❖ 彼はギャンブルで家庭をめちゃめちゃにしてしまった。
그는 도박으로 가정을 엉망으로 만들어 버렸어.

❖ 彼女は競輪や競艇も始めたらしい。
그녀는 경륜과 경정도 시작한 것 같아.

파티

❖ パーティーにはだれを招待しようか。
파티에는 누구를 초대할까?

❖ ガーデンパーティーにしようか。
가든파티로 할까?

❖ 料理は何にする?
요리는 뭐로 하지!?

❖ 夜通しでパーティーしよう。

밤샘 파티하자.

❖ 何か持っていくべきかな。

뭔가 가지고 가야 할까?

❖ 手ぶらで来てください。

빈손으로 오세요.

❖ パーティーは楽しかった?

파티는 즐거웠니?

❖ パーティーでいろいろな人と会ったよ。

파티에서 여러 사람과 만났어.

❖ 今日のパーティーは行ってよかったよ。

오늘 파티에 가기를 잘했어.

❖ 盛大なパーティーだったね。

성대한 파티였어.

❖ パーティーで飲み過ぎた。

파티에서 과음했어.

❖ 社交的な人がうらやましいよ。

사교적인 사람이 부러워.

❖ 昨夜のパーティーはあまり盛り上がらな
かった。

어젯밤 파티는 별로 신나지 않았어.

스포츠에 관한 화제는 상대와의 공통점을 발견할 수 있는 좋은 기회로 쉽게 친해질 수 있는 계기가 됩니다. 어떤 스포츠를 하느냐고 물을 때는「どんなスポーツをやっていますか」, 어떤 스포츠를 좋아하느냐고 물을 때는「どんなスポーツがお好きですか」, 스포츠 관전을 권유할 때는「今度の週末に東京ドームへ行きませんか(이번 주말에 도쿄돔에 안 갈래요?)」라고 하면 됩니다.

스포츠에 대해서

❖ スポーツは好きですか。
<u>스포츠를 좋아합니까?</u>

❖ どんなスポーツが好きですか。
어떤 스포츠를 좋아합니까?

> A: どんなスポーツが好きですか。
> (어떤 스포츠를 좋아합니까?)
>
> B: テニスがいちばん好きです。
> (테니스를 가장 좋아합니다.)

❖ チームスポーツが好きです。
<u>팀으로 하는 스포츠를 좋아합니다.</u>

❖ チームでやるスポーツはあまりやりません。
<u>팀으로 하는 스포츠는 별로 하지 않습니다.</u>

❖ 運動は苦手です。
운동은 싫어합니다.

❖ ちょっと運動しただけで、息切れがするよ。
조금 운동하는 것만으로도 숨이 차.

❖ 近ごろ運動不足だな。
요즘 운동부족이야.

❖ すっかり体がなまってしまった。
완전히 몸이 굳어버렸어.

❖ どんなスポーツをおやりになりますか。
어떤 스포츠를 하십니까?

❖ 時間があれば何かしらスポーツをやっています。
시간이 있으면 아무 스포츠나 합니다.

❖ できるだけ運動をするように心がけています。
가능한 한 운동을 하려고 마음먹고 있습니다.

❖ スポーツなら何でも好きです。
스포츠라면 무엇이든 좋아합니다.

야구

❖ キャッチボールをしようよ。
캐치볼을 하자.

❖ バッティングの練習をしよう。
배팅 연습을 하자.

❖ 守備はどこ?
수비는 어디야?

❖ ピッチャーだよ。
투수야.

❖ 三塁を守ってる。
3루를 지키고 있어

❖ 外野手だよ。
외야수야.

❖ 打順は何番なの?

타순은 몇 번이지?

❖ プロ野球の選手になりたい。

프로야구 선수가 되고 싶어.

❖ 満塁だよ。

만루야.

❖ 逆転のチャンスだ。

역전 기회야.

❖ 盗塁した。

도루했어.

❖ フォアボールで出塁した。

포볼로 나갔어.

❖ 三振しちゃった。

3진되어 버렸어.

❖ ホームランだ。

홈런이야.

❖ 三塁打だ。

3루타야.

❖ バントをしようかな。

번트를 할까?

❖ デッドボールを受けちゃった。

데드볼을 맞아버렸어.

❖ カーブの切れがよくなかったなあ。

커브 움직임이 좋지 않았어.

❖ コールド負けだなんて。
콜드게임으로 지다니.

❖ 草野球チームを作った。
동네야구 팀을 만들었어.

❖ 日曜日に野球の試合がある。
일요일에 야구시합이 있어.

축구

❖ Jリーガーになりたい。
J리그 선수가 되고 싶어.

❖ 彼はエースストライカーだよ。
그는 에이스 스트라이커야.

❖ いいパスだったね。
패스가 좋았어.

❖ パスをつないでいこう。
패스를 연결해 나가자.

❖ パスをもっと練習しないとね。
패스를 더욱 연습해야겠어.

❖ ゴール正面からシュートを決めた。
골 정면에서 슛을 했어.

❖ 惜しくもシュートがはずれた。
아깝게 슛이 빗나갔어.

❖ ヘディングシュートをした。
헤딩슛을 했어.

❖ 僕のポジションはゴールキーパーだよ。
내 포지션은 골키퍼야.

❖ すばらしいセンタリングだったね。

멋진 센터링이었어.

❖ 彼はドリブルがうまい。

그는 드리블을 잘 해.

❖ 彼はフリーキックの名手だ。

그는 프리킥 명수야.

❖ チャンス! ペナルティーキックだ。

찬스! 페널티킥이야.

❖ 反則だよ。

반칙이야.

❖ オフサイドとられちゃった。

오프사이드를 당해 버렸어.

❖ イエローカード2枚目だ。

옐로카드 2장 째야.

❖ 後半に勝負をかけよう。

후반에 승부를 걸자.

골프

❖ 休日はゴルフに行く。

휴일에는 골프를 치러 가.

❖ ゴルフはやりますか。

골프는 치십니까?

A : ゴルフはやりますか。
　　(골프는 치십니까?)

B : ええ、大好きです。
　　(예, 제일 좋아합니다.)

❖ ここはいいコースですね。
여기는 코스가 좋군요.

❖ クラブを握ってどれくらいなの?
골프를 시작한 지 얼마나 되었니?

❖ 君の番だよ。
네 차례야.

❖ どのクラブでいこうかな。
어느 클럽으로 칠까?

❖ いいスイングですね。
스윙이 좋군요.

❖ ここでイーグルを取るぞ。
여기서 이글을 잡겠어.

❖ ここはロングホールですね。
여기는 롱홀이군요.

❖ バンカーに入っちゃった。
벙커에 들어가 버렸어.

❖ まだ1ラウンド残っているよ。
아직 1라운드 남아 있어.

❖ ナイスショット!
나이스 샷!

❖ バーディを2つ取ったよ。
버디를 두 개 잡았어.

❖ パターの練習をしよう。
퍼팅 연습을 하자.

❖ 週1回、テニスをする。

일주일에 한 번 테니스를 쳐.

❖ 土日はコートがなかなか取れない。

토요일과 일요일은 코트를 좀처럼 잡을 수 없어.

❖ サーブが入らない。

서브가 안 먹혀.

❖ 今日はサーブの調子がいい。

오늘은 서브의 상태가 좋아.

❖ ストロークの練習をしよう。

스트로크 연습을 하자.

❖ テニスを始めてから健康がよくなりました。

테니스를 시작하고 나서 건강이 좋아졌습니다.

❖ バックハンドは両手打ちなんだ。

백핸드는 양손치기야.

❖ ネット、低くない?

네트가 낮지 않니?

❖ このラケットは打ちやすいよ。

이 라켓은 치기 편해.

❖ ガットが切れちゃった。

줄(거트)이 끊어져 버렸어.

❖ ダブルスの試合をしよう。

더블게임을 하자.

❖ トスをしよう。

토스를 하자.

수영

❖ 泳ぐのは好きですか。
헤엄치는 것을 좋아합니까?

❖ どれくらい泳げる?
얼마나 헤엄칠 수 있나?

❖ 平泳ぎだったら、いくらでも泳げるよ。
평영이라면 얼마든지 헤엄칠 수 있어.

❖ プールに泳ぎに行かない?
풀장에 수영하러 안 갈래?

❖ 水泳は健康にいいよ。
수영은 건강에 좋아.

❖ 週に何回くらい泳いでいるの?
1주일에 몇 번 정도 수영하니?

❖ あの岩場まで泳がない?
저 바위까지 헤엄쳐지지 않을래?

❖ ここで泳ぐのは危ないね。
여기서 수영하는 것은 위험하겠어.

❖ 水泳は苦手なんだ。
수영은 잘 못해.

❖ 金づちなんです。
수영을 전혀 못합니다(맥주병입니다).

❖ 水の中で目が開けられない。
물속에서 눈을 뜰 수 없어.

❖ スイミングスクールに通っている。
수영강습을 다니고 있어.

213

❖ 泳げるようになりたい。

헤엄을 칠 수 있으면 좋겠어.

❖ 犬かきならできるよ。

개헤엄이면 할 수 있어.

❖ 飛び込みがなかなかできない。

다이빙을 좀처럼 할 수 없어.

❖ 準備体操をしてから泳ぐんですよ。

준비체조를 하고 나서 헤엄치는 거예요.

❖ 泳いでいたら、急に足がつっちゃった。

수영을 했더니 갑자기 다리가 당겼어.

그밖에 스포츠

❖ どんなトレーニングをしているの?

어떤 트레이닝을 하고 있지?

❖ ストレッチをしています。

스트레칭을 하고 있습니다.

❖ 鉄棒がうまくできません。

철봉이 잘 안 됩니다.

❖ 毎日、腹筋運動と腕立て伏せをしている。

매일 복근운동과 엎드려 팔굽혀펴기를 하고 있어.

❖ 逆立ちができないんだ。

물구나무서기를 못해.

❖ 初めてのマラソンで完走した。

첫 마라톤에서 완주했어.

❖ 駅伝に出るんだよ。

역선마라톤에 나가.

❖ 走るのは速いね。

달리기가 빠르군.

❖ 子どものころから剣道をしている。

어릴 적부터 검도를 하고 있어.

❖ 夏にはサーフィンを楽しんでいます。

여름에는 윈드서핑을 즐깁니다.

❖ 柔道は黒帯です。

유도는 검정 띠입니다.

❖ 得意技は何ですか。

잘하는 기술은 뭡니까?

❖ 冬にスキーをするのが楽しみだよ。

겨울에는 스키 타는 것이 즐거움이야.

❖ スキーで右足を骨折した。

스키를 타다 오른쪽 다리가 골절됐어.

❖ ラグビーチームに入っています。

럭비 팀에 들어 있습니다.

❖ 乗馬を始めた。

승마를 시작했어.

❖ サーフィンをしようよ。

서핑을 하자.

❖ サイクリングに行かない?

사이클링에 안 갈래?

❖ ゲートボールは楽しいよ。

게이트볼은 즐거워.

❖ 一緒にボーリングに行かない?

함께 볼링 안 갈래?

❖ ジョギングをしようかな。

조깅을 할까?

❖ スポーツで汗を流すのは気持ちいいよ。

스포츠로 땀을 흘리는 것은 기분이 좋아.

스포츠에 관한 화제는 상대와의 공통점을 발견할 수 있는 좋은 기회로 쉽게 친해질 수 있는 계기가 됩니다. 어떤 스포츠를 하느냐고 물을 때는 「どんなスポーツをやっていますか」, 어떤 스포츠를 좋아하느냐고 물을 때는 「どんなスポーツがお好きですか」, 스포츠 관전을 권유할 때는 「今度の週末に東京ドームへ行きませんか(이번 주말에 도쿄돔에 안 갈래요?)」라고 하면 됩니다.

스포츠 관전에 대해서

❖ スポーツ観戦が好きです。
스포츠 관전을 좋아해요.

❖ スポーツは自分でやるより観る方が好きですね。
스포츠는 직접 하는 것보다 보는 것을 좋아합니다.

> A : スポーツは好きですか。
> (스포츠를 좋아합니까?)
>
> B : スポーツは自分でやるより観る方が好きですね。
> (스포츠는 직접 하는 것보다 보는 걸 좋아합니다.)

❖ 特に野球とサッカーを観るのが好きです。
특히 야구와 축구 보는 것을 좋아합니다.

> A : どんなスポーツが好きなのですか。
> (어떤 스포츠를 좋아하나요?)
>
> B : 特に野球とサッカーを観るのが好きです。
> (특히 야구와 축구 보는 것을 좋아합니다.)

❖ ときどき球場へ試合を観に行きます。
가끔 경기장에 시합을 보러 갑니다.

217

❖ 球場の雰囲気が大好きなんです。

경기장의 분위기를 무척 좋아합니다.

❖ テレビのスポーツ中継はよく見ます。

텔레비전의 스포츠 중계는 자주 봅니다.

❖ Ｊリーグの試合を観るのが大好きです。

J리그 경기 보는 것을 무척 좋아합니다.

A : どんなスポーツを観るのが好きですか。
 (무슨 스포츠 관전을 좋아합니까?)
B : Ｊリーグの試合を観るのが大好きです。
 (제이리그 경기 보는 것을 무척 좋아합니다.)

❖ すばらしいプレーがたくさん見られて楽し
 いです。

멋진 플레이를 많이 봐서 즐거워요

❖ ジャイアンツの大ファンなんです。

자이언츠의 열렬한 팬입니다.

❖ ゆうべはテレビのサッカー中継を見てい
 て、夜更かししちゃったよ。

어젯밤에 텔레비전에서 축구중계를 보느라 밤새웠어.

❖ とても接戦だったんだよ。

정말 접전이었어.

❖ 明日はテニスの試合を観るために早起き
 しなくちゃ。

내일은 테니스 경기를 보기 위해 빨리 일어나야 해.

❖ テニスの4大トーナメントは見逃さないんだ。

테니스의 4대 토너먼트는 놓치지 않아.

❖ 相撲を観たことはありますか。

스모를 본 적은 있습니까?

> A : 相撲を観たことはありますか。
> (스모를 본 적은 있습니까?)
> B : 残念ながら相撲を実際に観たことはありません。
> (안타깝게도 스모를 실제로 본 적은 없습니다.)

❖ テレビで相撲観戦をすることは楽しいですね。

텔레비전에서 스모를 보는 것은 즐겁습니다.

❖ 機会があれば、ぜひ観に行きたいのですが。

기회가 있으면 꼭 가서 보고 싶습니다만.

스포츠를 관전할 때

❖ あの選手は攻めてよし、守ってよしだよ。

저 선수는 공격과 수비 모두 좋아.

❖ さすがプロだね。

과연 프로군.

❖ 攻めて攻めて攻めまくるんだ。

닥치는 대로 공격만 하는 거야.

❖ 前半の残り時間はあとわずかだよ。

전반은 조금밖에 안 남았어.

❖ どっちのチームが勝ってるの?

어느 팀이 이기고 있니?

❖ お互いいい試合しているね。

서로가 좋은 시합을 하고 있군.

219

❖ あの選手はいいゲーム感覚をしているね。

저 선수는 좋은 게임 감각을 지니고 있어.

❖ 頭脳的なチームプレーだったね。

지능적인 팀플레이였어.

❖ 今のシュート、惜しかったね。

지금 슛 아까웠어.

❖ 惜しいチャンスを逃したね。

아까운 기회를 놓쳤어.

❖ 反撃のチャンスがなかなかないね。

반격의 찬스가 좀처럼 없군.

❖ ロスタイムに入ったよ。

로스타임에 들어갔어.

❖ これがラストチャンスかもしれない。

이것이 마지막 기회인지도 몰라.

❖ ついに同点だよ。

드디어 동점이야.

❖ あ～あ、試合終了だ。

아~아, 시합 종료야.

❖ 延長戦に入ったよ。

연장전에 들어갔어.

❖ やった! 逆転だ!

됐에! 역전이야!

❖ いいゲームだったね。

좋은 게임이었어.

❖ ワールドカップを見に行くんだよ。
  월드컵을 보러 가는 거야.

❖ どちらが勝っても不思議じゃないね。
  어느 쪽이 이겨도 이상하지 않아.

❖ どちらのチームを応援しているの?
  어느 팀을 응원하고 있니?

❖ どことどこの試合ですか。
  어디와 어디 시합입니까?

❖ これは面白くなってきましたね。
  이거 재미있어지는데요.

❖ いま得点は何点ですか。
  지금 득점은 몇 점입니까?

❖ 彼のファンなんだよ。
  그의 팬이야.

건강은 무엇으로도 바꿀 수 없는 아주 소중한 것입니다. 평소에 자신의 건강관리에
힘쓰도록 합시다. 상대의 건강이 안 좋아 보일 때는 「ご気分でも悪いんですか(어디
편찮으세요?)」라고 물어봅시다. 상대가 자신의 건강에 대해서 신경을 써주면 그만큼
자신에 관심이 있다는 것을 나타내므로 무척 고마운 일이 아닐 수 없습니다. 이럴
때는 먼저 감사를 표하고 자신의 건강상태를 말합시다.

건강에 대해서

❖ 私、すごく健康よ。

　나는 무척 건강해.

❖ 体調はいいの?

　컨디션은 좋니?

❖ 健康には自信があるんだ。

　건강에는 자신 있어.

❖ 体力をつけなくちゃ。

　체력을 단련해야 해.

> A : 来年はハーフマラソンを走ろうよ。
> 　（내년에는 하프 마라톤에 나가자.）
> B : いいよ、体力をつけなくちゃ。
> 　（좋아, 체력을 단련해야 해.）

❖ 健康のために何かやってる?

　건강을 위해 뭔가 하니?

> A : 健康のために何かやってる?
> 　（건강을 위해 뭔가 하니?）
> B : 毎朝、ジョギングをしているよ。
> 　（매일아침 조깅을 하고 있어.）

❖ できるだけ歩くように心がけているのよ。
가능한 걸으려고 마음먹고 있어.

❖ この頃、体力の衰えを感じるよ。
요즘 체력이 떨어지는 게 느껴져.

❖ トシだからね。
나이가 있으니까.

❖ 階段を上ると息がきれるんだ。
계단을 오르면 숨이 차.

❖ 酒を減らそうと心がけているんだ。
술을 줄이려고 노력 중이야.

> A : もう一杯どう?
> (한 잔 더 어때?)
>
> B : やめておくよ。酒を減らそうと心がけて
> いるんだ。
> (그만둘래. 술을 줄이려고 노력 중이야.)

❖ 医者から酒をやめるように言われたんだ。
의사가 술을 끊으라고 했어.

> A : 飲みに行こうよ。
> (술 마시러 가자.)
>
> B : ダメなんだよ。医者から酒をやめるよ
> うに言われたんだ。
> (안 돼. 의사가 술을 끊으라고 했어.)

❖ 禁煙したんだ。
담배 끊었어.

❖ もう3か月も吸っていないんだよ。
벌써 3개월이나 피우지 않았어.

A：もう3か月も吸っていないんだよ。
(벌써 3개월이나 피우지 않았어.)

B：本当？ いいことだね。
(정말? 좋은 일이야.)

❖ 今、ダイエットをしているの。
지금 다이어트 중이야.

❖ どれぐらい体重を減らしたいの?
얼마나 체중을 줄이고 싶니?

A：どれぐらい体重を減らしたいの?
(얼마나 체중을 줄이고 싶니?)

B：最低でも3キロは減らしたいわ。
(적어도 3킬로그램은 줄이고 싶어.)

건강에 대해 신경을
쓸 때

❖ 気分はどう?
기분은 어때?

A：気分はどう?
(기분은 어때?)

B：大丈夫だよ。ありがとう。
(괜찮아. 고마워.)

❖ 元気がないみたいだね。
기운이 없어 보여.

A：元気がないみたいだね。
(기운이 없어 보여.)

B：うん、気分が悪いんだ。
(응, 기분이 안 좋아.)

❖ 大丈夫?

괜찮니?

❖ 気分はよくなった?

기분은 좋아졌니?

> A : 気分はよくなった?
> (기분은 좋아졌니?)
>
> B : ええ、もう大丈夫です。
> (예, 이제 괜찮습니다.)

❖ 顔色が悪いよ。

안색이 안 좋아.

❖ 医者に診てもらうべきだよ。

의사에게 진찰을 받아야 해.

> A : 医者に診てもらうべきだよ。
> (의사에게 진찰을 받아야 해.)
>
> B : いや、たぶん疲れているだけなんだ。
> (아니야, 그냥 피곤할 뿐이야.)

❖ 家に帰って寝たほうがいいよ。

집에 가서 자는 것이 좋겠어.

> A : 気分が悪いの。
> (기분이 안 좋아.)
>
> B : 家に帰って寝たほうがいいよ。
> (집에 가서 자는 것이 좋겠어.)

❖ 少し休まなくちゃダメよ。

좀 쉬어야 해.

❖ しばらく横になったら?

잠깐 누울래?

❖ 仕事は休んだほうがいいと思うよ。

일은 쉬는 것이 좋을 것 같아.

❖ 熱ははかったの?

열은 쟀니?

> A : 熱ははかったの?
> (열은 쟀니?)
>
> B : うん、37度だったよ。
> (응, 37도였어.)

❖ 何か薬は飲んだ?

뭔가 약은 먹었니?

> A : 何か薬は飲んだ?
> (뭔가 약은 먹었니?)
>
> B : かぜ薬は飲んだ。
> (감기약은 먹었어.)

❖ 何か食べた方がいいよ。

뭘 좀 먹는 게 좋겠어.

❖ お互いに体には気をつけなくちゃ。

서로 자신의 몸을 돌봐야 해.

> A : お互いに体には気をつけなくちゃ。
> (서로 자신의 몸을 돌봐야 해.)
>
> B : ええ。いくら注意しても、しすぎることは
> ないわね。
> (그래. 아무리 주의해도 지나치지 않아.)

❖ どうぞお大事に。
건강 주심하세요.

❖ 早くよくなるといいね。
빨리 좋아지기를 바란다.

❖ 何かしてほしいことはある?
내가 뭐 해줄 것은 없니?

❖ 仕事のことは心配しないで。
일에 대한 것은 걱정하지 마.

❖ よくなったら取り戻せるよ。
좋아지면 다시 할 수 있어.

❖ 僕たちができるだけカバーするから。
우리들이 가능한 대신 할 테니까.

감기에 걸렸을 때

❖ 風をひいちゃった。
감기에 걸렸어.

❖ 少し風邪気味なの。
조금 감기 기운이 있어.

❖ あなたの風邪がうつったみたい。
너한테서 감기 옮은 것 같아.

❖ 家族中が風邪をひいているんです。
가족 모두가 감기에 걸렸습니다.

❖ インフルエンザにかかったんだと思うわ。
독감에 걸린 것 같아.

❖ 彼女、風邪で寝込んでいるんだ。

그녀는 감기에 걸려서 누워 있어.

> A : 里美は今日、休みなの?
> (사토미는 오늘 쉬나?)
> B : 彼女、風邪で寝込んでいるんだ。
> (그녀는 감기에 걸려서 누워 있어.)

❖ 風邪がなかなか抜けなくてね。

감기가 좀처럼 떨어지지 않아.

❖ 悪い風邪がはやっているんだよ。

나쁜 감기가 유행하고 있어.

❖ 風邪をひかないように気をつけてね。

감기에 걸리지 않도록 조심해.

❖ 暖かくしているんだよ。

따뜻하게 하고 있어.

❖ 風邪をひいていて、味がわからないんだ。

감기에 걸려서 맛을 모르겠어.

❖ 寒気がします。

한기가 듭니다.

❖ 熱っぽいんです。

열이 있습니다.

❖ 熱が38度あります。

열이 38도나 됩니다.

❖ 鼻がつまっているんです。

코가 막혔습니다.

❖ 鼻水が出ます。

콧물이 나옵니다.

❖ せきが止まりません。

기침이 멈추지 않습니다.

❖ のどが痛いんです。

목이 아픕니다.

❖ 風邪薬を飲んでいますが、まったく効きません。

감기약을 먹고 있지만 전혀 효과가 없습니다.

❖ もう1週間も風邪をひいているんだ。

벌써 1주일이나 감기를 앓고 있어.

> A : 風邪はもう治った?
> (감기는 이제 나았니?)
>
> B : まだだよ。もう1週間も風邪をひいているんだ。
> (아직이야. 벌써 1주일이나 감기를 앓고 있어.)

❖ これ以上悪くならないといいんだけど。

더 이상 악화되지 않았으면 좋겠어.

말이 통하지 않으면 현지에서 몸이 아플 때 매우 당혹스럽습니다. 이럴 때는 현지 가이드의 통역을 받는 것이 가장 손쉬운 일이지만, 혼자일 경우에는 아픈 증상을 정확하게 전달할 수 있는 의사소통의 능력을 갖추어야 합니다. 여행 중에 호텔에서 의사를 부를 경우에는 먼저 프런트에 전화를 해서 「医者を呼んでもらいたいのですが(의사를 불러주셨으면 하는데요)」라고 말합니다.

병원에 갈 때

❖ 気分が悪いんです。
기분이 안 좋습니다.

❖ 医者に診てもらいたいのですが。
의사에게 진찰을 받아보고 싶습니다만.

❖ この近くに病院はありますか。
이 근처에 병원이 있습니까?

❖ 病院へ連れて行ってください。
병원에 데려가 주세요.

❖ お腹がひどく痛むんだ。
배가 몹시 아파요.

❖ これ以上、がまんできない。
더 이상 못 참겠어.

❖ 救急病院へ行かなくちゃ。
구급병원에 가야해요.

❖ 韓国語が話せる医者はいますか。
한국어를 할 수 있는 의사는 있습니까?

❖ 予約は必要ですか。
예약이 필요합니까?

❖ 中村先生の診察の予約をしたいのですが。
나카무라 선생님의 진찰 예약을 하고 싶습니다만.

❖ 今日の午後、診ていただけますか。
오늘 오후, 진찰받을 수 있나요?

> A : 今日の午後、診ていただけますか。
> (오늘 오후, 진찰받을 수 있나요?)
> B : 今日の午後は、2時半か3時なら空いています。
> (오늘 오후에는 2시 반이나 3시라면 비어 있습니다.)

❖ 診ていただくのは今日が初めてです。
진찰은 오늘이 처음입니다.

> A : 以前、こちらにいらしたことはありますか。
> (전에 여기에 오신 적이 있습니까?)
> B : いいえ、診ていただくのは今日が初めてです。
> (아니오, 진찰은 오늘이 처음입니다.)

❖ 竹田先生の紹介を受けました。
다케다 선생님의 소개를 받았습니다.

❖ 眼科の先生に診ていただきたいのですが。
안과 선생님께 진찰받고 싶습니다만.

❖ 予約はしていませんが、内科の診察を受けられますか。
예약을 하지 않았는데, 내과 진찰을 받을 수 있나요?

❖ 健康診断のために来ました。
건강진단을 받으러 왔습니다.

❖ 前回、健康診断を受けたのは2年前です。

마지막 건강진단을 받은 것은 2년 전입니다.

❖ かかりつけの医者は誰ですか。

담당의사는 누구십니까?

❖ いい歯医者さんを知っている?

좋은 치과 의사를 알고 있니?

❖ 歯の健診は定期的に受けているんだ。

치과 검진은 정기적으로 받고 있어.

❖ おかげで、虫歯はないんだよ。

덕분에 충치는 없어.

증상을 설명할 때

❖ どうしましたか。

어디가 아프세요?

❖ 頭痛がするんです。

두통이 있어요.

❖ 胃の調子が悪いんです。

위 상태가 좋지 않아요.

❖ この頃、胃がもたれるんです。

요즘 소화가 잘 안 돼요.

❖ あまり食欲がありません。

식욕이 별로 없습니다.

❖ 胸やけがします。

가슴이 아파요.

❖ 下痢がひどいんです。

설사가 심합니다.

❖ べつに変わったものはたべていません。

특별히 다른 것은 먹지 않았어요.

A : 昨日、何を食べましたか。
　　(어제 무엇을 먹었습니까?)

B : べつに変わったものはたべていません。
　　(특별히 다른 것은 먹지 않았어요.)

❖ 食中毒でしょうか。

식중독인가요?

❖ 胃がしくしく痛みます。

위가 따끔따끔 아픕니다.

❖ 昨夜から痛くなりました。

어젯밤부터 아프기 시작했어요.

❖ 2週間ぐらいこの痛みが続いています。

2주 정도 이 통증이 계속 됐어요.

❖ ここが痛いんです。

여기가 아픕니다.

❖ このあたりを押すと痛みます。

이 근처를 누르면 아픕니다.

❖ 夜、痛みで目が覚めることがあります。

밤에 통증 때문에 잠이 깬 적이 있습니다.

❖ 最近、疲れやすくて。

최근에 쉽게 피곤해져요.

A : 最近、疲れやすくて。
(최근에 쉽게 피곤해져요)

B : 睡眠は充分にとっていますか。
(수면은 충분히 취하고 있나요?)

❖ めまいがします。

현기증이 납니다.

❖ よく眠れません。

잘 자지 못합니다.

❖ 耳鳴りがします。

귀가 울립니다.

❖ 目がかゆいんです。

눈이 가려워요.

❖ 薬をつくるための処方箋を書いてください。

약을 조제하도록 처방전을 써주세요.

진찰받을 때

❖ 私はどこが悪いのですか。

저는 어디가 안 좋습니까?

A : 私はどこが悪いのですか。
(저는 어디가 안 좋습니까?)

B : インフルエンザのようですね。
(독감인 것 같습니다.)

❖ ただの風邪ですか。

단지 감기입니까?

❖ この痛みの原因は何ですか。

이 통증의 원인은 무엇입니까?

234

❖ 薬を飲む必要がありますか。

약을 먹을 필요가 있습니까?

❖ 抗生物質アレルギーがあります。

항생제에 알레르기가 있습니다.

> A：何かアレルギーはありますか。
> 　（알레르기는 있습니까?）
> B：抗生物質アレルギーがあります。
> 　（항생제에 알레르기가 있습니다.）

❖ 今、薬を飲んでいます。

지금 약을 먹고 있습니다.

❖ 今まで、大きな病気をしたことはありません。

지금까지 큰 병을 앓은 적은 없습니다.

❖ 健康診断はしばらく受けていません。

건강검진은 한동안 받지 않았습니다.

❖ 健康診断では異状はありませんでした。

건강검진으로는 이상이 없었습니다.

❖ 検査を受ける必要がありますか。

검사를 받을 필요가 있습니까?

> A：検査を受ける必要がありますか。
> 　（검사를 받을 필요가 있습니까?）
> B：ええ、血液と尿の検査をします。
> 　（예, 혈액과 소변 검사를 합니다.）

❖ 検査の結果を教えてください。

검사결과를 알려주세요.

❖ どんな治療をするのですか。

어떤 치료를 하는 겁니까?

❖ すぐによくなりますか。

곧 좋아집니까?

❖ どれぐらいでよくなりますか。

어느 정도면 좋아집니까?

A : どれぐらいでよくなりますか。
　　(어느 정도면 좋아집니까?)

B : 今は、はっきりとは言えません。
　　(지금은 정확히 말씀드릴 수 없습니다.)

❖ 今度はいつ来ればいいのですか。

다음엔 언제 오면 됩니까?

❖ 入院する必要がありますか。

입원할 필요가 있습니까?

❖ 歯を抜かなければなりませんか。

이를 뽑아야 하나요?

❖ お酒は飲んでも構いませんか。

술은 마셔도 괜찮습니까?

A : お酒は飲んでも構いませんか。
　　(술은 마셔도 괜찮습니까?)

B : お酒は控えてください。
　　(술은 삼가 주세요.)

다쳤을 때

❖ 指を切っちゃった。

손가락을 베었어.

236

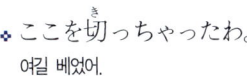

Part
02

❖痛い!

아파!

A : 痛い!
　(아파!)

B : どうしたの?
　(왜 그래?)

❖ここを切っちゃったわ。

여길 베었어.

❖血が出ているよ。

피가 난다.

❖血が止まらない。

피가 멈추지 않아.

❖痛む?

아프니?

A : 痛む?
　(아프니?)

B : すごく痛いよ。
　(너무 아파.)

❖絆創膏をちょうだい。

반창고 줄래?

A : 絆創膏をちょうだい。
　(반창고 줄래?)

B : はい。貼ってあげようか。
　(응. 붙여줄까?)

❖ 傷口を縫わなければなりませんか。

상처를 꿰매야 합니까?

> A : 傷口を縫わなければなりませんか。
> (상처를 꿰매야 합니까?)
>
> B : そうですね。傷口がかなり大きいので。
> (그래요. 상처가 꽤 커서요.)

❖ 傷跡が残りますか。

흉터가 남을까요?

> A : 傷跡が残りますか。
> (흉터가 남을까요?)
>
> B : いいえ、しばらくすれば消えますよ。
> (아니오, 얼마 후면 없어집니다.)

❖ 腕を3針縫ったよ。

팔을 세 바늘 꿰맸어.

❖ 転んで膝をすりむいちゃった。

넘어져서 무릎이 까졌어.

❖ 傷口を消毒した。

상처를 소독했니?

> A : 傷口を消毒した。
> (상처를 소독했니?)
>
> B : いや、水で洗っただけだよ。
> (아니, 물로 씻기만 했어.)

❖ 指をやけどしちゃった。

손가락을 데었어.

238

❖ 水ぶくれになったわ。
물집이 생겼어.

❖ 足首をねんざしました。
발목을 삐었습니다.

> A : 足首をねんざしました。
> (발목을 삐었습니다.)
> B : 腫れているようですね。
> (부은 것 같군요)

❖ 膝をひねってしまいました。
무릎을 삐끗했어요.

❖ 冷やしたほうがいいのですか。
차갑게 하는 것이 좋습니까?

> A : 冷やしたほうがいいのですか。
> (차갑게 하는 것이 좋습니까?)
> B : 2~3日は冷湿布を貼ってください。
> (2~3일은 냉습포를 발라 주세요)

❖ ぎっくり腰になっちゃった。
허리가 삐끗했어.

❖ 腕を骨折したんだ。
팔이 부러졌어.

❖ 1か月はギブスをはめていなければならないんだ。
한 달간은 깁스를 하고 있어야 해.

❖ 虫に刺されちゃった。
벌레한테 물렸어.

❖ すごくかゆいよ。

너무 가려워.

약국에서

❖ 調剤はしてもらえますか。

조제해 주겠습니까?

❖ この処方箋で調剤してください。

이 처방전으로 조제해 주세요.

❖ この薬は一日に何回飲むのですか。

이 약은 하루에 몇 번 먹습니까?

> A : この薬は一日に何回飲むのですか。
> （이 약은 하루에 몇 번 먹습니까?）
> B : 毎食後、1錠ずつ飲んでください。
> （매 식후에 한 알씩 드세요）

❖ 痛み止めはどれですか。

진통제는 어느 것입니까?

❖ これは何の薬ですか。

이것은 무슨 약입니까?

❖ かぜ薬が欲しいのですが。

감기약을 사려고 하는데요.

❖ 頭痛に効く薬はありますか。

두통에 듣는 약은 있습니까?

❖ 消化不良には何がいいですか。

소화불량에는 무엇이 좋습니까?

240

❖ よく効くせき止めはありますか。

잘 듣는 기침약은 있습니까?

A : よく効くせき止めはありますか。
　　(잘 듣는 기침약은 있습니까?)

B : これがいちばん一般的なものです。
　　(이것이 가장 일반적인 것입니다.)

❖ 絆創膏と包帯をください。

반창고와 붕대를 주세요.

상대의 키를 물을 때는 「背はどのくらいありますか(키는 어느 정도입니까?)」, 몸무게를 물을 때는 「体重はどのくらいですか(체중은 어느 정도입니까?)」라고 합니다. 다만, 상대의 신체에 관련된 질문을 할 때는 경우에 따라 약점을 건드릴 수도 있으므로 신중하게 질문할 필요가 있습니다. 예쁘다고 할 때는 きれい라고 하며, 귀엽다고 할 때는 かわいい라고 합니다.

체격에 대해서	❖ 背はどのくらいありますか。 키는 어느 정도 됩니까?
	❖ 背は高いほうです。 키는 큰 편입니다.
	❖ もう少し背が高いといいのですが。 키가 조금 더 크면 좋겠어요.
	❖ 弟は脚の長い男の子です。 동생은 다리가 긴 남자아이입니다.
	❖ 彼女は背が高く、すらっとしています。 그녀는 키가 크고 날씬합니다.
	❖ 彼は背が高くてひょろっとした人です。 그는 키가 크고 껑충한 사람입니다.
	❖ あの人は中肉中背です。 저 사람은 적당히 살쪘고 키도 적당합니다.
	❖ 体重はどのくらいですか。 체중은 어느 정도입니까?

❖ いくらか体重が増えました。

약간 체중이 늘어났습니다.

❖ 少し太り過ぎなんです。

조금 체중 초과입니다.

A: 少し太り過ぎなんです。
　　(조금 체중 초과입니다.)

B: いいえ、ちょうどいいと思いますよ。
　　(아니오, 마침 좋은 것 같아요)

❖ 3キロ減りました。

3킬로그램 줄었습니다.

❖ 5キロ痩せました。

5킬로그램 빠졌습니다.

❖ 禁煙してから5キロは太りました。

금연을 하고 나서 5킬로그램은 쪘습니다.

❖ ちょっと太りすぎてるようです。

살이 너무 찐 것 같습니다.

❖ 少しお痩せになりましたね。

조금 야위신 것 같군요.

❖ もっとほっそりした体型になりたいなあ。

좀 더 날씬해지고 싶어.

❖ ダイエットしてスマートになろうと思い
ますの。

다이어트를 해서 날씬해지려고 해요.

243

❖ 彼女の顔は卵型です。

그녀의 얼굴은 계란형입니다.

❖ 彼女はどちらかというと丸顔です。

그녀는 얼굴이 둥근형에 속합니다.

❖ 彼はハンサムです。

그는 미남입니다.

❖ 彼女はとても魅力的な女性です。

그녀는 매우 매력적인 여성입니다.

❖ あの娘は可愛らしいですね。

저 아가씨는 귀엽군요.

❖ 彼女はいつも厚化粧をしています。

그녀는 늘 화장을 두텁게 합니다.

❖ 彼女は顔の色が白いです。

그녀는 얼굴색이 하얗습니다.

❖ 私はおかっぱにしています。

나는 단발머리를 하고 있습니다.

❖ 近頃、髪に白いものが混じり始めました。

요즘 흰머리가 나기 시작했습니다.

❖ あの背の高いひげの長い紳士はどなた
ですか。

키가 크고 수염이 긴 저 신사는 누구입니까?

❖ あなたは母親に似ていますか、それとも父
親ですか。

당신은 어머니를 닮았습니까, 아니면 아버지를 닮았습니까?

❖ 誰にも似ていません。

아무도 닮지 않았습니다.

❖ 妹は口元が母とそっくりです。

여동생은 입가가 어머니를 꼭 닮았습니다.

❖ 私は母によく似ています。

저는 어머니를 많이 닮았습니다.

❖ 実際に年より若く見えるようです。

실제 나이보다 젊어 보이는 것 같아요.

**몸의 특징에 대해
말할 때**

❖ お父さんはどんなふうな方ですか。

아버지는 어떤 분이십니까?

❖ 父は肩幅が広くてがっしりしています。

아버지는 어깨가 넓고 다부집니다.

❖ 彼女の腰の線は美しいです。

그녀의 허리선은 아름답습니다.

❖ 私は腰のほっそりした女性が好きです。

나는 허리가 날씬한 여자를 좋아합니다.

❖ 私は右利きです。

나는 오른손잡이입니다.

❖ 彼女は手足が比較的小さいほうです。

그녀는 손발이 비교적 작은 편입니다.

❖ 私の腕はかなり長いほうです。

내 팔은 꽤 긴 편입니다.

❖ 今日は何を着て行こうかな。
오늘은 무엇을 입고 갈까?

❖ 着ていく服がなかなか決まらない。
입고 갈 옷을 좀처럼 결정할 수 없어.

❖ このシャツとこのネクタイは合わないかな。
이 셔츠와 넥타이는 어울리지 않을까?

❖ ネクタイは落ち着いた色にしよう。
넥타이는 차분한 색깔로 하자.

❖ 今日の洋服に合ったバッグがない。
오늘 옷에 맞는 가방이 없어.

❖ このスカートは子どもっぽくない?
이 스커트는 어린 티가 나지 않니?

❖ このブローチをワンポイントにしよう。
이 브로치로 포인트를 주자.

❖ 明るい色のワンピースを着たい気分です。
밝은 색의 원피스를 입고 싶습니다.

❖ 最近、私、着られる色が変わったの。
요즘 나 옷 색깔이 바뀌었어.

❖ 流行の服はあまり持っていない。
유행하는 옷은 별로 안 가지고 있어.

❖ 組み合わせ方ひとつで印象が違う。
코디 하나로 인상이 달라.

❖ 去年の服はきつくて入らない。
작년에 입던 옷은 끼어서 안 들어가.

◆ 化粧品はどんなものを使っているの?

화장품은 어떤 것을 쓰고 있니?

◆ 基礎化粧品はだいたい国産のものよ。

기초화장품은 대체로 국산이야.

◆ 口紅は外国製を使うことが多いんです。

립스틱은 외제를 쓰는 일이 많아요.

◆ 肌に合わないものってある?

피부에 안 맞는 것이 있니?

◆ 以前に化粧品でかぶれたことがありました。

이전에 화장품으로 트러블이 생긴 적이 있었습니다.

◆ お化粧にはどのぐらいの時間をかけますか。

화장하는 데 얼마나 시간을 들입니까?

◆ 洗顔後すぐに化粧水とクリームを塗ります。

세수한 후 곧 화장수와 크림을 바릅니다.

◆ まゆ毛を描くのは難しいです。

눈썹을 그리는 것이 어렵습니다.

◆ どんな色のマニキュアを使っているのですか。

어떤 색의 매니큐어를 사용하고 있습니까?

◆ 肌が荒れてるとファンデーションのノリがとても悪いのよ。

피부가 거칠면 파운데이션이 잘 안 받아.

◆ 毎晩化粧を落とすのに15分はかかる。

매일 밤 화장을 지우는 데 15분은 걸려.

247

❖ ほお紅をつけると顔色がよく見えるよ。

볼연지를 찍으면 얼굴색이 좋아 보여.

❖ 口紅をつけないと顔色が悪く見えるの。

립스틱을 안 바르면 얼굴색이 안 좋아 보여.

❖ 厚化粧の人の素顔が見たい。

화장을 진하게 하는 사람의 맨 얼굴이 보고 싶어.

헤어스타일에 대해서

❖ どんな髪型が好き?

어떤 헤어스타일을 좋아하지?

❖ あれは今流行のヘアスタイルだよ。

저건 지금 유행하는 헤어스타일이야.

❖ 彼女の髪は完全なストレートです。

그녀의 머리는 완전한 스트레이트입니다.

❖ あなたはポニーテールがよく似合う。

너는 포니테일이 잘 어울려.

❖ 活動的な髪型に変えました。

활동적인 헤어스타일로 바꿨어요.

❖ このごろ、坊主頭も少なくない。

요즘은 빡빡머리도 적지 않아.

❖ 彼女の髪型はまるで寝癖のようだ。

그녀의 헤어스타일은 마치 잠잘 때 헝클어진 머리 같아.

❖ 髪が薄くなったので、髪型を変えた。

머리털이 듬성해져서 헤어스타일을 바꿨어.

248

❖ うちの娘はいつもショートカットにしている。
우리 딸은 항상 쇼트 컷을 해.

❖ 毎朝ヘアスタイルをセットするのに時間がかかる。
아침마다 헤어스타일을 다듬는 데 시간이 걸려.

❖ 髪は長いほうが好きですか。
머리카락이 긴 걸 좋아하세요?

❖ 自分でブローするのは難しい。
혼자서 말리는 게 어려워.

❖ かつらでいろいろな髪型が楽しめる。
가발로 여러 가지 헤어스타일을 즐길 수 있어.

❖ 私は丸顔なのでこの髪型は似合わない。
나는 얼굴이 동그래서 이 헤어스타일은 안 어울려.

일본인의 성격을 표현하는 말이 「혼네(本音)」와 「다떼마에(建前)」입니다. 「혼네」란 마음속의 본심을 말하며, 「다떼마에」란 속마음을 드러내지 않고 겉으로 그냥 하는 말을 말합니다. 이처럼 일본인은 상대방의 약점을 말하거나 직설적인 표현으로 상대방을 곤란하게 만들지 않습니다. 남의 입장을 곤란하게 하는 것은 실례라 생각하여 자신의 생각을 직접 표현하여 입장을 드러내기보다는, 예의를 지키고 배려해주는 것을 미덕으로 여기기 때문입니다.

**자신의 성격을
말할 때**

❖ 自分の性格はどんなだと思いますか。
자신의 성격이 어떻다고 생각합니까?

❖ 何事につけても楽天的です。
무슨 일에 대해서도 낙천적입니다.

❖ いくぶん悲観的な性格です。
다소 비관적인 성격입니다.

❖ 友達はすぐできるほうですか。
친구는 쉽게 사귀는 편입니까?

❖ 知らない人にも話しかけるのはうまいほう
です。
모르는 사람에게도 말을 잘 거는 편입니다.

❖ あまり社交的ではありません。
그다지 사교적이 아닙니다.

❖ ご自分が外向的だと思いますか。
자신이 외향적이라고 생각합니까?

❖ ひっこみ思案のほうです。

내성적인 편입니다.

❖ 私は性格が姉妹とはまるで違います。

나는 성격이 자매와는 전혀 다릅니다.

사람의 성품에 대해 말할 때

❖ 彼はどんな人ですか。

그는 어떤 사람입니까?

❖ とても心の暖かい男ですよ。

매우 마음이 따뜻한 남자예요.

❖ 彼はユーモアがあって、いっしょにいると楽しいですよ。

그는 유머가 있어서 함께 있으면 즐거워요.

❖ 気がきくとは言えませんが、きわめて勤勉な人です。

재치가 있다고는 할 수 없지만, 무척 근면한 사람입니다.

좋은 성격에 대해 말할 때

❖ 彼の長所はユーモアのセンスだと思います。

그의 장점은 유머 센스라고 생각합니다.

❖ 自分は愛想のいいほうだと思っています。

나는 붙임성이 있다고 생각하고 있습니다.

❖ 私は笑わせるのが得意です。

저는 남을 잘 웃깁니다.

❖ 私は誰とでも協力できます。

저는 누구하고도 협력할 수 있습니다.

❖ 友達は私のことをいつも明るいと言って
くれます。

친구는 나를 언제나 밝다고 말해 줍니다.

❖ 友好的で思いやりがあると言われること
もあります。

우호적이고 배려하는 마음이 있다고 들을 때도 있습니다.

❖ 繊細であると同時におおらかでもあると
思っています。

섬세하기도 하지만 동시에 대범하다고 생각합니다.

좋지 못한 성격에 대해 말할 때

❖ がさつです。それが短所だとわかって
います。

덜렁댑니다. 그게 단점임을 알고 있습니다.

❖ とても忘れっぽいんです。

매우 잘 잊어버립니다.

❖ 物事をするのがゆっくりしているきら
いがあります。

무엇이든 느릿느릿 하는 좋지 않은 버릇이 있습니다.

❖ 口下手だと思います。

말주변이 없다고 생각합니다.

❖ 時々しゃべりすぎることがあります。

가끔 말을 너무 많이 하는 경우도 있습니다.

❖ 私は気が短いほうです。

저는 성격이 급한 편입니다.

❖ ちょっといたずらっ気^けがあります。

장난기가 좀 있습니다.

❖ 彼^{かれ}はわんぱく坊主^{ぼうず}です。

그는 장난꾸러기입니다.

❖ 彼^{かれ}はおしゃべりで、その上自分^{うえじぶん}のことし

か話^{はな}しません。

그는 수다쟁이에다가 자기에 대한 말밖에 하지 않습니다.

❖ 彼女^{かのじょ}はおてんばです。

그녀는 말괄량이입니다.

❖ 彼^{かれ}は細^{こま}かいことになかなか口^{くち}うるさい

人^{ひと}です。

그는 사소한 것에 상당히 까다로운 사람입니다.

❖ 彼女^{かのじょ}はちょっと心^{こころ}が狭^{せま}くて頑固^{がんこ}なところ

が欠点^{けってん}です。

그녀는 좀 마음이 좁고 완고한 것이 결점입니다.

❖ 人^{ひと}によっては私^{わたし}のことを優柔不断^{ゆうじゅうふだん}だと思^{おも}

うようです。

사람에 따라서는 나를 우유부단하다고 생각하는 것 같습니다.

❖ 短気^{たんき}は損気^{そんき}です。

급한 성격은 손해입니다.

Part
03

Travel Conversation
여행 회화

만약 외국비행기에 탑승했을 경우 의사소통이 어렵더라도 좌석권을 스튜어디스에게 보여 주면 직원들이 알아듣고 서비스를 제공해줍니다. 입국카드를 비행기에서 미리 작성해두면 입국심사를 받을 때 별다른 질문을 받지 않고도 통과할 수 있으므로 기내에서 작성해두는 것이 좋습니다. 또한 선물용으로 면세품을 기내에서 구입할 수 있으므로 미리 사두는 게 좋습니다.

기내에서

❖ このカバン、荷物棚に入りません。

이 가방이 선반에 안 들어갑니다.

❖ もう、ほかの人の荷物でいっぱいなんです。

이미 다른 사람의 물건으로 꽉 차 있습니다.

❖ どこかに預かっておいてください。

어딘가에 보관해 주세요.

A : どこかに預かっておいてください。
(어딘가에 보관해 주세요.)

B : はい、置ける場所を探します。
(네, 놓을 장소를 찾아보겠습니다.)

❖ 友人が後ろの方の席に座っているんです。

친구가 뒷줄 좌석에 앉아 있습니다.

❖ 席を替わってもいいですか。

자리를 바꿔도 됩니까?

A : 席を替わってもいいですか。
(자리를 바꿔도 됩니까?)

B : すみませんが、この便は満席なんです。
(죄송하지만, 이 비행기는 모두 찼습니다.)

❖ お飲み物は何がいいですか。
음료는 뭐가 좋겠습니까?

❖ どんな飲み物がありますか。
어떤 음료가 있습니까?

❖ ビールをいただけますか。
맥주를 주시겠습니까?

❖ 映画は何が見られるのですか。
영화는 무엇을 볼 수 있습니까?

❖ 枕と毛布をください。
베개와 모포를 주세요.

❖ 韓国語の新聞はありますか。
한국어 신문은 있습니까?

❖ のどがとても乾いています。
목이 무척 마릅니다.

❖ コーヒーに砂糖を入れないでください。
커피에 설탕을 넣지 마세요.

❖ このヘッドホンは壊れているようです。
이 헤드폰은 고장 난 것 같습니다.

❖ 日本の新聞か雑誌はありますか。
일본 신문이나 잡지는 있습니까?

❖ 機内でコンピューターを使ってもいいですか。
기내에서 컴퓨터를 사용해도 됩니까?

기내식과 면세품 구입

❖ 食事はいつ出ますか。
식사는 언제 나옵니까?

❖ 食事は何度出るのですか。
식사는 몇 번 나옵니까?

❖ 食事は要りません。
식사는 필요 없습니다.

❖ 食事はお済みですか。
식사는 다 하셨습니까?

❖ 免税品を機内販売していますか。
기내에서 면세품을 판매합니까?

❖ どんなタバコがありますか。
어떤 담배가 있습니까?

❖ これはありますか。
이것은 있습니까?

몸이 불편하거나 궁금한 사항을 물을 때

❖ 飛行機酔いの薬はありますか。
비행기 멀미약은 있습니까?

❖ 少し気分が悪いのです。何か薬をください。
몸이 좀 안 좋습니다. 뭔가 약을 주세요.

❖ 寒いのですが。
추운데요.

❖ 先ほど頼んだ水がまだです。
아까 부탁한 물이 아직 안 나왔습니다.

❖ヘッドホーンの調子が悪いんです。

헤드폰 상태가 안 좋습니다.

❖席を替わってもいいですか。

자리를 바꿔도 되겠습니까?

❖すみません。ちょっと通してください。

미안합니다. 잠깐 지나가겠습니다.

❖機内でコンピューターを使ってもいいですか。

기내에서 컴퓨터를 써도 됩니까?

❖今どこを飛んでいますか。

지금 어디를 날고 있습니까?

❖フライトは時間どおりですか。

비행은 예정대로입니까?

❖これは入国カードですか。

이것은 입국카드입니까?

❖この書類の書き方を教えてください。

이 서류 작성법을 가르쳐 주세요.

선박을 이용할 때

❖私の船室はどこですか。

제 선실은 어딘가요?

❖どれが私の寝具ですか。

어느 것이 제 침구입니까?

❖売店はどこにありますか。

매점은 어디에 있습니까?

❖ 食堂はありますか。
식당은 있습니까?

❖ 波は荒いですか。
파도는 거칩니까?

❖ 船酔いにかかりました。
뱃멀미가 납니다.

❖ 吐きそうです。
토할 것 같습니다.

❖ 医務室へ連れていってください。
의무실로 데리고 가주십시오.

Unit 02 공항

外国人이라고 표시한 곳에 줄을 서서 여권과 출입국신고서를 제출하면 입국심사에서는 여권·비자의 유효기간을 검사하고 입국목적, 체재기간 등을 묻습니다. 입국심사가 끝나면 자신의 짐을 찾은 후에 세관 카운터 앞으로 가서 직원에게 짐과 여권을 건네줍니다. 세관신고 때 짐을 열어보는 경우는 거의 없지만, 만약 과세 대상이 있어도 신고를 하지 않았다가 적발될 경우에는 압류를 당하거나 무거운 벌금을 물게 되므로 주의해야 합니다.

입국심사

❖ パスポートを見せてください。
여권을 보여 주십시오.

❖ 入国の目的は何ですか。
입국 목적은 무엇입니까?

❖ 観光で来ました。
관광하러 왔습니다.

> A : 訪問の目的は?
> (방문 목적은?)
> B : 観光で来ました。
> (관광하러 왔습니다.)

❖ 何日間の滞在ですか。
며칠간 체류하십니까?

❖ どこに滞在しますか。
어디에 머무십니까?

❖ 宿泊先はこのホテルです。
숙박처는 이 호텔입니다.

❖ まだ決めていません。

아직 정하지 않았습니다.

❖ 東京にいる友人の家に泊まります。

도쿄에 있는 친구 집에 머물 겁니다.

❖ 団体旅行なのでわかりません。

단체여행이라서 모릅니다.

❖ 現金はいくら持っていますか。

현금은 얼마나 가지고 있습니까?

❖ 日本は初めてですか。

일본은 처음입니까?

짐을 찾을 때

❖ 手荷物はどこで受け取りますか。

짐은 어디서 찾습니까?

❖ これは716便のターンテーブルですか。

이건 716편 턴테이블입니까?

❖ 716便の荷物はもう出てきましたか。

716편 짐은 나왔습니까?

❖ 私の手荷物が見つかりません。

제 짐이 보이지 않습니다.

❖ これが手荷物引換証です。

이게 수화물인수증입니다.

❖ 荷物が見つかったら、すぐにこの住所に届けてください。

짐을 찾는 대로 즉시 이 주소로 보내 주세요.

세관을 통과할 때

❖ パスポートと申告書を拝見します。

여권과 신고서를 보여 주십시오.

❖ 税関申告書をお持ちですか。

세관신고서는 가지고 계십니까?

❖ 申告するものはありますか。

신고할 것은 있습니까?

❖ 申告するものはありません。

신고할 것은 없습니다.

❖ 自分用です。

제가 쓸 것입니다.

❖ このバッグを開けてください。

이 가방을 열어 주십시오.

❖ 中身は何ですか。

내용물은 무엇입니까?

❖ 他に荷物はありますか。

다른 짐은 있나요?

❖ これは課税対象となります。

이건 과세 대상이 됩니다.

공항 안내소에서

❖ 観光案内所はどこですか。

관광안내소는 어디에 있습니까?

❖ 市街地図と観光パンフレットをください。

시내지도와 관광 팸플릿을 주세요.

❖ 切符売場はどこですか。
매표소는 어디에 있습니까?

❖ ホテルリストはありますか。
호텔 목록은 있습니까?

❖ ここでレンタカーの予約ができますか。
여기서 렌터카를 예약할 수 있습니까?

짐을 운반할 때

❖ ポーターを探しています。
포터를 찾고 있습니다.

❖ この荷物をタクシー乗り場まで運んでください。
이 짐을 택시 승강장까지 옮겨 주세요.

❖ これをバス停までお願いします。
이것을 버스정류소까지 부탁해요.

❖ カートはどこにありますか。
카트는 어디에 있습니까?

❖ 荷物をホテルに届けてください。
짐을 호텔로 보내 주세요.

Unit 03 호텔

호텔을 현지에서 찾을 때는 공항이나 시내의 観光案内所에서 물어보도록 합시다. 예약을 해주기도 하지만, 가능하면 한국에서 출발하기 전에 예약을 해두는 것이 좋습니다. 호텔의 체크인 시각은 보통 오후 2시부터이므로 호텔 도착시간이 오후 6시를 넘을 때는 예약이 취소되는 경우도 있으므로 늦을 경우에는 호텔에 도착시간을 전화로 알려두는 것이 좋습니다. 방의 형태, 설비, 요금, 체재 예정 등을 체크인할 때 확인하도록 합시다.

호텔을 찾을 때

❖ 東京のホテルはどこがいいですか。
도쿄에 있는 호텔은 어디가 좋습니까?

❖ 空港まで迎えに来てくれますか。
공항까지 데리러 옵니까?

❖ そのホテルはどこにありますか。
그 호텔은 어디에 있습니까?

❖ 他のホテルを紹介してください。
다른 호텔을 소개해 주십시오

❖ 街の中心部にあるホテルがいいのですが。
거리 중심부에 있는 호텔이 좋겠는데요.

❖ こぢんまりした、居心地のいいホテルですよ。
아담하고 편안한 호텔입니다.

A : どんなホテルですか。
(어떤 호텔입니까?)
B : こぢんまりした、居心地のいいホテルですよ。
(아담하고 편안한 호텔입니다.)

❖ 観光に便利な場所のホテルですか。
관광하기에 편리한 장소의 호텔입니까?

> A : 観光に便利な場所のホテルですか。
> (관광하기에 편리한 장소의 호텔입니까?)
>
> B : ええ、上野にあります。
> (예, 우에노에 있습니다.)

❖ 東京ドームから近いホテルがいいのですが。
도쿄돔에서 가까운 호텔이 좋겠는데요.

호텔을 예약할 때

❖ ここでホテルの予約ができますか。
여기서 호텔을 예약할 수 있습니까?

❖ 今夜、空き部屋はありますか。
오늘 밤, 빈방 있습니까?

❖ 宿泊料金はおいくらですか。
숙박 요금은 얼마입니까?

❖ 一泊いくらですか。
1박에 얼마입니까?

❖ 料金に朝食は含まれていますか。
요금에 아침식사는 포함되어 있나요?

❖ 税金とサービス料は入っていますか。
봉사료와 세금은 포함되어 있습니까?

> A : 税金とサービス料は入っていますか。
> (세금과 봉사료는 포함되어 있나요?)
>
> B : いいえ、それは部屋代に加算されます。
> (아니오, 그것은 숙박비에 추가될 겁니다.)

266

❖ 予約をしたいのですが。
예약을 하고 싶은데요.

❖ 何泊なさいますか。
몇 박을 하실 겁니까?

❖ 今晩から二泊します。
오늘 밤부터 2박 할 겁니다.

호텔 체크인

❖ 予約しているのですが、到着が遅れます。
예약은 했는데 도착이 늦어지겠습니다.

> A : 予約しているのですが、到着が遅れます。
> (예약은 했는데 도착이 늦어지겠습니다.)
>
> B : わかりました。予約を残しておきます。
> (알겠습니다. 예약을 유지해 두겠습니다.)

❖ 予約はされていますか。
예약은 되어 있습니까?

❖ シングルルームを5泊予約しています。
싱글 룸을 5일 동안 예약했습니다.

> A : シングルルームを5泊予約しています。
> (싱글 룸을 5일 동안 예약했습니다.)
>
> B : 6月22日の土曜日にご出発ですね?
> (6월 22일 토요일에 출발하시죠?)

❖ 旅行代理店を通じて予約しました。
여행사를 통해 예약했습니다.

❖ 予約は韓国で済ませました。
예약은 한국에서 미쳤습니다.

❖ まだ予約はしていません。

아직 예약은 하지 않았습니다.

❖ 宿泊料は前払いしてあります。

숙박료는 미리 지불했습니다.

> A : 宿泊料は前払いしてあります。
> (숙박료는 선불로 지급했습니다.)
>
> B : 宿泊券をいただけますか。
> (숙박권을 보여 주시겠습니까?)

❖ 予約はしていませんが、シングルルーム
は空いていますか。

예약은 하지 않았는데 싱글 룸은 있습니까?

❖ ダブルの部屋でもいいです。

더블 룸도 좋습니다.

> A : 申し訳ありませんが、シングルルームは
> 満室です。
> (죄송하지만 싱글 룸은 다 찼습니다.)
>
> B : それなら、ダブルの部屋でもいいです。
> (그렇다면 더블 룸도 좋습니다.)

❖ お名前をどうぞ。

성함을 말씀하십시오.

호텔 체크인 트러블

❖ もう一度、調べていただけますか。

다시 한번 확인해 주시겠어요?

❖ 予約を取り消さないでください。

예약을 취소하지 마세요.

268

❖ もう一度私の予約を調べてください。

ちど わたし よやく しら

다시 한번 제 예약을 확인해 주십시오.

❖ 部屋をキャンセルしていません。

へや

방을 취소하지 않았습니다.

❖ ほかのホテルを探してください。

さが

다른 호텔을 찾으십시오.

방을 확인할 때

❖ 静かな部屋をお願いします。

しず へや ねが

조용한 방으로 부탁합니다.

❖ 眺めのいい部屋をお願いします。

なが へや ねが

전망이 좋은 방으로 부탁합니다.

❖ 部屋を見せてください。

へや み

방을 보여 주세요.

❖ もっとよい部屋はありませんか。

へや

좀더 좋은 방은 없습니까?

❖ もう少し大きい部屋にかえてください。

すこ おお へや

좀더 큰 방으로 바꿔 주세요.

❖ この部屋にします。

へや

이 방으로 하겠습니다.

❖ 宿泊カードにご記入ください。

しゅくはく きにゅう

숙박카드에 기입해 주십시오.

❖ 貴重品を預かってもらえますか。

きちょうひん あず

귀중품을 보관해 주시겠어요?

269

❖ 荷物を部屋まで運んでくれますか。

짐을 방까지 옮겨 주겠어요?

❖ こちらがお客様のお部屋になります。

여기가 손님방입니다.

룸서비스

❖ ルームサービスをお願いします。

룸서비스를 부탁합니다.

❖ 明日の朝8時に朝食を食べたいのですが。

내일 아침 8시에 아침을 먹고 싶은데요.

❖ どのくらい時間がかかりますか。

어느 정도 시간이 걸립니까?

❖ 洗濯のサービスはありますか。

세탁 서비스는 있습니까?

❖ 飲むお湯がほしいのですが。

마실 따뜻한 물이 필요한데요.

❖ モーニングコールをお願いします。

모닝콜을 부탁합니다.

❖ お部屋番号をどうぞ。

방 번호를 말씀하십시오.

❖ 韓国に電話をかけたいのですが。

한국으로 전화를 하고 싶은데요.

❖ レストランを予約していただけますか。

식당 예약 좀 해주시겠어요?

룸서비스가 들어올 때

❖ どなたですか。
누구십니까?

❖ ちょっと待ってください。
잠시 기다리세요.

❖ お入りください。
들어오세요.

❖ これはチップです。
이건 팁입니다.

호텔시설을 이용할 때

❖ 部屋にセーフティーボックスはありますか。
방에 금고는 있습니까?

> A : 部屋にセーフティーボックスはありますか。
> (방에 금고는 있습니까?)
> B : はい、押し入れの中にあります。
> (네, 옷장 안에 있습니다.)

❖ 自動販売機はありますか。
자판기는 있습니까?

❖ 朝食はどこで食べられますか。
아침식사는 어디에서 먹을 수 있습니까?

> A : 朝食はどこで食べられますか。
> (아침식사는 어디에서 먹을 수 있습니까?)
> B : 1階にコーヒーショップがあります。
> (1층에 커피숍이 있습니다)

❖ 食堂はどこですか。
식당은 어디에 있습니까?

❖ 朝食は何時までですか。
아침식사는 몇 시까지 합니까?

> A : 朝食は何時までですか。
> 　　(아침식사는 몇 시까지 합니까?)
>
> B : 7時から9時半までです。
> 　　(7시부터 9시 반까지입니다.)

❖ 食堂は何時まで開いていますか。
식당은 몇 시까지 합니까?

❖ このホテルにテニスコートはありますか。
이 호텔에 테니스코트는 있습니까?

❖ コーヒーショップはどこですか。
커피숍은 어디에 있습니까?

❖ バーはいつまで開いていますか。
바는 언제까지 합니까?

❖ メールをチェックしたいのですが。
이메일을 체크하고 싶은데요.

❖ ファックスはありますか。
팩스는 있습니까?

❖ ここで観光バスのチケットを買えますか。
여기서 관광버스표를 살 수 있습니까?

❖ 床屋はありますか。
이발소는 있습니까?

❖ 勘定は部屋につけておいてください。
계산은 방으로 해두세요.

외출할 때

❖ 外出しますが。
ガ(がいしゅつ)
외출하는데요.

❖ 貴重品(きちょうひん)を預(あず)かってください。
귀중품을 맡아주세요.

❖ 鍵(かぎ)を預(あず)かってください。
열쇠를 맡아주세요.

❖ 私宛(わたしあ)てのメッセージはありますか。
저한테 온 메시지는 있습니까?

호텔에서의 트러블

❖ 鍵(かぎ)がかかって部屋(へや)に入(はい)れないんです。
문이 잠겨 방에 들어갈 수 없습니다.

❖ 鍵(かぎ)を部屋(へや)に忘(わす)れました。
열쇠를 방에 두고 나왔습니다.

❖ カードキーはどうやって使(つか)うのでしょう?
카드키는 어떻게 사용하죠?

❖ 部屋(へや)の番号(ばんごう)を忘(わす)れました。
방 번호를 잊어버렸습니다.

❖ 廊下(ろうか)に不審(ふしん)な人(ひと)がいます。
복도에 이상한 사람이 있습니다.

❖ となりの部屋(へや)がとてもうるさいんです。
옆방이 무척 시끄럽습니다.

❖ お湯(ゆ)が出(で)ないのですが。
뜨거운 물이 나오지 않는데요.

❖ 部屋を替えてください。

방을 바꿔 주세요.

❖ 隣りの部屋がうるさいのですが。

옆방이 시끄러워요.

> A : 隣りの部屋がうるさいのですが。
> (옆 방이 시끄러워요.)
> B : 申し訳ありません。誰かを行かせて確認します。
> (죄송합니다. 사람을 보내서 확인하겠습니다.)

❖ すぐ修理に来てください。

빨리 고치러 와주세요.

❖ 部屋がまだ掃除されていません。

방 청소가 아직 안 되었습니다.

❖ タオルを取り替えてください。

타월을 바꿔 주세요.

❖ 部屋からカメラがなくなりました。

방에서 카메라가 없어졌습니다.

호텔 체크아웃 준비

❖ チェックアウトタイムは何時ですか。

체크아웃은 몇 시입니까?

❖ ご出発は何時ですか。

몇 시에 떠날 겁니까?

❖ もう一泊したいのですが。

하룻밤 더 묵고 싶은데요.

❖ 口早く発ちたいのですが。

하루 일찍 떠나고 싶은데요.

❖ 午前10時にタクシーを呼んでください。

오전 10시에 택시를 불러 주세요.

Part 03

호텔 체크아웃

❖ 滞在をもう1泊延長したいのですが。

하룻밤 더 묵고 싶은데요.

A : 滞在をもう1泊延長したいのですが。
   (하룻밤 더 묵고 싶은데요.)

B : では、23日ご出発ですね。承知しました。
   (그럼, 23일에 출발하시는군요. 알겠습니다.)

❖ 1日早く出たいのですが。

하루 빨리 가고 싶은데요.

❖ チェックアウトの時間は何時ですか。

체크아웃 시간은 몇 시입니까?

❖ チェックアウトをしたいのですが。

체크아웃을 하고 싶은데요.

❖ 1234号室のホンギルドンです。

1234호실 홍길동입니다.

❖ ポーターをお願いします。

포터를 보내 주세요.

❖ 預けておいた貴重品を出してください。

맡겨둔 귀중품을 꺼내 주세요.

275

◆出発まで荷物を預かってもらえますか。

出발할 때까지 짐을 맡아 주시겠어요?

◆部屋に忘れ物をしました。

방에 물건을 두고 나왔습니다.

◆荷物を下まで運んでください。

짐을 아래까지 옮겨 주세요.

숙박비 계산

❖会計をお願いします。

계산을 부탁합니다.

❖クレジットカードで支払いできますか。

신용카드도 됩니까?

❖全部込みですか。

전부 포함된 겁니까?

❖この料金について説明してください。

이 요금에 대해 설명해 주세요.

> A : この料金について説明してください。
> (이 요금에 대해 설명해 주세요.)
>
> B : ミニバーのご利用です。
> (미니바 이용입니다.)

❖計算違いがあるようです。

계산 착오가 있는 것 같은데요.

여행에서 쇼핑도 빼놓을 수 없는 즐거움의 하나입니다. 꼭 필요한 품목은 미리 계획을 세워서 구입해야만 충동구매를 피할 수 있고, 귀국할 때 세관에서 통관 절차가 간편합니다. 가게에 들어서면 점원이 「いらっしゃいませ(어서 오십시오)」라고 반갑게 맞이합니다. 물건을 고를 때는 「あれを見せてください(저걸 보여주세요)」, 가격을 물을 때는 「いくらですか(얼마입니까?)」 가격을 흥정할 때는 「負けてください(깎아주세요)」라고 합니다.

쇼핑센터를 찾을 때	❖ ショッピングセンターはどこにありますか。 쇼핑센터는 어디에 있습니까?
	❖ この町のショッピング街はどこですか。 이 도시의 쇼핑가는 어디에 있습니까?
	❖ ショッピングガイドはありますか。 쇼핑 가이드는 있나요?
	❖ 免税店はありますか。 면세점은 있습니까?
	❖ この辺りにデパートはありますか。 이 주변에 백화점은 있습니까?
가게로 가고자 할 때	❖ 一番近いスーパーはどこですか。 가장 가까운 슈퍼는 어디에 있습니까?
	❖ コンビニを探しています。 편의점을 찾고 있습니다.

❖ いいスポーツ用具店を教えてください。

좋은 스포츠용품점을 가르쳐 주시겠어요?

❖ それはどこで買えますか。

그건 어디서 살 수 있나요?

❖ その店は今日開いていますか。

그 가게는 오늘 문을 열었습니까?

❖ こちらの店は何時まで開いていますか。

이 가게는 몇 시까지 여나요?

> A : こちらの店は何時まで開いていますか。
> 　　(이 가게는 몇 시까지 여나요?)
>
> B : 7時までです。
> 　　(7시까지입니다.)

❖ ここから遠いですか。

여기서 멉니까?

❖ 営業時間は何時から何時までですか。

영업시간은 몇 시부터 몇 시까지입니까?

❖ 何時まで開いていますか。

몇 시까지 합니까?

❖ 日曜日も営業していますか。

일요일에도 영업합니까?

❖ ここからいちばん近いコンビニはどこですか。

여기서 가장 가까운 편의점은 어디입니까?

❖ おみやげを買うのにいい店はありますか。

선물을 살 좋은 가게는 있습니까?

278

가게에 들어설 때

❖ いらっしゃいませ。
어서 오십시오.

❖ 何かお探しですか。
뭔가 찾으십니까?

❖ ちょっと見ているだけです。
잠깐 구경 좀 할게요.

> A : 何かお探しですか。
> (뭘 찾으십니까?)
> B : いいえ、ちょっと見ているだけです。
> (아니오, 잠깐 구경 좀 할게요)

❖ 何かご用がありましたら、お知らせください。
뭔가 필요한 것이 있으시면 알려 주십시오.

❖ ちょっとお店の中を見せてもらえますか。
잠깐 가게 안을 둘러봐도 됩니까?

> A : ちょっとお店の中を見せてもらえますか。
> (잠깐 가게 안을 둘러봐도 됩니까?)
> B : どうぞ、何かあれば、声をかけてください。
> (그럼요, 도움이 필요하면 불러 주세요)

물건을 찾을 때

❖ ちょっとよろしいですか。
여기 잠깐 봐 주시겠어요?

❖ コートを探しているのです。
코트를 찾고 있습니다.

❖ 妻へのプレゼントを探しています。
아내에게 선물할 것을 찾고 있습니다.

❖ カジュアルなものを探しています。

캐주얼한 것을 찾고 있습니다.

❖ カバンを探しているんです。

가방을 찾고 있습니다.

> A : 何をお探しですか。
> (무엇을 찾으십니까?)
>
> B : カバンを探しているんです。
> (가방을 찾고 있습니다.)

❖ 何かおみやげに適当な物はありませんか。

뭔가 선물로 적당한 것은 없습니까?

❖ あれを見せてください。

저걸 보여 주세요.

❖ 黒い、中型のカバンが欲しいです。

까맣고 중간 크기의 가방이 필요합니다.

> A : 何か具体的に考えているものがありますか。
> (구체적으로 생각하고 있는 어떤 것이 있습니까?)
>
> B : 黒い、中型のカバンが欲しいです。
> (까맣고 중간 크기의 가방이 필요합니다.)

❖ 綿素材のものが欲しいんですが。

면으로 된 것이 필요한데요.

❖ これと同じものはありますか。

이것과 같은 것은 있습니까?

❖ これだけですか。

이것뿐입니까?

❖ 30歳くらいの男性には何がいいですか。
30세 정도의 남자에게는 뭐가 좋을까요?

❖ 最近はどんな物がよく売れていますか。
요즘에는 어떤 것이 잘 팔립니까?

물건을 보여달라고 할 때

❖ それを見てもいいですか。
그걸 봐도 될까요?

❖ いくつか見せてください。
몇 가지 보여 주세요.

❖ 手前の列の、左から2番目のものです。
바로 앞줄의 왼쪽에서 두 번째 것입니다.

> A：どれがご覧になりたいのですか。
> （어느 것을 보고 싶습니까?）
> B：手前の列の、左から2番目のものです。
> （바로 앞줄의 왼쪽에서 두 번째 것입니다.）

❖ 別のものを見せていただけますか。
다른 것을 보여 주시겠어요?

❖ もっと質のいいのはありませんか。
질이 더 좋은 것은 없습니까?

❖ ちょっと他のものを見てみます。
잠깐 다른 것을 보겠습니다.

색상을 고를 때

❖ 何色がありますか。
무슨 색이 있습니까?

❖ この色は好きではありません。

이 색은 좋아하지 않습니다.

❖ 赤いのはありますか。

빨간 것은 있습니까?

❖ これ、別の色はありますか。

이것, 다른 색은 있습니까?

A : これ、別の色はありますか。
 (이것, 다른 색은 있습니까?)

B : 青、赤、白があります。
 (파랑, 빨강, 흰색이 있습니다.)

❖ 派手すぎます。

너무 화려합니다.

❖ もっと派手なのはありますか。

더 화려한 것은 있습니까?

❖ もっと地味なのはありますか。

더 수수한 것은 있습니까?

사이즈를 고를 때

❖ どのサイズをお探しですか。

어떤 사이즈를 찾으십니까?

❖ 正確なサイズがわかりません。

정확한 사이즈를 모릅니다.

A : 正確なサイズがわかりません。
 (정확한 사이즈를 모릅니다.)

B : お測りしましょう。
 (재봅시다.)

❖ サイズはこれだけですか。
사이즈는 이것뿐입니까?

❖ 自分のサイズがわからないのですが。
제 사이즈를 모르겠는데요.

❖ サイズを測っていただけますか。
사이즈를 재주시겠어요?

❖ もっと大きいのはありますか。
더 큰 것은 있습니까?

❖ もっと小さいのはありますか。
더 작은 것은 있습니까?

디자인을 고를 때

❖ ほかの型はありますか。
다른 스타일은 있습니까?

❖ どんなデザインが流行していますか。
어떤 디자인이 유행하고 있습니까?

❖ このデザインは好きではありません。
이 디자인은 좋아하지 않습니다.

❖ 他のデザインはありますか。
다른 디자인은 있습니까?

❖ デザインが似ているものはありますか。
디자인이 비슷한 것은 있습니까?

❖ このデザイン、僕に合うかな。
이 디자인, 나에게 어울릴까?

❖ 材質は何ですか。
재질은 무엇입니까?

❖ 日本製ですか。
일제입니까?

❖ 質はいいですか。
질은 괜찮습니까?

❖ これはハンドメイドですか。
이건 수제입니까?

❖ これは何の香りですか。
이건 무슨 향입니까?

❖ このシャツは洗濯したら縮みますか。
이 셔츠는 세탁하면 줄어듭니까?

A : このシャツは洗濯したら縮みますか。
(이 셔츠는 세탁하면 줄어듭니까?)

B : ええ、少し縮みます。
(예, 조금 줄어듭니다.)

품건값을 물을 때

❖ 会計はどちらですか。
계산은 어디서 합니까?

❖ いくらですか。
얼마입니까?

A : いくらですか。
(얼마입니까?)

B : 五千円に税金がつきます。
(5천엔에 세금이 붙습니다.)

❖ 全部でいくらになりますか。

전부해서 얼마가 됩니까?

❖ 1つ、いくらですか。

하나에 얼마입니까?

❖ これはセール中ですか。

이건 세일 중입니까?

❖ 税金は含まれた額ですか。

세금은 포함된 가격입니까?

물건값을 흥정할 때

❖ 高すぎます。

너무 비쌉니다.

❖ 負けてくれますか。

깎아 주겠어요?

❖ 少し安くなりませんか。

조금 싸게 해주세요.

> A : 少し安くなりませんか。
> (조금 싸게 안 되겠어요?)
> B : 無理です。すでに割引になっていますから。
> (무리입니다. 이미 할인되어 있어서요.)

❖ これは20%引かれた後の値段ですか。

이것은 20% 할인된 가격입니까?

> A : このスカートは20%引きですよ。
> (이 스커트는 20% 할인합니다.)
> B : これは20%引かれた後の値段ですか。
> (이것은 20% 할인된 가격입니까?)

❖ もっと安い物はありませんか。

더 싼 것은 없습니까?

❖ もっと安くしてくれませんか。

더 싸게 해 주실래요?

❖ 負けてくれたら買います。

깎아주면 사겠습니다.

❖ 現金払いなら安くなりますか。

현금으로 지불하면 싸게 됩니까?

❖ 勘定が間違っているようです。

계산이 틀린 것 같습니다.

**구입 결정과
지불 방법**

❖ これは手頃な値段だね。

이것은 적당한 가격이군.

> A : これは手頃な値段だね。
> 　(이것은 적당한 가격이군.)
> B : そうね。予算の範囲内だわ。
> 　(그러네. 예산 범위 내야.)

❖ これにします。

이걸로 하겠습니다.

❖ これを10個ください。

이것을 10개 주세요.

❖ お支払いはどうなさいますか。

지불은 어떻게 하시겠습니까?

❖ カードで支払いできますか。

키드도 됩니까?

❖ トラベラーズチェックで支払いできますか。

여행자수표도 받나요?

❖ 現金で払います。

현금으로 지불하겠습니다.

> A : お支払いはどうなさいますか。
> 　（계산은 어떻게 하시겠습니까?）
> B : 現金で払います。
> 　（현금으로 지불하겠습니다.）

❖ クレジットカードで払います。

신용카드로 지불하겠습니다.

> A : お支払いは現金ですか、クレジットカードですか。
> 　（계산은 현금입니까, 신용카드입니까?）
> B : クレジットカードで払います。
> 　（신용카드로 지불하겠습니다.）

❖ 領収書をいただけますか。

영수증을 주시겠어요?

❖ プレゼント用に包んでもらえますか。

선물용으로 포장해 주시겠습니까?

❖ プレゼント用の包装には代金がかかりますか。

선물용 포장에는 돈이 듭니까?

❖ リボンをつけて包装^{ほうそう}してください。

리본을 달아서 포장해 주세요.

A : 贈^{おく}り物^{もの}ですか。
   (선물입니까?)

B : ええ、リボンをつけて包装^{ほうそう}してください。
   (예, 리본을 달아서 포장해 주세요)

배달을 원할 때

❖ パレスホテルまでこれを届^{とど}けてもらえますか。

이걸 팔레스 호텔까지 갖다 주시겠어요?

❖ いつ届^{とど}けてもらえますか。

언제 배달해 주시겠습니까?

❖ 別料金^{べつりょうきん}がかかりますか。

별도 요금이 듭니까?

❖ このカードを添^そえて送^{おく}ってください。

이 카드를 첨부해서 보내 주세요.

❖ この住所^{じゅうしょ}に送^{おく}ってください。

이 주소로 보내 주세요.

배송을 원할 때

❖ この住所^{じゅうしょ}に配送^{はいそう}してもらえますか。

이 주소로 배송해 주시겠어요?

❖ 配送^{はいそう}はいつになりますか。

배송은 언제 되나요?

❖ 配送料はいくらですか。
<small>はいそうりょう</small>

배송료는 얼마입니까?

❖ この店から韓国に発送してもらえますか。
<small>みせ　　　　かんこく　　はっそう</small>

이 가게에서 한국으로 발송해 주시겠어요?

❖ 韓国の私の住所宛に送ってもらえますか。
<small>かんこく　わたし　じゅうしょあて　おく</small>

한국 제 주소로 보내 주시겠어요?

❖ 航空便でお願いします。
<small>こうくうびん　　ねが</small>

항공편으로 부탁합니다.

❖ 船便でお願いします。
<small>ふなびん　　ねが</small>

선편으로 부탁합니다.

❖ 韓国まで航空便で何日くらいかかりますか。
<small>かんこく　　こうくうびん　なんにち</small>

한국까지 항공편으로 며칠 정도 걸립니까?

❖ 航空便でいくらくらいかかりますか。
<small>こうくうびん</small>

항공편으로 얼마나 듭니까?

**구입한 물건을
교환할 때**

❖ これを取り替えてください。
<small>と　か</small>

이것을 바꿔 주세요.

❖ ここにシミが付いています。
<small>つ</small>

여기에 얼룩이 있습니다.

❖ 新しいものとお取り替えします。
<small>あたら　　　　　　　　と　か</small>

새것으로 바꿔드리겠습니다.

❖ ご購入時に壊れていましたか。
<small>こうにゅうじ　こわ</small>

구입 시에 망가져 있었습니까?

289

❖ 買ったときには気がつきませんでした。

싰을 때는 몰랐습니다.

❖ サイズが合いませんでした。

사이즈가 안 맞았어요.

❖ 別の物と取り替えていただけますか。

다른 것으로 바꿔 주시겠어요?

구입한 물건을
반품할 때

❖ どこに行けばいいのですか。

어디로 가면 됩니까?

❖ 返品したいのですが。

반품하고 싶은데요.

❖ まだ使っていません。

아직 쓰지 않았습니다.

❖ 偽物が一つ混ざっていました。

가짜가 하나 섞여 있었습니다.

❖ 領収書はこれです。

영수증은 여기 있습니다.

❖ 昨日買いました。

어제 샀습니다.

환불・배달사고

❖ 返金してもらえますか。

환불해 주시겠어요?

❖ 買ったものと違います。

산 물건하고 다릅니다.

❖ 買ったものがまだ届きません。

구입한 게 아직 배달되지 않았습니다.

❖ 代金はもう払いました。

대금은 이미 지불했습니다.

❖ 修理するか、お金を返していただけますか。

수리해주든지 환불해 주시겠어요?

길을 물을 때 많이 쓰이는 패턴으로는 「~へ行く道を教えてください(~으로 가는 길을 가르쳐 주세요)」가 있습니다. 일본의 경우 도로의 표지판이나 주소지 등이 명확하게 정리되어 있어 지도 한 장만 있어도 어디든 원하는 목적지에 혼자서도 찾아갈 수 있습니다. 만약 길을 잘 모르거나 잃었을 때는 지도를 펴 보이며 물어봐도 되고 인근 파출소(交番)에 가서 물어보면 친절하게 안내를 해줍니다.

길을 물을 때

❖ 道に迷った。
길을 잃었어.

❖ ここはどこですか。
여기는 어디입니까?

❖ すみません、駅へはどう行ったらいいですか。
미안합니다, 역은 어떻게 가면 좋을까요?

❖ パレス・ホテルへ行く道を教えてくれますか。
팔레스 호텔로 가는 길을 가르쳐 줄래요?

❖ 本屋を探してるんですが、この辺にありますか。
책방을 찾고 있는데, 이 주변에 있습니까?

❖ 上野公園はこの道でいいんでしょうか。
우에노 공원은 이 길로 가면 됩니까?

❖ 私は方向音痴なんです。
저는 길눈이 어둡습니다.

❖ 競技場へはどう行けばいいのですか。
경기장은 어떻게 가면 됩니까?

◆ あそこの交番でお聞きになってはどうで
しょうか。

저기 파출소에서 물어보시면 어떨까요?

◆ 何か目印になるものがありますか。

뭔가 표시가 되는 것이 있습니까?

◆ ここから海岸まで歩いて行けますか。

여기서 해안까지 걸어서 갈 수 있습니까?

◆ 歩いて行くと、どれくらいの時間がかか
りますか。

걸어가면, 시간이 얼마나 걸립니까?

◆ 40分くらいでしょうか。

40분 정도 걸릴까요?

◆ 南はどっちかしら。

남쪽이 어느 쪽일까?

길을 가리켜 줄 때

◆ どこへいらっしゃるのですか。

어디에 가십니까?

◆ おうちの住所を見せてもらえますか。

집 주소를 보여 주시겠어요?

◆ この道を真っ直ぐ行ってください。

이 길로 곧장 가세요.

◆ 2つ目の角を左に曲がりなさい。

두 번째 모퉁이에서 왼쪽으로 도세요.

❖ 大きな赤い看板があります。

커다란 붉은 간판이 있습니다.

❖ まっすぐ行くと、左側にあります。

곧장 가면 왼쪽에 있습니다.

❖ 銀行の隣です。

은행의 옆입니다.

❖ 3つ目の交差点の手前です。

세 번째 교차로 바로 앞입니다.

❖ あそこの交差点の角にあります。

저기 교차로 모퉁이에 있습니다.

❖ 今来た道を戻らないといけません。

지금 온 길을 돌아가야 합니다.

❖ 私もそちらの方向へ行きますから、お連れしましょう。

저도 그쪽 방향으로 가니까 모셔다 드릴게요.

❖ ここから歩いてほんの3分ほどです。

여기서 걸어서 불과 3분 정도입니다.

자신도 길을 모를 때

❖ すみません。よくわかりません。

미안합니다. 잘 모르겠습니다.

❖ 私もここは初めてなものですから。

저도 여기는 처음이라서요.

❖ 残念ながら、私もよくわからないんですよ。

유감스럽지만, 저도 잘 모르겠어요.

❖ 私は旅行者なのです。
  저는 여행자입니다.

❖ だれかほかの人に聞いてください。
  다른 사람에게 물어보십시오.

❖ すみませんが、このあたりはあまりよく知らないんです。
  미안하지만, 이 주변은 그다지 잘 모릅니다.

❖ あちらの人に聞いてください。
  저 사람에게 물어 보십시오.

❖ 地図を持っていますか。
  지도를 가지고 있습니까?

걸을 때

❖ 歩くのが好きです。
  걷는 것을 좋아합니다.

❖ 風景を見ながら歩くのは楽しい。
  풍경을 보면서 걷는 것은 즐거워.

❖ 歩くと、けっこう時間がかかりますよ。
  걸으면 꽤 시간이 걸립니다.

❖ まだまだ歩けるよ。
  아직 더 걸을 수 있어.

❖ こんなところまで歩いてきてしまった。
  이런 데까지 걸어와 버렸어.

❖ 歩くと、意外と近いんだね。
  걸으니 의외로 가깝네.

정류장이나 역을 물을 때는 電車駅(バス停・タクシー乗り場)はどこですかみ라고 합니다. 택시를 이용할 때 말이 통하지 않으면 가고 싶은 곳의 주소를 적어서 택시기사에게 주면 됩니다. 택시를 이용할 때는 「~まで お願いします(~까지 가주세요)」라고 기사에게 말하면 목적지까지 실어다 줍니다. 목적지를 잘 모를 때는 주소를 보이며 「この住所までお願いします(이 주소로 가주세요)」라고 하면 됩니다.

택시를 이용할 때

❖ タクシーはどこで拾えますか。
택시는 어디서 잡을 수 있습니까?

❖ タクシー乗り場はどこですか。
택시 승강장은 어디에 있습니까?

❖ どこで待っていればいいですか。
어디서 기다리고 있으면 됩니까?

❖ 私たちは全員乗れますか。
우리들 모두 탈 수 있습니까?

❖ トランクを開けてください。
트렁크를 열어 주세요.

❖ ここへ行ってください。
이리 가주세요.

❖ 急いでいただけますか。
서둘러 주시겠어요?

❖ いちばん近い道で走ってください。
가장 가까운 길로 가 주세요.

❖ もっとゆっくり走ってください。
좀더 천천히 가주세요.

❖ 着いたら起こしてください。
도착하면 깨워주세요.

❖ この荷物をトランクに入れてもらえますか。
이 짐을 트렁크에 넣어 주시겠어요?

❖ あの車について行ってください。
저 차를 따라가 주세요.

❖ 次の信号を左に曲がってください。
다음 신호에서 왼쪽으로 도세요.

❖ すぐに戻りますので、ちょっと待ってください。
곧 돌아올 테니 잠시 기다려 주세요.

❖ ここで止めてください。
여기서 세워 주세요.

❖ ここで降ります。
여기서 내리겠습니다.

❖ 空車がなかなか来ない。
빈차가 좀처럼 안 와.

❖ タクシーに忘れ物をした。
택시에 물건을 놓고 내렸어.

❖ いくらですか。
얼마입니까?

❖ お釣りは結構です。

잔돈은 가지세요.

버스를 이용할 때

❖ バス乗り場は駅の東口にあります。

버스 정류장은 역의 동쪽 출구에 있습니다.

❖ バスの運賃はいくらですか。

버스의 운임은 얼마입니까?

❖ 六本木に行くにはこのバスが便利だよ。

롭퐁기에 가려면 이 버스가 편해.

❖ 新橋行きのバスに乗ってください。

신바시 행 버스를 타세요.

❖ どこのバス停で降りればいいですか。

어느 버스 정류장에서 내리면 됩니까?

❖ このバスは東京駅まで行きますか。

이 버스는 도쿄역까지 갑니까?

❖ バス停まで歩いて10分です。

버스 정류장까지 걸어서 10분입니다.

❖ バスはなかなか時間通りに来ない。

버스는 좀처럼 시간대로 안 와.

❖ すみません、この席は空いていますか。

미안합니다. 이 자리는 비어 있습니까?

❖ すみません、降ります。

미안합니다. 내립니다.

❖ バスにしようかな、電車にしようかな。
버스로 갈까, 전철로 갈까?

❖ バスターミナルはどこにありますか。
버스 터미널은 어디에 있습니까?

**지하철·전철을
이용할 때**

❖ 最寄りの駅はどこですか。
가장 가까운 역은 어디입니까?

❖ 近代美術館へ地下鉄で行けますか。
근대미술관에 지하철로 갈 수 있습니까?

> A : 近代美術館へ地下鉄で行けますか。
> 　　(근대미술관에 지하철로 갈 수 있습니까?)
> B : はい、上野駅で降りてください。
> 　　(네, 우에노 역에서 내리십시오)

❖ ここは急行電車は止まりますか。
여기는 급행전철이 섭니까?

❖ 各駅停車の電車しか止まりません。
모든 역에 서는 전철밖에 서지 않습니다.

❖ 切符はどこで買うのですか。
표는 어디서 삽니까?

> A : 切符はどこで買うのですか。
> 　　(표는 어디서 삽니까?)
> B : 自動販売機で買えますよ。
> 　　(자동판매기로 살 수 있습니다.)

❖ 急行は何分おきに来ますか。
급행은 몇 분 간격으로 옵니까?

299

❖ 急行はここに停まりますか。

급행은 여기에 섭니까?

> A : 急行はここに停まりますか。
> （급행은 여기에 섭니까?）
>
> B : いいえ、各駅停車に乗ってください。
> （아니오, 완행전철을 타세요）

❖ 乗換駅はどこですか。

환승역은 어디입니까?

❖ 特急は何番線から出ますか。

특급은 몇 번 선에서 출발합니까?

❖ 東京駅まで電車で何分かかりますか。

도쿄역까지 전철로 몇 분 걸립니까?

❖ 地下鉄の路線図はありますか。

지하철 노선도는 있습니까?

❖ 浅草までいくらですか。

아사쿠사까지는 얼마입니까?

❖ 終電は何時ですか。

마지막 전철은 몇 시입니까?

❖ どこで切符を精算すればいいのですか。

어디서 표를 정산하면 됩니까?

❖ 電車が込んでいる。

전철이 붐비고 있어.

❖ 切符をなくした。

차표를 잃어 버렸어.

❖ 電車を乗り間違えた。

전철을 잘못 탔어.

❖ 電車の路線図をください。

전철 노선도를 주세요.

❖ 東口に出てください。

동쪽 출구로 나가세요.

❖ どこで乗り換えるのですか。

어디서 갈아탑니까?

❖ 地下鉄にかばんを忘れました。

지하철에 가방을 두고 내렸습니다.

열차를 이용할 때

❖ 切符売り場はどこですか。

매표소는 어디입니까?

❖ 大阪までの片道切符をください。

오사카까지 편도를 주세요.

❖ 予約の窓口はどこですか。

예약 창구는 어디입니까?

❖ 一等席をください。

1등석을 주세요.

❖ もっと早い列車はありますか。

더 이른 열차는 있습니까?

❖ 急行列車ですか。

급행열차입니까?

✤ 3番ホームはどこですか。

3번 홈은 어디입니까?

✤ これは大阪行きですか。

이건 오사카행입니까?

✤ 途中下車はできますか。

도중에 하차할 수 있습니까?

✤ 乗り遅れてしまいました。

열차를 놓쳤습니다.

✤ そこは私の席です。

거기는 제 자리입니다.

비행기를 이용할 때

✤ フライトの予約をお願いします。

비행기 예약을 부탁합니다.

✤ 明日の北海道行きの便はありますか。

내일 홋카이도 행 비행기가 있습니까?

✤ 早い便をお願いします。

일찍 가는 비행기로 부탁합니다.

✤ お名前と便名をどうぞ。

성함과 편명을 말씀하십시오.

✤ 出発時刻を確認したいのですが。

출발시각을 확인하고 싶은데요.

✤ 日本航空のカウンターはどこですか。

일본항공 카운터는 어디입니까?

❖ 今チェックインできますか。

지금 체크인할 수 있습니까?

❖ 航空券はお持ちですか。

항공권은 가지고 계십니까?

❖ 禁煙席の通路側をお願いします。

금연석 통로 쪽으로 부탁합니다.

❖ この荷物は機内持ち込みです。

이 짐은 기내로 가지고 갑니다.

❖ 料金はどうなりますか。

요금은 어떻게 됩니까?

❖ 何番ゲートに行けばいいのですか。

몇 번 출구로 나가면 됩니까?

❖ これは仙台行きのゲートですか。

이건 센다이 행 출구입니까?

❖ フライトは予定どおりに出発しますか。

비행은 예정대로 출발합니까?

❖ この荷物を預けます。

이 짐을 맡길게요.

❖ 搭乗は始まっていますか。

탑승은 시작되었나요?

여기서는 렌터카를 빌릴 때, 주유소에서 기름을 넣을 때, 운전을 하면서 겪는 교통 위반이나 사고, 주정차, 세차, 보험 등 운전에 관한 표현을 익히도록 했습니다. 렌터 카를 빌릴 때는 여권과 국제면허증이 필요합니다. 만일을 대비하여 보험도 잊지 말 고 꼭 들어둡시다. 차를 빌려서 관광할 경우에는 우리와 교통의 흐름이 반대이므로 주의해서 운전을 해야 합니다. 따라서 운전석도 우리는 왼쪽에 있지만, 일본은 오른 쪽에 있습니다.

자동차를 빌릴 때

❖ レンタカーのカウンターはどこですか。
렌터카 카운터는 어디에 있습니까?

❖ レンタカーを予約したいのですが。
렌터카를 예약하고 싶은데요

> A : レンタカーを予約したいのですが。
> (렌터카를 예약하고 싶은데요.)
> B : はい、いつからですか。
> (네, 언제부터입니까?)

❖ どのくらいドライブする予定ですか。
어느 정도 운전할 예정이십니까?

❖ 6月10日から3日間、車を借りたいのですが。
6월 10일부터 3일간, 차를 빌리고 싶은데요.

❖ 車を三日間借りたいです。
차를 3일간 빌리고 싶습니다.

❖ これが私の国際運転免許証です。
이것이 제 국제운전면허증입니다.

차종을 고를 때

❖ どんな車がありますか。
어떤 차가 있습니까?

❖ レンタカーリストを見せてもらえますか。
렌터카 목록을 보여 주시겠어요?

❖ どのタイプの車がよろしいですか。
어떤 타입의 차가 좋으시겠습니까?

❖ 小型車をお願いします。
소형차를 부탁합니다.

> A : どのような車をご希望ですか。
>   (어떤 차를 희망하십니까?)
> B : 小型車をお願いします。
>   (소형차를 부탁합니다.)

❖ 中型車を借りたいのですが。
중형차를 빌리고 싶은데요.

❖ オートマチックしか運転できません。
오토매틱밖에 운전하지 못합니다.

렌터카 요금과 보험

❖ 前金が必要ですか。
선불이 필요합니까?

❖ 保証金はいくらですか。
보증금은 얼마입니까?

❖ 一週間の料金はいくらですか。
1주일 요금은 얼마입니까?

◆特別料金はありますか。

특별요금은 있습니까?

◆その料金に保険は含まれていますか。

그 요금에 보험은 포함되어 있습니까?

◆保険は全部かけてください。

보험은 전부 들어 주세요.

> A : 保険をかけますか。
> (보험을 들겠습니까?)
>
> B : 保険は全部かけてください。
> (보험은 전부 들어 주세요)

◆総合保険をかけてください。

종합보험을 들어 주십시오.

그밖의 질문

◆運転するのは私だけです。

운전하는 사람은 저 뿐입니다.

◆ほかの人が運転することもできますか。

다른 사람이 운전할 수도 있습니까?

◆ガソリンは満タンにして返すのですか。

가솔린은 가득 채워서 돌려줍니까?

◆走行距離は無制限ですか。

주행거리는 무제한입니까?

◆事故の場合は、どこに連絡すればいいのですか。

사고의 경우에는 어디로 연락하면 됩니까?

Part
03

길을 물을 때

❖ 緊急連絡先を教えてください。

긴급연락처를 알려 주세요.

❖ 道路地図をいただけますか。

도로지도를 주시겠습니까?

❖ 日光へはどの道を行けばいいですか。

닛코는 어느 길로 가면 됩니까?

❖ 5号線で南へ行ってください。

5호선으로 남쪽으로 가세요.

❖ まっすぐですか、それとも左ですか。

직진입니까, 아니면 왼쪽입니까?

❖ 箱根まで何キロですか。

하코네까지 몇 킬로미터입니까?

❖ 車で富士山までどのくらいかかりますか。

차로 후지산까지 어느 정도 걸립니까?

❖ いちばん近い交差点はどこですか。

가장 가까운 교차로는 어디입니까?

❖ どの道を通るのが一番近いの?

어느 길로 가는 것이 가장 가깝니?

❖ バイパスを通ったほうが近い。

우회도로로 가는 게 가까워.

주유·주차할 때

❖ この近くにガソリンスタンドはありますか。

이 근처에 주유소가 있습니까?

❖ 満タンにしてください。

  가득 넣어 주세요.

❖ ガソリンを満タンに入れた。

  휘발유를 가득 넣었어.

❖ 先払ですか、後払いですか。

  선불입니까, 후불입니까?

❖ ここに車を駐車してもいいですか。

  여기에 차를 주차해도 됩니까?

❖ この駐車場に止められない。

  이 주차장에 세울 수 없어.

❖ 近くに駐車場があるかな。

  근처에 주차장이 있을까?

❖ ここに駐車しよう。

  여기에 주차하자.

차가 고장 났을 때

❖ バッテリーがあがってしまいました。

  배터리가 방전되었습니다.

❖ パンクしました。

  펑크가 났습니다.

❖ エンジンがかからないんです。

  시동이 걸리지 않습니다.

❖ ブレーキのききがあまいです。

  브레이크가 잘 안 듣습니다.

❖ 修理できますか。

  고칠 수 있습니까?

308

❖ 車を返します。

차를 돌려드리겠습니다.

교통위반

❖ 交通違反で罰金を取られた。

교통위반으로 벌금을 물었어.

❖ 彼は一時停止しなかった。

그는 일시 정지를 하지 않았어.

❖ スピード違反だよ。

속도위반이야.

❖ ここに止めるのは駐車違反じゃないの?

여기 세우는 것은 주차위반 아냐?

❖ 車がレッカー移動された。

차가 레커로 끌려갔어.

❖ よそ見運転をすると危ないよ。

한눈팔며 운전하면 위험해.

❖ 彼は無免許運転で捕まった。

그는 무면허 운전으로 잡혔어.

❖ スピードの出し過ぎじゃない?

속도를 너무 내는 거 아냐?

❖ スピード違反の取り締まり中だよ。

속도위반 단속 중이야.

❖ ここは追い越し禁止だよ。

여기는 추월금지야.

❖ 今、免停中なんだ。

지금, 면허정지 중이야.

❖ 道が凍結してて、タイヤがスリップした。

길이 얼어서 타이어가 미끄러졌어.

❖ 飲酒運転は絶対にしてはいけない。

음주운전은 절대 해서는 안 돼.

❖ 後ろの車に追突されました。

뒤차에 추돌당했습니다.

❖ 信号無視をしましたね。

신호무시를 하셨군요.

함께 식사를 하는 것은 서로 친해지기 위한 좋은 기회입니다. 상대에게 정중하게 식사나 음료 등을 제의할 때 많이 쓰이는 표현으로는 「~でもいかがですか(~라도 하시겠습니까?)」가 있습니다. 방문했을 때 식사가 나오면 주인은 손님에게 식사할 것을 권합니다. 이때 손님은 「いただきます(잘 먹겠습니다)」라고 말하고 요리를 칭찬하는 것도 잊지 맙시다. 식사를 다 마쳤을 때는 「ごちそうさまでした(잘 먹었습니다)」라고 합니다.

Part
03

식사를 제의할 때

❖ 昼食、一緒にしませんか。

점심, 함께 안 할래요?

❖ 外で何か簡単に食べましょう。

밖에서 뭐라도 간단히 먹읍시다.

❖ いつか、一緒に食事でもしましょう。

언제 함께 식사라도 합시다.

❖ どこかに入って昼飯でも食べましょう。

어디에 들어가서 점심이라도 먹읍시다.

❖ この店で寿司でも食べましょう。

이 가게에서 초밥이라도 먹읍시다.

❖ 夕食は私がおごりましょう。

저녁은 내가 대접하겠습니다.

❖ 今夜は私のおごりです。

오늘 저녁은 제가 내겠습니다.

❖ もう昼食を済ませましたか。

벌써 점심을 마쳤어요?

식사를 할 때

❖ さあどうぞ、ご自由に食べてください。
자 어서, 마음껏 먹으세요.

❖ いただきます。
잘 먹겠습니다.

❖ 温かいうちに召し上がってください。
따뜻할 때 드십시오.

❖ ちょっと味見してみてよ。
맛 좀 봐요.

❖ たくさん取ってくださいね。
많이 집으세요.

❖ お嫌いでしたら、残してもいいんですよ。
싫어하시면 남겨도 됩니다.

❖ 肉をもう少しいかがですか。
고기를 좀더 드시겠습니까?

❖ いや結構です。十分いただきました。
아뇨, 됐습니다. 많이 먹었습니다.

식사를 마칠 때

❖ ごちそうさまでした
잘 먹었습니다.

❖ たっぷりいただきました。
많이 먹었습니다.

❖ おなかがいっぱいです。これ以上一口
も食べられません。
배가 부릅니다. 더 이상 한 입도 못 먹겠습니다.

❖何もかも実においしくいただきました。
모두 정말로 맛있게 먹었습니다.

❖お料理が上手ですね。
요리를 잘하시는군요.

❖作り方を教えていただけますか。
만드는 법을 가르쳐 주시겠어요?

❖すばらしい夕食でした。
멋진 저녁이었습니다.

❖本当においしかったです。
정말로 맛있었습니다.

❖デザートはいかが?
디저트는 어때요?

Part 03

레스토랑

함께 식사할 것을 권유할 때는 「一緒に食事でもいかがですか(함께 식사라도 합시다.)」라고 합니다. 이에 상대가 동의를 하면 식당을 정하고 예약이 가능한지 여부를 확인한 다음 식당으로 들어섭니다. 종업원의 안내에 따라 테이블이 정해지면 주문을 받게 됩니다. 메뉴를 보고 싶을 때는 종업원에게 メニューを見せてくれますか라고 하고, 주문할 요리가 정해지면 메뉴를 가리키며 「これをください(이걸 주세요.)」라고 하면 됩니다.

식당을 찾을 때

❖ 近くにあるいいレストランを教えてください。
근처에 있는 좋은 식당을 가르쳐 주세요.

> A : 近くにある、いいレストランを教えてください。
> (근처에 있는 좋은 식당을 가르쳐 주세요)
> B : ええ、たくさんありますよ。
> (예, 많이 있어요)

❖ この町に韓国レストランはありますか。
이 도시에 한국 식당은 있습니까?

❖ 地元の人に人気がある店ですか。
이 지역 사람에게 인기 있는 가게입니까?

> A : あのレストランには行ってみるべきですよ。
> (저 레스토랑에 가보세요)
> B : 地元の人に人気がある店ですか。
> (이 지역 사람에게 인기 있는 가게입니까?)

❖ 手頃な値段でおいしい店はありますか。
적당한 가격에 맛있는 가게는 있습니까?

❖ 軽い食事をしたいのです。
가볍게 식사를 하고 싶은데요

❖ この時間に開いている店はありますか。
이 시간에 문을 연 가게는 있습니까?

❖ レストランが多いのはどの辺りですか。
식당이 많은 곳은 어디입니까?

❖ 地元の人がよく行くレストランはありますか。
이곳 사람들이 자주 가는 식당이 있습니까?

식당을 예약할 때

❖ そのレストランに予約してください。
그 레스토랑을 예약해 주세요.

❖ ここで予約できますか。
여기서 예약할 수 있나요?

❖ 今晩、席を予約したいのですが。
오늘밤 예약하고 싶은데요.

❖ お客様は何人ですか。
손님은 몇 분이십니까?

❖ 7時にお願いします。
7시로 부탁합니다.

> A : 何時でしょうか。
>   (몇 시로 할까요?)
> B : 7時にお願いします。
>   (7시로 부탁합니다.)

❖午後6時半に5人で行きます。

오후 6시 반에 5명이 갑니다.

❖4人です。

네 사람입니다.

> A：何人様ですか。
> (몇 분이십니까?)
> B：4人です。
> (네 명입니다.)

❖全員いっしょの席でお願いします。

전원 같은 자리로 해주세요.

❖そちらへはどうやって行くのですか。

거기는 어떻게 갑니까?

❖何時なら席をとれますか。

몇 시라면 자리가 납니까?

❖すみません、予約を取り消したいのです。

미안합니다. 예약을 취소하고 싶습니다.

❖何時なら空いているんですか。

몇 시면 자리가 빌까요?

> A：すみません、7時は満席なんです。
> (죄송합니다만, 7시는 만석입니다.)
> B：何時なら空いているんですか。
> (몇 시면 자리가 빌까요?)

❖窓際のテーブルにしてもらえますか。

창가 테이블로 할 수 있습니까?

316

식당 입구에서

❖ こんばんは。ご予約はいただいていますか。

안녕하세요. 예약은 하셨습니까?

❖ 予約はしておりません。

예약을 하지 않았습니다.

❖ 何名様ですか。

몇 분이십니까?

❖ ご案内するまでお待ちください。

안내해드릴 때까지 기다려 주십시오.

❖ どれぐらい待ちますか。

얼마나 기다려야 하나요?

A : どれぐらい待ちますか。
　（얼마나 기다려야 하나요?）

B : 15分か20分だと思いますが。
　（15분에서 20분 될 것 같습니다만）

❖ 静かな奥の席にお願いします。

조용한 안쪽 자리로 부탁합니다.

메뉴에 대해서

❖ メニューを見せてください。

메뉴 좀 보여 주세요.

❖ メニューについて教えてください。

메뉴에 대해서 가르쳐 주세요.

❖ この地方の名物料理はありますか。

이 지방의 명물요리는 있습니까?

＊何がおすすめですか。
무엇을 권하시겠습니까?

＊またあとで来てもらえますか。
나중에 다시 오실래요?

음식을 주문할 때

＊ご注文をおうかがいできますか。
주문하시겠습니까?

＊もうちょっと待ってください。
잠깐 기다려 주세요.

＊注文をしたいのですが。
주문받으세요.

＊ここの自慢料理は何ですか。
여기서 잘하는 요리는 무엇입니까?

＊今日は何がお薦めですか。
오늘은 무엇이 추천 요리입니까?

> A：今日は何がお薦めですか。
> （오늘은 무엇이 추천 요리입니까?）
> B：とても新鮮な魚介類が入っていますよ。
> （매우 신선한 어패류가 들어 있습니다.）

＊それをもらいます。
그걸로 주세요.

> A：今日の特別料理は、子牛のローストです。
> （오늘의 특별요리는 송아지 로스트입니다.）
> B：それをもらいます。
> （그걸로 주세요.）

318

❖ これとこれをお願いします。

　이것과 이것을 주세요.

❖ 私にも同じ物をお願いします。

　저도 같은 것으로 주세요.

❖ あれと同じ料理をください。

　저것과 같은 요리를 주세요.

❖ すぐできますか。

　금방 됩니까?

❖ これはどういう料理ですか。

　이것은 무슨 요리입니까?

❖ 食材は何ですか。

　요리 재료는 뭡니까?

❖ ほかにご注文はございますか。

　다른 주문은 없으십니까?

❖ デザートはいかがなさいますか。

　디저트는 어떻게 하시겠습니까?

❖ 食べ方を教えてください。

　먹는 법을 가르쳐 주시겠어요?

❖ これはどうやって食べたらいいですか。

　이건 어떻게 먹으면 됩니까?

❖ このお肉は何ですか。

　이 고기는 무엇입니까?

❖ まだ決まっていません。

　아직 결정을 못했습니다.

319

❖ もう少し時間がかかります。

좀 더 시간이 필요합니다.

> A : お決まりですか。
> (결정하셨습니까?)
> B : もう少し時間がかかります。
> (좀더 시간이 필요합니다.)

❖ 注文をお願いします。

주문 받아주세요.

주문을 바꾸거나 취소할 때

❖ これは注文していませんが。

이건 주문하지 않았는데요.

❖ 注文を確かめてください。

주문을 확인해 주세요.

❖ 注文をキャンセルしたいのですが。

주문을 취소하고 싶은데요.

❖ 注文を変えてもいいですか。

주문을 바꿔도 되겠습니까?

주문에 문제가 있을 때

❖ 注文したものがまだ来ていません。

주문한 게 아직 안 나왔습니다.

❖ どのくらい待ちますか。

어느 정도 기다려야 합니까?

❖ まだだいぶ時間がかかりますか。

아직 시간이 많이 걸립니까?

◆ 料理はまだですか。
요리는 아직 안 됐습니까?

> A : 料理はまだですか。
>   (요리는 아직 안됐습니까?)
>
> B : まもなくお持ちします。
>   (곧 가져오겠습니다.)

Part
03

◆ 少し急いでくれませんか。
조금 서둘러 주겠어요?

◆ これは注文したのと違います。
이건 주문한 것과 다릅니다.

음식을 먹으면서

◆ 皆で分けて食べたいのですが。
모두 나눠서 먹고 싶은데요.

◆ 水を一杯ください。
물 한 잔 주세요.

◆ 塩をいただけますか。
소금을 주시겠어요?

◆ グラスが汚れています。
글라스가 더럽습니다.

◆ 新しいのと取り替えてください。
새 것으로 바꿔 주세요.

◆ これ、おかわりお願いします。
이거 하나 더 주세요.

321

❖ すみません、ナイフを落としてしまいました。

죄송하지만 나이프를 떨어뜨렸습니다.

> A : すみません、ナイフを落としてしまいました。
> (죄송하지만, 나이프를 떨어뜨렸습니다.)
>
> B : すぐに新しいものをお持ちします。
> (금방 새 것을 가져다 드리겠습니다.)

음식에 문제가 있을 때

❖ スープに何か入っています。

수프에 뭔가 들어있습니다.

❖ ちょっと火が通っていないようですが。

덜 익은 것 같네요.

❖ この料理を温めてください。

이 요리를 데워 주세요.

❖ ちょっと多すぎて食べられません。

너무 많아서 먹을 수 없습니다.

식사를 마칠 때

❖ お皿を下げてください。

접시를 치워 주세요.

> A : お済みですか。
> (다 드셨습니까?)
>
> B : ええ、お皿を下げてください。
> (예, 접시를 치워 주세요.)

❖ デザートをください。

디저트를 주세요.

❖ デザートは何がありますか。

디저트는 뭐가 있나요?

A : デザートは何がありますか。
(디저트는 무엇이 있습니까?)

B : 用意しているものをお見せします。
(준비되어 있는 것을 보여 드리겠습니다.)

❖ これを下げてください。

이걸 치워주세요.

❖ これはおいしいです。

이거 맛있습니다.

❖ タバコを吸ってもいいですか。

담배를 피워도 되겠습니까?

지불방법을 말할 때

❖ どこで払うのですか。

어디서 지불하나요?

❖ 別々に支払いをしたいのですが。

따로따로 지불하고 싶은데요.

❖ 私がまとめて払います。

제가 모두 내겠습니다.

❖ 私の分はいくらですか。

제 몫은 얼마인가요?

❖ チップは含まれていますか。

팁은 포함되어 있습니까?

323

❖ 私のおごりです。

제가 내겠습니다.

❖ クレジットカードで支払えますか。

신용카드도 받나요?

❖ 現金で払います。

현금으로 낼게요.

음식값을 계산할 때

❖ お勘定お願いします。

계산해 주세요.

❖ 全部でおいくらですか。

전부해서 얼마입니까?

❖ この料金は何ですか。

이 요금은 무엇입니까?

❖ 計算書は分けていただけますか。

계산서를 나눠 주시겠어요?

❖ 計算が違っているようです。

계산이 틀린 것 같습니다.

❖ サービス料は入っていますか。

봉사료는 포함되어 있습니까?

❖ 領収書をください。

영수증을 주세요.

❖ おつりが違っているようですが。

거스름돈이 틀린 것 같은데요.

패스트푸드점에서

❖ チーズバーガーとコーラをください。
치즈버거와 콜라를 주세요.

❖ こちらでお名し上がりですか、お持ち帰りですか。
여기서 드시겠습니까, 가지고 가시겠습니까?

❖ ここで食べます。
여기서 먹겠습니다.

❖ 持ち帰ります。
가지고 가겠습니다.

❖ チキンナゲットを一つください。
치킨 너깃을 하나 주세요.

❖ ご一緒にポテトはいかがですか。
포테이토도 함께 하시겠습니까?

❖ お得なセットもございますが、いかがですか。
특별 세트도 있는데, 어떻습니까?

❖ サンドイッチとコーヒーのMサイズをください。
샌드위치와 커피 미디엄을 주세요.

❖ ミルクとお砂糖はお使いですか。
우유와 설탕은 넣으십니까?

❖ このクーポン券使えますか。
이 쿠폰 쓸 수 있나요?

단체여행인 경우는 현지 가이드의 안내에 따라 관광을 하면 되지만, 개인여행인 경우는 현지의 観光案内所(かんこうあんないじょ)를 잘 활용하는 것도 즐거운 여행이 되는 하나의 방법입니다. 관광안내소는 대부분이 시내의 중심부에 있으며 볼거리 소개부터 버스 예약까지 여러 가지 서비스를 하고 있습니다. 무료 시내지도, 지하철, 버스 노선도 등이 구비되어 있는 경우가 많으므로 정보수집에 매우 편리합니다.

관광안내소에서

◆ 観光案内所はどこですか。
관광안내소는 어디입니까?

◆ 無料の市内地図はありますか。
무료 시내지도는 있습니까?

> A : 無料の市内地図はありますか。
> (무료 시내지도는 있습니까?)
>
> B : ええ、韓国語の地図もありますよ。
> (예, 한국어 지도도 있어요)

❖ 市内の観光パンフレットはありますか。
시내 관광 팸플릿은 있습니까?

❖ この街の見どころを教えてください。
이 도시에서 볼 만한 곳을 알려 주세요.

> A : この街の見どころを教えてください。
> (이 도시에서 볼 만한 곳을 알려 주세요.)
>
> B : ええ、どんなものに興味があるのですか。
> (예, 어떤 것에 흥미가 있습니까?)

❖ きれいな景色が見たいです。
아름다운 경치가 보고 싶습니다.

❖ 史跡を訪ねたいです。
사적을 방문하고 싶습니다.

❖ ここからどれぐらい遠いですか。
여기서 얼마나 멉니까?

❖ ここから歩いていける距離ですか。
여기서 걸어갈 수 있는 거리입니까?

> A : ここから歩いていける距離ですか。
> (여기서 걸어갈 수 있는 거리입니까?)
>
> B : タクシーを使った方がいいですよ。
> (택시를 타는 편이 좋겠습니다.)

❖ 往復でどれぐらい時間がかかりますか。
왕복하는데 시간이 얼마나 걸립니까?

❖ そこへ行くバスはありますか。
그곳에 가는 버스는 있습니까?

관광투어를 이용할 때

❖ 観光ツアーに参加したいのですが。
관광투어에 참가하고 싶은데요.

❖ ここで観光ツアーの予約はできますか。
여기서 관광투어 예약은 할 수 있습니까?

> A : ここで観光ツアーの予約はできますか。
> (여기서 관광투어 예약은 할 수 있습니까?)
>
> B : はい。どのツアーに参加されますか。
> (네. 어떤 투어에 참가하시겠습니까?)

❖ どんなツアーがあるのですか。

어떤 투어가 있습니까?

❖ コースのパンフレットを見せてください。

코스 팸플릿을 보여 주세요.

❖ 半日のコースがいいのですが。

한나절 코스가 좋은데요.

❖ 夜のコースはありますか。

밤 코스는 있습니까?

❖ このツアーではどこをまわるのですか。

이 투어는 어디를 돕니까?

> A：このツアーではどこをまわるのですか。
> 　　(이 투어는 어디를 돕니까?)
> B：市内の主な観光地のほとんどへ行きます。
> 　　(시내의 주요 관광지 대부분을 갑니다.)

❖ 時間はどれぐらいかかりますか。

시간은 어느 정도 걸립니까?

❖ 何時に出発するのですか。

몇 시에 출발합니까?

❖ 昼食はついていますか。

점심식사는 포함됩니까?

❖ バスはどこから出るのですか。

버스는 어디에서 출발합니까?

❖ 韓国語のガイドはつきますか。

한국어 가이드는 옵니까?

❖ 何時^{なんじ}までにバスに戻^{もど}ればいいのですか。

몇 시까지 버스로 돌아오면 됩니까?

관광지에서

❖ あれは何^{なん}ですか。

저것은 무엇입니까?

❖ あれは何^{なん}という川^{かわ}ですか。

저것은 무슨 강입니까?

❖ ここでどのくらい泊^とまりますか。

여기서 얼마나 묵습니까?

❖ 何時^{なんじ}にバスに戻^{もど}ってくればいいですか。

몇 시에 버스로 돌아오면 됩니까?

❖ 展望台^{てんぼうだい}へはどうやって上^あがるのですか。

전망대는 어떻게 오릅니까?

❖ 展望台^{てんぼうだい}へのぼるのは有料^{ゆうりょう}ですか。

전망대에 오르는 것은 유료입니까?

> A : 展望台^{てんぼうだい}へのぼるのは有料^{ゆうりょう}ですか。
> （전망대에 오르는 것은 유료입니까?）
> B : はい、窓口^{まどぐち}で切符^{きっぷ}を買^かってください。
> （네, 창구에서 표를 사세요）

❖ あの建物^{たてもの}は何^{なん}ですか。

저 건물은 무엇입니까?

❖ 誰^{だれ}が住^すんでいたのですか。

누가 살았습니까?

Part
03

329

❖ いつごろ建（た）てられたのですか。

언제쯤 세워졌습니까?

❖ パレードはいつありますか。

퍼레이드는 언제 있습니까?

❖ 何時（なんじ）に戻（もど）りますか。

몇 시에 돌아와요?

관람할 때

❖ 入場（にゅうじょう）は有料（ゆうりょう）ですか。

입장은 유료입니까?

❖ 入場料（にゅうじょうりょう）はいくらですか。

입장료는 얼마입니까?

❖ 団体割引（だんたいわりびき）はありますか。

단체할인은 있습니까?

❖ この割引券（わりびきけん）は使（つか）えますか。

이 할인권은 사용할 수 있습니까?

> A : この割引券（わりびきけん）は使（つか）えますか。
> （이 할인권은 사용할 수 있습니까?）
> B : はい、百円割引（ひゃくえんわりびき）になります。
> （네, 100엔 할인됩니다.）

❖ 荷物（にもつ）はどこに預（あず）けるのですか。

짐은 어디에 맡깁니까?

> A : そのカバンは持（も）ち込（こ）めません。
> （그 가방은 들고 들어갈 수 없습니다.）
> B : 荷物（にもつ）はどこに預（あず）けるのですか。
> （짐은 어디에 맡깁니까?）

❖ このチケットですべての展示が見られますか。

이 티켓으로 모든 전시를 볼 수 있습니까?

❖ 無料のパンフレットはありますか。

무료 팸플릿은 있습니까?

❖ 大人2枚と子供1枚ください。

어른 두 장과 어린이 한 장 주세요.

❖ 再入館できますか。

재입장할 수 있습니까?

❖ 荷物を預かってください。

짐을 맡아 주세요.

❖ 今日の切符はまだありますか。

오늘 표는 아직 있습니까?

**사진촬영을
허락받을 때**

❖ ここで写真を撮ってもいいですか。

여기서 사진을 찍어도 됩니까?

❖ ここでフラッシュをたいてもいいですか。

여기서 플래시를 터뜨려도 됩니까?

❖ ビデオ撮影してもいいですか。

비디오 촬영을 해도 됩니까?

❖ あなたの写真を撮ってもいいですか。

당신 사진을 찍어도 되겠습니까?

❖ 一緒に写真を撮ってもらえませんか。

함께 사진을 찍으시겠습니까?

331

사진촬영을 부탁할 때

❖ 私の写真を撮ってもらえませんか。

사진 좀 찍어 주시겠어요?

❖ シャッターを押すだけです。

셔터를 누르면 됩니다.

❖ ここから私たちを写してください。

여기서 우리들을 찍어 주십시오.

❖ もう一枚 お願いします。

한 장 더 부탁합니다.

❖ あとで写真を送ります。

나중에 사진을 보내드리겠습니다.

사진을 찍을 때

❖ 皆さん、写しますよ。

여러분, 찍습니다.

❖ ピンボケだ。

핀트가 안 맞았어.

❖ この写真はよく撮れているね。

이 사진은 잘 찍혔네.

❖ あ、しまった、手ブレした。

아, 이뿔싸, 손이 흔들렸어.

❖ シャッターチャンスを逃した。

셔터 찬스를 놓쳤어.

❖ この写真を引き伸ばそう。

이 사진을 확대하자.

기념품점·
필름기계에서

❖ 絵ハガキはありますか。

그림엽서는 있습니까?

❖ おみやげで人気があるのは何ですか。

기념품으로 인기 있는 것은 무엇입니까?

❖ 何か食べられるところはありますか。

뭔가 먹을 만한 곳은 있습니까?

❖ この博物館のオリジナル商品ですか。

이 박물관의 오리지널 상품입니까?

❖ これと同じカラーフィルムは売っていますか。

이거하고 같은 컬러필름을 팝니까?

❖ 電池はどこで買えますか。

건전지는 어디서 살 수 있나요?

❖ どこで現像できますか。

어디서 현상할 수 있습니까?

❖ いつできますか。

언제 됩니까?

> A : いつできますか。
>   (언제 됩니까?)
> B : 明日の10時にはできます。
>   (내일 10시까지 됩니다.)

익숙하지 않은 일본어를 듣고 있으면, 상대가 하는 말을 알아듣지 못하는 경우가 많습니다. 그 자리의 분위기나 상대에게 신경을 쓴 나머지 자신도 모르게 승낙을 하는 경우가 있으므로 결코 알았다는 행동을 취하지 말고 적극적으로 물어봅시다. 또한 순식간에 난처한 상황이나 위급한 상황이 발생했을 때는 입이 얼어 아무 말도 나오지 않는 법입니다. 만약을 대비해서 상대를 제지할 수 있는 최소한의 표현은 반드시 기억해둡시다.

난처할 때	❖ トイレはどこですか。 회장실은 어디에 있습니까?
	❖ 今、大変困ってるんです。 지금 무척 난처합니다.
	❖ どうしたらいいでしょうか。 어떻게 하면 좋을까요?
	❖ 何かいい方法はないですか。 무슨 좋은 방법은 없습니까?
	❖ 何とかしてください。 어떻게 해주세요.
말이 통하지 않을 때	❖ 日本語は話せません。 일본어는 하지 못합니다.
	❖ 私の日本語では足りないんです。 제 일본어로는 부족합니다.
	❖ もう一度言ってください。 다시 한번 말해 주세요.

❖ 何とおっしゃいましたか。

뭐라고 말씀하셨습니까?

❖ ゆっくりと言っていただけますか。

천천히 말씀해 주시겠습니까?

❖ 私の日本語では不十分です。

내 일본어로는 충분하지 못합니다.

> A: 日本語は話せますか。
> (일본어는 할 줄 압니까?)
> B: 少し話せますが、私の日本語では不十分
> です。
> (조금 할 줄 알지만, 제 일본어로는 충분하지 못합니다.)

❖ 韓国語を話す方はいませんか。

한국어를 하는 분은 없습니까?

❖ これは日本語で何と言うのですか。

이것은 일본어로 뭐라고 합니까?

❖ ごめんなさい。日本語はあまりできないん
です。

미안합니다. 일본어는 잘 못합니다.

❖ 話し方が速すぎてわかりません。

말하는 게 너무 빨라서 모르겠습니다.

> A: 私の言っていることがわかりますか。
> (내가 말하고 있는 것을 알겠습니까?)
> B: 話し方が速すぎてわかりません。
> (말하는 게 너무 빨라서 모르겠습니다.)

❖ 危ない!
위험해!

❖ 動くな!
움직이지 마!

❖ 止まれ!
멈춰!

❖ 騒ぐな!
떠들지 마!

❖ 落ち着け!
침착해!

❖ あぶない。伏せろ!
위험해. 엎드려!

❖ あっちへ行け!
저리 가!

❖ 近づかないで!
다가오지 말아요!

❖ 警察を呼ぶぞ!
경찰을 부르겠다!

❖ 非常口はどこ?
비상구는 어디야?

A : 非常口はどこ?
　　(비상구는 어디야?)
B : 廊下の突き当たりです。
　　(복도 끝입니다.)

336

도움을 요청할 때

❖ 緊急です。

긴급합니다.

❖ 医者を呼んでください。

의사를 불러 주세요.

❖ 助けて!

살려줘요!(도와줘요!)

❖ 誰か来て!

누가 와 줘요!

❖ やめてください!

그만두세요!

❖ 何とかしてください。

어떻게 좀 해주세요.

A: 何とかしてください。
  (어떻게 좀 해주세요)

B: やってみましょう。
  (해 보겠습니다.)

❖ 何が起こったんですか。

무슨 일이 일어났습니까?

❖ 救急車を呼びましょうか。

구급차를 부를까요?

❖ 急いでください。

서둘러 주세요.

❖ 心配要りません。大丈夫です。

걱정할 필요가 없습니다. 괜찮습니다.

❖ 警察を呼んでください。

경찰을 불러 주세요.

❖ バッグを忘れました。

가방을 잃어버렸습니다.

❖ どうしたの?

무슨 일이야?

> A : どうしたの?
> (무슨 일이야?)
>
> B : 財布が見つからないんだ。
> (지갑이 안 보여.)

❖ 誰に知らせたらいいですか。

누구에게 알리면 됩니까?

❖ 紛失物係はどこですか。

분실물 담당은 어디입니까?

❖ 110番しようか。

119에 신고할까?

❖ 何が入っていましたか。

무엇이 들어 있었습니까?

❖ いくら入っていましたか。

얼마 들어 있었습니까?

❖ 見つかったら連絡します。

찾으면 연락하겠습니다.

❖ 書類が入った封筒です。

서류가 들어 있는 봉투입니다.

338

A：何を忘れたのですか。
（무엇을 잃어버렸습니까?）

B：書類が入った封筒です。
（서류가 들어 있는 봉투입니다.）

Part
03

❖ この書類に記入してください。

이 서류에 기입해 주세요.

❖ 韓国大使館はどこですか。

한국대사관은 어디입니까?

❖ 韓国語を話せる係員を呼んでください。

한국어를 할 줄 아는 담당자를 불러 주세요.

❖ カードを無効にしてください。

카드를 정지시켜주세요.

❖ 不正使用された場合はどうなりますか。

부정 사용된 경우에는 어떻게 되나요?

A：不正使用された場合はどうなりますか。
（부정 사용된 경우에는 어떻게 되나요?）

B：その分は補償されます。
（그 부분은 보상 받습니다.）

❖ 見つかりましたか。

찾으셨습니까?

A：見つかりましたか。
（찾으셨습니까?）

B：今のところ、白い上着という報告はありま
せんね。
（아직까지 흰 외투라는 보고는 없습니다.）

339

강도를 만났을 때

❖ 強盗ッ!

강도야!

❖ お金を奪われました。

돈을 빼앗겼습니다.

❖ 言ったとおりにしろ!

말한 대로 해!

❖ お金は持っていません!

돈은 안 갖고 있어요!

도둑을 맞았을 때

❖ 泥棒ッ!

도둑이야!

❖ 返してくれ!

돌려 줘!

❖ あいつが私のバッグを取ったんです!

저 놈이 내 가방을 훔쳤어요!

❖ 交番まで連れて行ってください。

파출소까지 데려가 주세요.

❖ 私のバッグが見つからないんですが。

제 가방이 보이지 않은데요.

❖ 電車の中で財布をすられました。

전철 안에서 지갑을 소매치기 당했습니다.

❖ カメラを盗まれました。

카메라를 도둑맞았습니다.

◆ 泥棒が入ったようなんです。

도둑이 든 것 같습니다.

◆ 貯金通帳と現金が盗まれてるよ。

저금통장과 현금을 도둑맞았어.

◆ 警察にすぐ連絡した。

경찰에 곧바로 연락했어.

◆ だれかそいつを捕まえてください。

누가 그놈을 잡아 주세요.

◆ 泥棒はどこから侵入したの?

도둑은 어디로 침입했니?

◆ 泥棒は捕まった?

도둑은 잡혔니?

◆ まだ捕まっていないんだ。

아직 잡히지 않았어.

◆ 近所で怪しい人物を見かけませんでし
た か。

근처에서 수상한 사람을 보지 못했습니까?

◆ 警察に被害届を出した。

경찰에 피해신고를 했어.

◆ 夜道でカバンを引ったくられた。

밤길에 가방을 날치기 당했어.

◆ 盗難届けを出したいんですが。

도난신고를 내고 싶은데요.

❖ けが人がいるので、救急車を呼んでください。

다친 사람이 있으니까 구급차를 불러 주세요.

❖ ここはよく事故の起こるカーブだ。

여기는 사고가 많이 일어나는 커브야.

❖ 玉突き衝突だ。

연쇄충돌이야.

❖ 正面衝突だ。

정면충돌이야.

❖ 夜、ひき逃げ事故があった。

밤에 뺑소니사고가 있었어.

❖ その交通事故は示談になった。

그 교통사고는 합의가 되었어.

❖ 運転免許証を見せてください。

운전면허증을 보여 주세요.

❖ 一方通行の道を逆走してしまった。

일방통행 길을 역주행해 버렸어.

❖ 助けて! 事故よ!

도와줘요! 사고예요!

❖ ひき逃げ事故よ。早くナンバーをひかえて!

뺑소니 사고예요. 빨리 번호를 적어요!

❖ 警察の人を呼んでください。

경찰을 불러 주세요.

❖ 状況を説明してください。

상황을 설명해 주세요.

❖ この方が事故の目撃者です。

이 분이 사고 목격자입니다.

Part
03

❖ 私の方には過失はありません。

저는 과실이 없습니다.

❖ この子供がいきなり道に飛び出したんです。

이 아이가 갑자기 길로 뛰어들었습니다.

❖ あの人が信号を無視したんです。

저 사람이 신호를 무시했습니다.

❖ 相手の車が車線を越えてぶつかってき
ました。

상대의 차가 차선을 넘어서 부딪쳤습니다.

❖ 私のせいです。

제 탓입니다.

❖ 偶発的な出来事なんです。

우발적인 사건입니다.

❖ ごめんなさい。悪気でしたんじゃないんです。

미안해요. 악의로 한 게 아닙니다.

❖ 私の落ち度ではないですよ。

제 과실이 아니에요.

Part
04

Business Conversation
비즈니스 회화

직업 분류에는 크게 「会社員(かいしゃいん)」과 「自営業(じえいぎょう)」으로 나눌 수 있습니다. 일본에서는 공무원을 「役人(やくにん)」이라고도 하며, 회사원을 「サラリーマン」이라고 합니다. 참고로 일본어에서는 자신이 속해 있는 사람을 외부 사람에게 말할 경우 우리와는 달리 자신의 상사라도 높여서 말하지 않습니다. 단, 직장 내에서 호출을 할 때 상사인 경우에는 **さん**을 붙여 말합니다.

| 스케줄을 확인할 때 |

❖ 今日のスケジュールはどうなっているかな?
　오늘 일정은 어떻게 되어 있나?

❖ 11時にX社の岡村さんを訪問することになっています。
　11시에 X사의 오카무라 씨를 방문하기로 되어 있습니다.

❖ 新しい秘書の候補者の面接があります。
　신입 비서 후보자와 면접이 있습니다.

❖ 木村さんと昼食の約束があります。
　기무라 씨와 점심 약속이 있습니다.

❖ 午後はずっと外出します。
　오후에는 내내 외출할 겁니다.

> A : 午後はずっと外出します。
> 　　(오후에는 내내 외출할 겁니다.)
> B : それなら、いまのうちに打ち合わせをしよう。
> 　　(그렇다면, 지금 협의를 합시다.)

❖ 君は今日、A社との会議に出るの?
　자네는 오늘 A사와의 회의에 나가나?

❖ 僕の代わりに花子が出席するよ。

나 대신에 하나코가 출석할 거야.

❖ あなたの来週の予定はどうなっていますか。

당신 다음 주 스케줄은 어떻게 됩니까?

❖ 来週は、かなり予定が詰まっています。

다음 주에는 스케줄이 상당히 빡빡합니다.

❖ 来週は比較的余裕があります。

다음 주에는 비교적 여유가 있습니다.

❖ 来月、香港に出張します。

다음 달 홍콩으로 출장 갑니다.

❖ 香港のクライアントをまわるんです。

홍콩에 있는 의뢰인을 둘러봅니다.

A : 出張の目的は何ですか。
　　(출장 목적은 무엇입니까?)

B : 香港のクライアントをまわるんです。
　　(홍콩에 있는 의뢰인을 둘러봅니다.)

❖ まだ予定がはっきりしていません。

아직 일정이 정해지지 않았습니다.

일의 진행상황을
확인할 때

❖ 状況はどう？

상황은 어때?

A : 状況はどう？
　　(상황은 어때?)

B : 全般的に順調です。
　　(전반적으로 순조롭습니다.)

❖ いまのところ順調です。

지금까지는 순조롭습니다.

A : 新製品の売上げはどう?
(신제품 판매는 어떤가?)

B : いまのところ順調です。
(지금까지는 순조롭습니다.)

❖ 予想より順調に進んでいます。

예상보다 순조롭게 진행되고 있습니다.

❖ 新しい企画にはいつからとりかかれますか。

새 프로젝트는 언제부터 시작할 수 있습니까?

A : 新しい企画にはいつからとりかかれますか。
(새 프로젝트는 언제부터 시작할 수 있습니까?)

B : A社と契約を結んだら、すぐに始めます。
(A사와 계약을 맺으면 바로 시작하겠습니다.)

❖ 新しいプロジェクトはどうなっているの?

새로운 프로젝트는 어떻게 되고 있나?

A : 新しいプロジェクトはどうなっているの?
(새로운 프로젝트는 어떻게 되고 있나?)

B : そのための専門チームをつくりました。
(그 때문에 전문 팀을 만들었습니다.)

❖ 何か展開はありましたか。

무슨 진전이 있습니까?

A : 何か展開はありましたか。
(무슨 진전이 있습니까?)

B : いいえ、何も変わっていません。
(아니오, 아무 변화도 없습니다.)

❖ その契約は今、保留になっています。

　그 계약은 지금 보류되어 있습니다.

❖ 部長の決定を待っています。

　부장님의 결정을 기다리고 있습니다.

❖ 大阪市まで、あと2時間しかないよ。

　오사카 시까지 앞으로 2시간밖에 없어.

❖ 準備完了です。

　준비완료입니다.

❖ すべての準備を整えなければ。

　모든 준비를 해야 합니다.

> A：すべての準備を整えなければ。
> 　（모든 준비를 해야 합니다.）
>
> B：全力でやっていますよ。
> 　（전력을 다하고 있습니다.）

❖ その仕事はいつ終わりますか。

　그 일은 언제 끝납니까?

> A：その仕事はいつ終わりますか。
> 　（그 일은 언제 끝납니까?）
>
> B：昼休みまでにはできると思います。
> 　（점심시간까지는 가능할 것 같습니다.）

❖ 市場分析の締め切りはいつですか。

　시장분석 마감일은 언제입니까?

❖ いまのところ、予定より早く進んでいます。

　아직까지 예정보다 빨리 진행하고 있습니다.

❖ もう少しで終わります。

거의 끝났습니다.

❖ 期限には間に合いそうにありません。

기한에 맞출 수 없을 것 같습니다.

도움을 청할 때

❖ この仕事、手伝ってくれない？

이 일, 거들어줄래?

❖ スケジュールがとてもきついのよ。

스케줄이 너무 빡빡해.

❖ ひとりでは無理だわ。

혼자서는 무리야.

❖ 僕の手に余るよ。

나에게 힘겨워.

> A：仕事をたくさんかかえているのね。
> (일을 많이 하고 있구나.)
> B：そうなんだ。僕の手に余るよ。
> (그래. 나에게 힘겨워.)

❖ この部分をやってくれるとありがたいのですが。

이 부분을 해주면 고맙겠습니다만.

❖ この調査を手伝ってくれる時間はありますか。

이 조사를 도와줄 시간은 있습니까?

❖ プレゼンテーションの資料づくりに手が必要なんだ。

발표할 자료 만드는데 도움이 필요해.

❖ セミナーの準備を手伝ってくれる人はいる?

세미나 준비를 도와줄 사람은 있니?

❖ 君の専門知識が必要なんだ。

네 전문지식이 필요해.

❖ マーケティング部に応援を頼もう。

마케팅 부서에 도움을 부탁하자.

> A : 市場データが必要です。
> (시장 데이터가 필요합니다.)
>
> B : マーケティング部に応援を頼もう。
> (마케팅 부서에 도움을 부탁하자.)

❖ あなたが手伝ってくれなければ締め切りに間に合わないのです。

당신이 도와주지 않으면 마감까지 끝낼 수 없습니다.

❖ 人手不足ですよね。

일손이 부족해.

❖ その仕事をお手伝いします。

그 일을 도와드리겠습니다.

❖ 今、手が空いているんです。

지금 한가합니다.

> A : 手伝ってくれる時間はある?
> (도와줄 시간은 있니?)
>
> B : ええ、今、手が空いているんです。
> (예, 지금 한가합니다.)

❖ 今日は残業できるんです。

오늘은 잔업할 수 있습니다.

❖ 二人でやれば、今日中に終わりますよ。

둘이서 하면 오늘 중에 끝나요.

❖ 悪いけれど、今は手一杯なの。

미안하지만, 지금은 무척 바빠.

❖ 急な仕事で手が離せないんだ。

급한 일로 손을 놓을 수가 없어.

직장에서는 일의 부탁, 업무 진행상태의 확인, 서류작업 등 수많은 일들을 처리하게
됩니다. 업무를 시작할 때는 「さあ, 始めましょう(자, 시작합시다.)」, 업무를 부탁할
때는 「ちょっと手伝ってくださいませんか(좀 도와주시겠어요?)」, 일의 진행 상태를 확
인할 때는 「あの報告書はどうなっていますか(그 보고서 어떻게 돼 가고 있나요?)」, 결
재를 받을 때는 「ここにサインをお願いします(여기에 서명을 부탁합니다)」라고 합니다.

팩스와 복사

✦ ファックスで送ってください。
팩스로 보내 주세요.

✦ ファックスを送ります。
팩스를 보냅니다.

✦ ファックスが来てるよ。
팩스가 와 있어.

✦ どこからファックスが来たの?
어디서 팩스가 왔니?

✦ ファックス番号を教えてください。
팩스번호를 가르쳐 주세요.

✦ ファックス番号は電話番号と同じです。
팩스번호는 전화번호와 같습니다.

✦ ファックス、まだ来ないの?
팩스, 아직 안 왔니?

✦ ファックス、届いてますか。
팩스가 도착했습니까?

❖ ファックス、何枚送ったの?

팩스 몇 장 보냈니?

❖ 送信枚数は送信状を含めて5枚です。

보낸 매수는 송신장을 포함해서 5장입니다.

❖ 4枚しか届いていないよ。

4장밖에 안 들어왔어.

❖ 何枚目が届いてないのかしら。

몇 장 째가 안 들어왔는지 몰라.

❖ このファックスは未送信だよ。

이 팩스는 아직 보내지 않았어.

❖ じゃあ、もう一度送るよ。

그럼, 다시 한번 보낼게.

❖ ファックスを再送信したよ。

팩스를 다시 보냈어.

❖ 今度はちゃんと送れてるはずだよ。

이번에는 정확히 보내졌을 거야.

❖ ファックスを受け取ったら、連絡するよ。

팩스를 받으면 연락할게.

❖ ファックスを間違えて送ったのかしら。

팩스를 잘못 보냈나?

❖ ファックスが紙詰まりしている。

팩스 종이가 걸려 있어.

❖ ファックスでご連絡した件ですが、いかが
ですか。
팩스로 연락한 건인데 괜찮겠습니까?

❖ 地図をファックスで送るね。
지도를 팩스로 보낼게.

❖ もう少しでファックス用紙がなくなりそうね。
조금 있으면 팩스용지가 떨어질 것 같아.

Part
04

❖ 普通紙ファックスにしようかな。
일반용지 팩스로 살까?

❖ 勝手に縮小されちゃった。
멋대로 축소되어 버렸어.

❖ このファックスは文字が小さいね。
이 팩스는 글자가 작아.

사무용품

❖ 事務用品で何か必要なものはありませんか。
사무용품 중에 무언가 필요한 것은 없습니까?

❖ これが事務用品のカタログです。
이것이 사무용품 카탈로그입니다.

❖ 事務用品を無駄に使わないでね。
사무용품을 헛되이 쓰지 마.

❖ コピー用紙を注文した。
복사용지를 주문했어.

❖ コピー用紙のストックはここに置いてあります。
복사용지 재고는 여기에 두었습니다.

355

❖ コピー機のトナーがなくなったら、交換してください。

복사기의 토너가 떨어지면 교환해 주세요.

❖ セロハンテープがもうなくなっちゃった。

셀로판테이프가 벌써 떨어져 버렸네.

❖ 両面テープって便利だね。

양면테이프가 편리하구나.

❖ のりは液状とスティックのどっちがいいですか。

풀은 액상과 스틱 중에 어느 게 좋습니까?

❖ ポストイットが見当たらない。

포스트잇이 안 보여.

❖ 社用の封筒を増刷した。

회사용 봉투를 더 찍었어.

❖ 出勤伝票などの用紙はここに入っています。

출근전표 등의 용지는 여기 들어 있습니다.

❖ ナンバリングの機械はどこにあるの?

넘버링 기계는 어디에 있니?

❖ ホチキスを貸してください。

호치키스를 빌려 주세요.

❖ あれ、ホチキスの針が入っていないな。

아니, 호치키스 침이 안 들어 있어.

❖ ボールペンが書けなくなったら、芯だけを取り替えてください。

볼펜이 다 닳으면, 심만 교환하세요.

❖ 赤鉛筆はいりますか。
빨간 연필은 필요합니까?

❖ マーカーは全部で10色あります。
마커는 전부 10색이 있습니다.

❖ だれか定規を持っていませんか。
누구 자를 가지고 있나요?

❖ クリアホルダーをまとめて注文したよ。
클리어홀더를 한꺼번에 주문했어.

Part
04

❖ B4用紙が100枚入るホルダーはありますか。
B4용지가 100매 들어가는 홀더가 있습니까?

❖ 修正ペンを50個注文しました。
수정펜을 50개 주문했습니다.

❖ 名刺入れがいっぱいになった。
명함꽂이가 가득 찼어.

❖ 大きなクリップ持ってない?
큰 클립을 안 갖고 있니?

❖ 輪ゴム一箱、ここに置いておくね。
고무밴드 한 상자 여기 놓아둘게.

❖ はさみとカッターを両方ください。
가위와 커터 둘 다 주세요.

❖ この引き出しの中の仕切りがほしいのですが。
이 서랍 속의 칸막이가 필요한데요.

❖ このソフトウェアの使い方を教えてください。

이 소프트웨어 사용법을 알려 주세요.

> A : このソフトウェアの使い方を教えてください。
>   (이 소프트웨어 사용법을 알려 주세요.)
>
> B : いいわよ。難しくはないわ。
>   (좋아. 어렵지 않아.)

❖ このソフトウェア、少し複雑なのよ。

이 소프트웨어는 조금 복잡해.

❖ 慣れれば問題ないと思うわ。

익숙해지면 문제없을 거야.

❖ パスワードは持っている?

패스워드는 있니?

> A : パスワードは持っている?
>   (패스워드는 있니?)
>
> B : このソフトを使うのにパスワードが必要なの?
>   (이 프로그램을 사용하는 데 패스워드가 필요하니?)

❖ このデータベースを使ったことはありますか。

이 데이터베이스를 사용한 적은 있습니까?

❖ このデータベースの使い方がわからないの
ですが。

이 데이터베이스의 사용법을 모르는데요.

> A : どうしたの?
>   (무슨 일이니?)
>
> B : このデータベースの使い方がわからないの
>   ですが。
>   (이 데이터베이스의 사용법을 모르는데요.)

◆ 操作方法を忘れちゃった。
　조작방법을 잊어버렸어.

◆ 複雑すぎて覚えられないよ。
　너무 복잡해서 기억할 수 없어.

◆ このソフトには便利な機能がたくさんあ
　るんだよ。
　이 프로그램은 편리한 기능이 많이 있어.

◆ あれ、コンピューターがフリーズしちゃった。
　어머, 컴퓨터가 다운됐어.

◆ まったく動かないぞ。
　전혀 움직이지 않아.

◆ 再起動するしかないわよ。
　재부팅할 수밖에 없어.

◆ 再起動したら、データは全部なくなって
　しまうよ。
　재부팅하면 데이터는 전부 사라져 버려.

◆ このコンピューター、メモリーが足りないよ。
　이 컴퓨터, 메모리가 부족해.

◆ このコンピューター、ウィルスに感染して
　います。
　이 컴퓨터, 바이러스에 감염됐습니다.

A：このコンピューター、ウィルスに感染しています。
（이 컴퓨터, 바이러스에 감염됐습니다.）

B：しまった！またか。
（어떻게 해！ 또야?）

❖ セキュリティ対策を強化しなければ。
보안대책을 강화해야 해.

이메일

❖ メールアドレスを取得した。
이메일주소를 만들었어.

❖ 彼のメールアドレスは何だったっけ?
그의 이메일주소가 뭐였더라?

❖ メールアドレスを教えてください。
이메일주소를 가르쳐 주세요.

❖ メールアドレスが間違っているのかな。
이메일주소가 틀렸나?

❖ メール確認をしよう。
이메일을 확인하자.

❖ メールが来てるぞ。
이메일이 와 있어.

❖ だれからのメールかな。
누구에게서 온 이메일일까?

❖ 添付ファイルで送ってください。
첨부파일로 보내 주세요.

❖ 書類を圧縮して添付しました。
서류를 압축해서 첨부했습니다.

❖ 文字化けしているよ。

もじ ば

글자가 깨졌어.

❖ 怪しい添付ファイルはウイルスだよ。

あや てんぷ

수상한 첨부파일은 바이러스야.

❖ 迷惑メールが来て困っているんだ。

めいわく き こま

스팸메일이 와서 큰일이야.

❖ 未読メールがたまっちゃった。

みどく

아직 안 읽은 메일이 쌓여버렸어.

Part
04

❖ サーバがダウンして、メールの送受信がで

そうじゅしん

きませんでした。

서버가 다운되어 메일 송수신을 할 수 없었습니다.

❖ メールを転送します。

てんそう

이메일을 전송합니다.

❖ すみません、メールを再送信していただけ

さいそうしん

ますか。

미안합니다. 이메일을 다시 보내 주시겠습니까?

❖ メールアドレスが変更になりました。

へんこう

이메일주소가 바뀌었습니다.

❖ 旧アドレスは1ヵ月後に廃止となります。

きゅう げつご はいし

구 이메일주소는 1개월 후에 폐지됩니다.

❖ メールありがとう。

이메일 고마워.

❖ 返事が遅れてすみません。

へんじ おく

회답이 늦어 죄송합니다.

❖ なかなか返事が来ないな。

좀처럼 회답이 안 오네.

❖ 金曜日までにご返事をください。

금요일까지 회답을 주세요.

❖ 携帯のメールは便利だね。

휴대폰 메일은 편리하군.

❖ メーリングリストに登録したよ。

이메일 리스트에 등록했어.

인터넷

❖ 御社にはホームページがありますか。

회사 홈페이지가 있습니까?

❖ 詳しいことは、御社のホームページをご覧
ください。

자세한 것은 회사 홈페이지를 보세요.

❖ この情報は、インターネットで集めたんです。

이 정보는 인터넷에서 모았습니다.

❖ ホームページを更新したよ。

홈페이지를 업데이트했어.

❖ このサイトはおもしろいね。

이 사이트는 재미있구나.

❖ ここをクリックしてみよう。

여기를 클릭해 보자.

❖ リンクを張ってもいいですか。

링크를 걸어도 됩니까?

❖ 役に立つ情報が盛りだくさんだね。
도움이 되는 정보가 무척 많군.

❖ インターネットで調べてみるよ。
인터넷으로 찾아볼게.

❖ この言葉で検索してみようっと。
이 단어로 검사해 보려고 해.

❖ こんなにたくさん関連ページがあるの?
이렇게 많은 관련 페이지가 있니?

❖ 検索キーワードを絞ったほうがいいね。
검색어를 줄여보는 게 좋겠어.

❖ この検索エンジンはヒット率がいいよ。
이 검색엔진은 인기가 좋아.

❖ オンラインショッピングをしたよ。
온라인쇼핑을 했어.

❖ ウェブ書店をよく利用するよ。
인터넷 서점을 많이 이용해.

❖ このホームページはわかりやすいね。
이 홈페이지는 알기가 쉽구나.

❖ ここは会員制のサイトだね。
여기는 회원제인 사이트군.

❖ ここに書き込みをしようかな。
여기에 입력을 할까?

❖ 出会い系のサイトは相変わらず人気があ
るんだって。
만남 사이트는 여전히 인기가 있대.

363

직장생활에서 会議(회의)는 여러 사람들의 意見(의견)을 수렴하여 중요한 案件(안건)을 결정하거나, 필요한 정보를 전달하는 수단으로서 업무처리를 위한 기본적인 수단으로 활용됩니다. 자진해서 회의에 참석할 경우, 충분한 예비지식을 갖고 주제와 관련된 자료를 참조하면서 자기 나름의 의견을 정리하고, 의견을 말할 때는 분명하게 논리를 세워서 이야기해야 합니다.

회의

❖ 企画部との会議を設定してください。

기획부와의 회의를 설정해 주세요.

❖ 会議を始めましょう。

회의를 시작합시다.

❖ 今日の議題は、来期の営業戦略です。

오늘 의제는 차기 영업전략입니다.

❖ この会議の目的は宣伝活動について話し合うことです。

이 회의의 목적은 홍보활동에 대해 토론하는 것입니다.

❖ 率直なご意見をお聞かせください。

솔직한 의견을 들려주십시오.

❖ 売上げ実積の検討から始めましょう。

판매실적 검토부터 시작합시다.

❖ この件に関してどう思いますか。

이 건에 관해서 어떻게 생각합니까?

◆ <ruby>何<rt>なに</rt></ruby>かご<ruby>意見<rt>いけん</rt></ruby>はありますか。

무슨 의견은 없습니까?

◆ <ruby>提案<rt>ていあん</rt></ruby>したいことがあります。

제안할 게 있습니다.

◆ <ruby>思<rt>おも</rt></ruby>い<ruby>切<rt>き</rt></ruby>った<ruby>戦略<rt>せんりゃく</rt></ruby>の<ruby>転換<rt>てんかん</rt></ruby>が<ruby>必要<rt>ひつよう</rt></ruby>です。

과감한 전략 전환이 필요합니다.

◆ <ruby>計画<rt>けいかく</rt></ruby>の<ruby>実行方法<rt>じっこうほうほう</rt></ruby>について<ruby>検討<rt>けんとう</rt></ruby>しましょう。

계획 실행방법에 대해 검토해 봅시다.

Part
04

◆ <ruby>問題点<rt>もんだいてん</rt></ruby>を<ruby>挙<rt>あ</rt></ruby>げてみましょう。

문제점을 말씀드리겠습니다.

◆ <ruby>基本的<rt>きほんてき</rt></ruby>には<ruby>賛成<rt>さんせい</rt></ruby>です。

기본적으로는 찬성입니다.

A : <ruby>計画<rt>けいかく</rt></ruby>に<ruby>賛成<rt>さんせい</rt></ruby>ですか、<ruby>反対<rt>はんたい</rt></ruby>ですか。
(계획에 찬성입니까, 반대입니까?)
B : <ruby>基本的<rt>きほんてき</rt></ruby>には<ruby>賛成<rt>さんせい</rt></ruby>です。
(기본적으로는 찬성입니다.)

◆ その<ruby>点<rt>てん</rt></ruby>については<ruby>賛成<rt>さんせい</rt></ruby>できません。

그 점에 대해 찬성할 수 없습니다.

◆ その<ruby>計画<rt>けいかく</rt></ruby>は<ruby>修正<rt>しゅうせい</rt></ruby>が<ruby>必要<rt>ひつよう</rt></ruby>です。

그 계획은 수정이 필요합니다.

A : これは<ruby>実行可能<rt>じっこうかのう</rt></ruby>な<ruby>計画<rt>けいかく</rt></ruby>だと<ruby>思<rt>おも</rt></ruby>いますか。
(이것이 실행 가능한 계획이라고 생각합니까?)
B : その<ruby>計画<rt>けいかく</rt></ruby>は<ruby>修正<rt>しゅうせい</rt></ruby>が<ruby>必要<rt>ひつよう</rt></ruby>です。
(그 계획은 수정이 필요합니다.)

❖ そんなリスクはとれませんよ。

그런 위험부담을 질 수 없습니다.

> A：直接販売を検討するべきだと思います。
> （직접 판매를 검토해야 한다고 생각합니다.）
>
> B：そんなリスクはとれませんよ。
> （그런 위험부담을 질 수 없습니다.）

❖ 別の観点から検討してみましょう。

다른 관점에서 검토해 봅시다.

❖ 議論をまとめましょう。

토론을 정리합시다.

❖ では、本題に入りましょう。

그럼, 본론으로 들어갑시다.

프레젠테이션

❖ プレゼンテーションはいつですか。

프레젠테이션은 언제입니까?

❖ プレゼンまで、もうあまり時間はありませんね。

프레젠테이션까지 이제 그다지 시간이 없군요.

❖ さっそく打ち合わせをしましょう。

당장 협의를 합시다.

❖ どんな企画がいいかな。

어떤 기획이 좋을까?

❖ 何かいい案はないかな。

뭔가 좋은 안은 없을까?

❖ もう少しわかりやすく説明してくれないかな。

좀더 알기 쉽게 설명해 주지 않겠나?

❖ この企画の狙いは何なの?

이 기획의 목표는 무엇이지?

❖ 企画の動機があいまいだよ。

기획의 동기가 애매해.

❖ 企画の詰めが甘いかな。

기획 마무리가 엉성한가.

❖ 日程と予算はこれでよしっと。

일정과 예산은 이것으로 됐어.

❖ ようやく企画の名称が決まったよ。

간신히 기획의 명칭이 결정되었어.

❖ なかなか企画書が書けないんだ。

좀처럼 기획서를 쓸 수 없어.

❖ 企画の全体像がわかりにくいかな。

기획의 전체 흐름을 알기 어렵군.

❖ 発想の転換も必要だね。

발상의 전환도 필요해.

❖ 企画がいくらよくても企画書が悪ければ
通らないよ。

기획이 아무리 좋아도 기획서가 나쁘면 안 통해.

❖ この企画はいけるんじゃない?

이 기획은 먹히지 않을까?

❖ この企画はぜひ通したいですね。

이 기획은 반드시 통과시키고 싶습니다.

❖企画の基本方針について説明します。

기획의 기본 방침에 대해 설명하겠습니다.

❖プレゼンテーションの手ごたえはどうだった?

프레젠테이션의 반응은 어땠나?

❖クライアントの反応はどうだった?

클라이언트의 반응은 어땠나?

❖いつ結果がわかるの?

언제 결과를 알 수 있나?

❖1週間後に発表になります。

(결과는) 1주일 후에 발표됩니다.

❖クライアントから突っ込まれなかった?

클라이언트로부터 추궁당하지 않았나?

❖結果がわかるまで落ち着かないね。

결과를 알 때까지 불안해.

❖やった! あのプレゼン、通った。

됐다! 그 프레젠테이션, 통과됐어.

일본의 최대 연휴는 ゴールデンウィーク(Golden Week)입니다. 4월 29일 緑の日(쇼와천황의 생일로 왕의 사후 명칭을 바꿔 휴일로 계속 지정), 5월 3일 헌법기념일, 5월 4일 국민의 날, 5월 5일 어린이날로 이어지는 대표적 연휴기간입니다. 주휴 2일제(토·일 휴무)로 주말 연휴와 연결 될 경우, 경우에 따라서는 5~9일간의 연휴로 이어져 ゴールデンウィーク로 불리고 있습니다. 대부분의 기업체는 물론, 관공서, 학교 등이 휴무를 합니다.

Part
04

출퇴근

❖ 毎朝、9時に出勤します。

매일 아침 9시에 출근합니다.

❖ 今朝もかろうじて間に合ったぞ。

오늘 아침에도 간신히 도착했어.

❖ タイムカードは押した?

타임카드는 찍었니?

> A : タイムカードは押した?
> (타임카드는 찍었니?)
> B : あっ、もう少しで忘れるところだったよ。
> (어머, 깜빡 잊을 뻔했다.)

❖ 毎朝、仕事の前にコーヒーを飲むんだ。

매일 아침 업무 전에 커피를 마셔.

❖ 長沢はまだ出社していないの?

나가사와는 아직 출근 안 했니?

> A : 長沢はまだ出社していないの?
> (나가사와는 아직 출근 안 했니?)
> B : 午前中はB社を訪問しています。
> (오전 중에 B사를 방문 중입니다.)

❖ 中井さんは今日、病気で休むそうです。

나카이 씨는 오늘 아파서 쉰다고 합니다.

❖ ひと休みしよう。

잠깐 쉬자.

❖ 今日はこれで切り上げよう。

오늘은 그만 마치자.

❖ 残りは明日やるよ。

나머지는 내일 할게.

❖ 今日、仕事は何時に終わる?

오늘, 일은 몇 시에 끝나니?

A : 今日、仕事は何時に終わる?
   (오늘, 일은 몇 시에 끝나니?)
B : 7時頃には終わるはずだよ。
   (7시 쯤에는 끝날 거야.)

❖ 今日は6時ちょうどに失礼します。

오늘은 6시 정각에 퇴근하겠습니다.

❖ 今週は毎日残業だよ。

이번 주에는 매일 잔업이야.

❖ 今日は残業しなくちゃ。

오늘은 잔업을 해야 해.

A : 今夜は何時に帰るの?
   (오늘밤에는 몇 시에 귀가하니?)
B : わからないな。今日は残業しなくちゃ。
   (몰라. 오늘은 잔업을 해야 해.)

❖ 明日は半休をとります。

내일은 반나절 휴가를 내겠습니다.

❖ 今度の金曜日、休みを取りたいのですが。

이번 금요일에 휴가를 내고 싶습니다만.

❖ 8月1日から1週間、休暇をとってもいいですか。

8월 1일부터 1주일간 휴가를 내도 됩니까?

❖ 8月8日から出社します。

8월 8일부터는 출근하겠습니다.

❖ 休暇中は、久保さんが私の仕事を引き継ぎます。

휴가 중에는 구보 씨가 내 일을 맡아서 합니다.

직장에서 신경써야할 것은 먼저 人間關係(인간관계)입니다. 伜間(동료)들과 사이좋게 지내기 위해선 동료에게 좋은 일이 생겼을 때 진심으로 お祝い(축하)를 해줄 수 있는 매너가 필요합니다. 上司(상사)에겐 적절한 예절을 표하고 후배에게 따뜻한 마음을 보여준다면 만점짜리 직장인이 되겠지요.

동료와의 대화

❖ 今日は仕事がはかどったね。

오늘은 일이 잘 진행됐어.

❖ この調子で頼むよ。

이런 상태로 부탁할게.

❖ 今日は調子がでないよ。

오늘은 상태가 안 좋아.

❖ 仕事が進まないなぁ。

일이 진척되지 않아.

❖ 仕事に集中できないんだ。

일에 집중이 안 돼.

A : 仕事に集中できないんだ。
   (일에 집중이 안 돼.)

B : 何か問題でもあるの?
   (무슨 문제라도 있나?)

❖ 何かいい企画を思いついた?

무슨 좋은 기획이 생각났나?

❖ 頼りにしているよ。

도움이 돼.

❖ あの書類、どこに置いた?

그 서류, 어디에 두었나?

> A : あの書類、どこに置いた?
> (그 서류, 어디에 두었나?)
>
> B : あなたがファイルに入れて持っていると思うわ。
> (네가 파일에 넣어서 가지고 있는 것 같은데)

❖ また部長に叱られちゃったよ。

또 부장님에게 꾸중 들었어.

Part
04

❖ 部長はどうして僕にはこんなに厳しい
のかな?

부장님은 왜 나에게는 그렇게 까다로울까?

❖ 部長は花子をひいきしていると思わない?

부장님은 하나코를 편애하는 것 같지 않니?

❖ 君の思い過ごしだよ。

너의 지나친 생각이야.

❖ この頃、ストレスがたまっているんだ。

요즘 스트레스가 쌓였어.

❖ 何もかも私に押しつけないでよ。

모든 일을 나한테 떠넘기지 마요.

> A : 報告書を書いておいてくれる?
> (보고서를 써줄래?)
>
> B : 何もかも私に押しつけないでよ。
> (모든 일을 나한테 떠넘기지 마요.)

❖ それも仕事のうちだよ。

그것도 업무의 일부야.

A : コピーとりなんて、もううんざり。
（복사하는데 이제 진절머리 나.）

B : 文句を言わないで。それも仕事のうちだよ。
（불평하지 마. 그것도 업무의 일부야.）

❖ 幹事をやってくれない？

간사를 해주겠니?

❖ 休暇はどうだった？

휴가는 어땠어?

A : 休暇はどうだった？
（휴가는 어땠어?）

B : すごくリラックスできたよ。
（푹 쉬었어.）

❖ 休暇はどうやって過ごしたの？

휴가는 어떻게 보냈니?

직장에서의 평가

❖ あいつは仕事ができる。

저 녀석은 일을 잘해.

❖ 君はいい仕事をしているよ。

너는 좋은 일을 하고 있구나.

❖ いい仕事をしたね。

좋은 일을 했군.

❖ 発想がユニークだね。

발상이 독특하군.

❖ 彼はとても有能だよ。

그는 매우 유능해.

374

◆ 優秀<ruby>ゆうしゅう</ruby>な技術者<ruby>ぎじゅつしゃ</ruby>だ。

우수한 기술자야.

◆ 彼女<ruby>かのじょ</ruby>は仕事熱心<ruby>しごとねっしん</ruby>だ。

그녀는 일에 열심이야.

◆ 彼<ruby>かれ</ruby>は飲<ruby>の</ruby>み込<ruby>こ</ruby>みが早<ruby>はや</ruby>いんだ。

그는 이해가 빨라.

◆ 今度<ruby>こんど</ruby>の部長<ruby>ぶちょう</ruby>はなかなかのやり手<ruby>て</ruby>だよ。

이번 부장님은 상당히 수완가야.

Part
04

◆ 彼<ruby>かれ</ruby>は実行力<ruby>じっこうりょく</ruby>があるんだ。

그는 추진력이 있어.

> A：中村<ruby>なかむら</ruby>にこの仕事<ruby>しごと</ruby>を任<ruby>まか</ruby>せられるのかな？
> (나카무라에게 이 일을 맡겨도 될까?)
> B：信用<ruby>しんよう</ruby>していいよ。彼<ruby>かれ</ruby>は実行力<ruby>じっこうりょく</ruby>があるんだ。
> (믿어도 돼. 그는 추진력이 있어.)

◆ 彼女<ruby>かのじょ</ruby>はプロだよ。

그녀는 프로야.

◆ 仕事<ruby>しごと</ruby>が遠<ruby>とお</ruby>いんだ。

일이 더디구나.

◆ 彼<ruby>かれ</ruby>は経験<ruby>けいけん</ruby>が豊<ruby>ゆた</ruby>かだ。

그는 경험이 풍부해.

◆ 彼<ruby>かれ</ruby>はすごく計算高<ruby>けいさんだか</ruby>いんだ。

그는 매우 계산적이다.

◆ 売<ruby>う</ruby>り上<ruby>あ</ruby>げの増加<ruby>ぞうか</ruby>は、彼<ruby>かれ</ruby>の手柄<ruby>てがら</ruby>だよ。

매상의 증가는 그의 공적이야.

❖ あいつは使いものにならないよ。

그 녀석은 쓸모가 없어.

❖ 彼って自身過剰だわ。

그는 너무 자신감이 많아.

❖ 偉そうなことばかり言うのよ。

늘 허풍을 떤다.

❖ 彼女、仕事が雑だよ。

그녀는 일을 대충해.

❖ 彼には責任感がまったくないんだ。

그에게는 책임감이 전혀 없어.

❖ まったく頼りにならないよ。

도움이 전혀 안 돼.

일에 열중할 때

❖ その仕事、私にやらせてください。

그 일 내가 할게요.

❖ こういった仕事は得意なんです。

이런 일은 잘 할 수 있어요.

> A : 君、本当にこの仕事を処理できるの?
> (자네 정말 이 일을 잘 처리할 수 있나?)
> B : はい、こういった仕事は得意なんです。
> (네, 이런 일은 잘 할 수 있어요.)

❖ 私、数字には弱いんです。

저는 숫자에 약합니다.

❖ やってみましょう。

해봅시다.

❖ やりがいのある仕事です。
해볼 만한 일입니다.

❖ 任せてください。
맡겨 주세요.

❖ 長い間やりたかった仕事なんです。
오래 전부터 하고 싶었던 일입니다.

❖ ベストを尽くします。
최선을 다하겠습니다.

❖ 期待を裏切らないように頑張ります。
기대를 저버리지 않도록 열심히 하겠습니다.

> A : すべて君に任せるよ。
> (모두 자네에게 맡기겠네.)
> B : 期待を裏切らないように頑張ります。
> (기대를 저버리지 않도록 열심히 하겠습니다.)

❖ 簡単な仕事だよ。
간단한 일이야.

❖ 何てことないよ。
아무것도 아냐.

> A : その仕事、本当にひとりでできるの?
> (그 일 정말로 혼자서 할 수 있냐?)
> B : もちろん、何てことないよ。
> (물론, 아무것도 아냐.)

❖ この仕事、私ひとりでは無理です。
이 일은 저 혼자서는 무리입니다.

❖ 誰かに手伝わせようか。

누구에게 도와달라고 할까?

❖ それほど簡単じゃないよ。

그렇게 간단하지 않아.

❖ 口で言うのは簡単だけどね。

입으로 말하는 것은 간단하지만.

❖ 難しい交渉になりますよ。

어려운 교섭이 될 것입니다.

A : B社との契約はとれそうかな?
　　(B사와의 계약은 이루어질까?)

B : そうですね。難しい交渉になりますよ。
　　(글쎄요, 어려운 교섭이 될 것입니다.)

❖ コンピューターは苦手なんだ。

컴퓨터 조작은 자신이 없어.

❖ 経理の仕事は性に合わないんだ。

경리 일은 성격에 맞지 않아.

❖ その仕事には、伊東さんが適任だと思います。

그 일에는 이토 씨가 적임자라고 생각합니다.

인사이동

❖ 来月、大阪支社に転勤するんだ。

다음 달에 오사카 지사로 전근 가.

❖ ほかの部署へ異動したいなぁ。

다른 부서로 옮기고 싶어.

A：ほかの部署へ異動したいなぁ。
（다른 부서로 옮기고 싶어.）

B：異動の申請をしてみたら？
（이동 신청을 해보지 그래?）

❖ 海外拠点への異動を希望します。

해외지사로 옮기고 싶습니다.

A：海外拠点への異動を希望します。
（해외지사로 옮기고 싶습니다.）

B：どこの拠点に興味があるの？
（어느 지사에 관심이 있냐?）

❖ 本社から異動してきたばかりです。

본사에서 이제 막 이동했습니다.

❖ 彼、田舎の支店にとばされたのよ。

그는 지방 지점으로 좌천당했어.

승진

❖ 課長に昇進したよ。

과장으로 승진했어.

❖ 彼女に昇進は意外だわ。

그녀에게 승진은 의외네.

❖ 私の昇進を考えていただきたいのですが。

저의 승진을 고려해 주셨으면 합니다.

❖ 昇進おめでとう！

승진 축하해!

❖ 彼、クビになったのよ。

<ruby>彼<rt>かれ</rt></ruby>、クビになったのよ。

그는 해고되었어.

❖ この契約がまとまらなければ、僕はクビになるかもしれいな。

この<ruby>契約<rt>けいやく</rt></ruby>がまとまらなければ、<ruby>僕<rt>ぼく</rt></ruby>はクビになるかもしれいな。

이 계약을 성사시키지 못하면 나는 해고당할지도 몰라.

A: これは会社にとって、とても重要な取引だね。
（이것은 회사로서는 매우 중요한 거래야.）

B: うん、この契約がまとまらなければ、僕はクビになるかもしれないな。
（응, 이 계약을 성사시키지 못하면 나는 해고당할지도 몰라.）

❖ <ruby>田中<rt>たなか</rt></ruby>さんは<ruby>来月<rt>らいげつ</rt></ruby>、<ruby>定年退職<rt>ていねんたいしょく</rt></ruby>されます。

다나카 씨는 다음 달 정년퇴직합니다.

❖ <ruby>私<rt>わたし</rt></ruby>は<ruby>定年後<rt>ていねんご</rt></ruby>も<ruby>非常勤<rt>ひじょうきん</rt></ruby>で<ruby>仕事<rt>しごと</rt></ruby>を<ruby>続<rt>つづ</rt></ruby>けます。

나는 정년퇴직 후에도 비상근으로 일을 계속할 겁니다.

❖ <ruby>当社<rt>とうしゃ</rt></ruby>の<ruby>定年<rt>ていねん</rt></ruby>は60<ruby>歳<rt>さい</rt></ruby>です。

우리 회사의 정년은 60세입니다.

❖ <ruby>武井<rt>たけい</rt></ruby>さん、ライバル<ruby>会社<rt>がいしゃ</rt></ruby>に<ruby>引<rt>ひ</rt></ruby>き<ruby>抜<rt>ぬ</rt></ruby>かれたのよ。

다케이 씨가 경쟁사로 스카우트 되어 갔어.

❖ <ruby>山田<rt>やまだ</rt></ruby>は<ruby>先月<rt>せんげつ</rt></ruby>、<ruby>退職<rt>たいしょく</rt></ruby>しました。

야마다는 지난 달 퇴직했습니다.

❖ <ruby>退職<rt>たいしょく</rt></ruby>することになりましたので、ご<ruby>報告<rt>ほうこく</rt></ruby>します。

퇴직하게 되어서 보고 드립니다.

❖ 退職の理由は何ですか。

退職 이유는 무엇입니까?

A : 退職の理由は何ですか。
　　(퇴직 이유는 무엇입니까?)

B : アメリカの大学に留学するんです。
　　(미국 대학으로 유학 갑니다.)

직장생활의 첫걸음은 직장을 구하는 것부터 시작됩니다. 직장은 求人広告(구인광고)
나 推薦(추천)을 통해서 구하게 되는데, 어느 직장이나 채용을 하기 전에는 入社試
験(입사시험)과 面接(면접)을 실시합니다. 전화로 일자리가 있는지 확인하고 싶을
때는「お仕事を探していますが(일을 찾고 있는데요)」라고 묻습니다. 만약 일자리가
있을 경우에는 이력서 준비와 회사의 위치를 물어본 다음 면접 약속을 하면 됩니다.

구인에 응모할 때

❖ 新聞に掲載された求人の件でお電話し
　ました。
　신문에 게재된 구인광고를 보고 전화했습니다.

❖ 御社の求人について伺いたいのですが。
　귀사의 구인에 대해 문의드리고 싶습니다만.

❖ どんな職種に空きがあるのですか。
　어떤 직종에 자리가 비었습니까?

> A : どんな職種に空きがあるのですか。
> 　　(어떤 직종에 자리가 비었습니까?)
> B : 今は営業担当者を募集しています。
> 　　(지금은 영업담당자를 모집하고 있습니다.)

❖ 秘書の職に空きはありますか。
　비서직에 자리가 있습니까?

❖ まだ募集していますか。
　아직 모집하고 있습니까?

❖ 管理職を募集しているのですか。
　관리직을 모집하고 있습니까?

❖ 経理の仕事に興味があるのですが。

경리 일에 관심이 있습니다.

A : どの職種へのお問い合わせですか。
　 (어느 직종에 문의하시는 겁니까?)
B : 経理の仕事に興味があるのですが。
　 (경리 일에 관심이 있습니다.)

❖ 広報の職に応募したいのですが。

홍보직에 응모하고 싶습니다만.

❖ 応募の条件は何ですか。

응모 조건은 무엇입니까?

A : 応募の条件は何ですか。
　 (응모 조건은 무엇입니까?)
B : 3年以上の経験が必要です。
　 (3년 이상 경험이 필요합니다.)

❖ その職種の経験が必要ですか。

그 직종의 경험이 필요합니까?

A : その職種の経験が必要ですか。
　 (그 직종의 경험이 필요합니까?)
B : 経験は問いません。
　 (경험은 묻지 않습니다.)

❖ 勤務はいつからになりますか。

근무는 언제부터 합니까?

A : 勤務はいつからになりますか。
　 (근무는 언제부터 합니까?)
B : すぐに入社していただきます。
　 (즉시 채용하겠습니다.)

383

❖ 応募するためにはどうすればいいのですか。

응모하려면 어떻게 하면 됩니까?

> A : 応募するためにはどうすればいいのですか。
> （응모하려면 어떻게 하면 됩니까?）
>
> B : 写真を貼った履歴書を送ってください。
> （사진을 붙인 이력서를 보내주십시오）

❖ 英語と日本語の履歴書が必要ですか。

영어와 일본어 이력서가 필요합니까?

❖ Eメールで履歴書を受け付けてますか。

이메일로 이력서를 접수받습니까?

❖ 面接はいつですか。

면접은 언제입니까?

❖ 面接の予約をしたいのですが。

면접 예약을 하고 싶은데요.

❖ お会いする方はどなたですか。

면접을 보시는 분은 어떤 분입니까?

면접을 받을 때

❖ 人事部の原田さんにお会いしたいのですが。

인사부의 하라다 씨를 만나 뵙고 싶습니다.

❖ 面接にうかがいました。

면접 보러 왔습니다.

❖ 御社の事業には、ずっと興味を持っていました。

귀사의 사업에는 늘 흥미를 가지고 있었습니다.

❖ 御社は、とても革新的な技術をお持ちだ
と思います。

귀사는 매우 혁신적인 기술을 가지고 있다고 생각합니다.

> A : 当社についてどう思いますか。
> 　（우리 회사에 대해 어떻게 생각합니까?）
> B : 御社は、とても革新的な技術をお持ちだと思
> 　います。
> 　（귀사는 매우 혁신적인 기술을 가지고 있다고 생각합니다.）

❖ 今はA社で営業をしています。

지금은 A회사에서 영업을 하고 있습니다.

> A : 現在の仕事についてお話しください。
> 　（현재 일에 대해 말씀해 주십시오）
> B : 今はA社で営業をしています。
> 　（지금은 A회사에서 영업을 하고 있습니다.）

❖ 会社の重要なプロジェクトに関わってき
ました。

회사의 중요한 프로젝트에 참여했습니다.

❖ 業務用ソフトウェアの営業では5年の経験
があります。

사무용 소프트웨어 영업에서는 5년의 경험이 있습니다.

❖ 担当は市場調査です。

담당은 시장조사입니다.

❖ この業界についてはよく知っています。

이 업계에 관해 잘 알고 있습니다.

❖ 3年間、営業のアシスタントをしています。

3년간 영업 보조를 하고 있습니다.

385

❖ もっと責任のある仕事がしたいのです。

좀 더 책임 있는 일을 하고 싶습니다.

❖ それはどのような仕事ですか。

그것은 어떤 일입니까?

> A : 経理部長のアシスタントを探しているのです。
> (경리부장 보조를 찾고 있습니다.)
>
> B : それはどのような仕事ですか。
> (그것은 어떤 일입니까?)

❖ どのような職務になるのですか。

어떤 종류의 일입니까?

❖ 残業は多いですか。

잔업은 많습니까?

❖ どのような肩書きになりますか。

어떤 직함입니까?

> A : どのような肩書きになりますか。
> (어떤 직함입니까?)
>
> B : 肩書きは副部長です。
> (직함은 부부장입니다.)

❖ 健康状態は良好です。

건강상태는 양호합니다.

❖ 日本語を話すことに大きな問題はありません。

일본어를 말하는 데에 큰 문제는 없습니다.

❖ TOEICのスコアは700点です。

토익 점수는 700점입니다.

A：英語力はどれぐらいですか。
（영어실력은 어느 정도입니까?）

B：TOEICのスコアは700点です。
（토익 점수는 700점입니다.）

응모자를 면접할 때

❖ 面接に来ていただき、ありがとうございます。
면접에 와 주셔서 감사합니다.

❖ 簡単に自己紹介をしていただけますか。
간단하게 자기소개를 해주시겠습니까?

❖ 現在のお仕事についてうかがいたいのですが。
현재의 일에 대해 물어보고 싶은데요.

A：現在のお仕事についてうかがいたいのですが。
（현재의 일에 대해 물어보고 싶은데요.）

B：はい、C社で経理を担当しています。
（네, C사에서 경리를 담당하고 있습니다.）

❖ あなたの業務経験についてお話しください。
당신의 업무경력에 대해 말씀해 주십시오.

❖ 転職を考えているのはなぜですか。
전직을 생각한 이유는 무엇입니까?

❖ あなたの経歴はこの仕事にぴったりです。
당신 경력은 이 일에 적합합니다.

❖ これは当社の新規事業のために新設
されたポストです。
이것은 우리 회사의 신규 사업을 위해 신설된 직위입니다.

387

A：仕事について説明していただけますか。
(일에 대해 설명해 주시겠습니까?)

B：これは当社の新規事業のために新設された
ポストです。
(이것은 우리 회사의 신규 사업을 위해 신설된 직위입니다.)

❖ この仕事には幅広い能力が求められます。

이 일에는 광범위한 능력이 요구됩니다.

❖ お客様との接触が多い仕事です。

손님과의 접촉이 많은 일입니다.

❖ この仕事で、あなたの能力をどのように
活用しますか。

이 업무에 당신의 능력을 어떻게 활용할 건가요?

A：この仕事で、あなたの能力をどのように
活用しますか。
(이 업무에 당신의 능력을 어떻게 활용할 건가요?)

B：数字の管理に関する私の能力は、この
仕事に役立つはずです。
(숫자 관리에 관한 제 능력은 이 업무에 도움이 될 겁니다.)

❖ 市場開発の仕事に興味はありますか。

시장개발에 관한 일에 관심은 있습니까?

A：市場開発の仕事に興味はありますか。
(시장개발에 관한 일에 관심은 있습니까?)

B：はい、それについては多少経験があります。
(네, 그것에 대해서는 다소 경험이 있습니다.)

❖ コンピューターの操作は得意ですか。

컴퓨터는 잘 다룹니까?

388

A : コンピューターの操作は得意ですか。
(컴퓨터는 잘 다룹니까?)

B : はい、事務用の主なソフトは、たいてい操作できます。
(네, 사무용 주요 소프트웨어는 대부분 다룰 줄 압니다.)

❖ 日本語はどれぐらい話せますか。
일본어는 어느 정도 할 수 있습니까?

❖ 日本語以外の外国語は話せますか。
일본어 이외의 외국어는 할 줄 압니까?

❖ いつから仕事を始められますか。
언제부터 일을 시작하실 수 있습니까?

A : いつから仕事を始められますか。
(언제부터 일을 시작하실 수 있습니까?)

B : すぐに始められます。
(바로 시작할 수 있습니다.)

조건을 설명할 때

❖ 直属の上司は営業部長になります。
직속 상사는 영업부장이 될 겁니다.

❖ 就業時間はどうなっていますか。
근무시간은 어떻게 됩니까?

A : 就業時間はどうなっていますか。
(근무시간은 어떻게 됩니까?)

B : 月曜日から金曜日の9時から5時までです。
(월요일부터 금요일 9시부터 5시까지입니다.)

❖ 福利厚生について教えてください。
복지제도에 대해 알려 주십시오.

❖ 転勤の可能性はありますか。

전근 가능성은 있습니까?

❖ 就業規則について説明しましょう。

근무규칙에 대해 설명하겠습니다.

❖ 入社した年の有給休暇は10日間です。

입사한 해의 유급휴가는 10일간입니다.

❖ 賞与は年2回です。

상여는 연 2회입니다.

❖ 現在の給料はいくらですか。

현재의 급료는 얼마입니까?

A : 現在の給料はいくらですか。
　　(현재의 급료는 얼마입니까?)
B : 税込みで年収600万円です。
　　(세금 포함해서 연봉 600만 엔입니다.)

❖ 給料の希望はどれぐらいですか。

희망하신 급료는 얼마입니까?

❖ 最初の3か月は試用期間です。

최초 3개월은 수습기간입니다.

거래처를 방문할 때는 먼저 「時間があればお会いしたいんですが(시간이 있으면 찾아뵙고 싶은데요)」라고 전화로 우선 상대에게 방문 의사를 밝히고 허락을 하면 만날 약속을 합니다. 비서나 당사자가 아닌 다른 사람을 통해 약속을 정할 때는 자신의 신분과 용건, 그리고 만나고자 하는 날짜와 시간 등을 밝혀두는 것이 좋습니다. 지금 당장 방문하기를 원할 때는 「すぐにうかがいます(지금 찾아뵙겠습니다)」라고 하면 됩니다.

Part
04

방문 시간을 정할 때

❖ 明日 お伺いしたいのですが。
  내일 찾아뵙고 싶은데요.

❖ 明日は何時にお会いできますか。
  내일은 몇 시에 뵐 수 있습니까?

❖ 明日は事務室におられますか。
  내일은 사무실에 계십니까?

❖ 次の金曜日にまた会えますでしょうか。
  다음 금요일에 다시 뵐 수 있을까요?

❖ これからお伺いしてもいいですか。
  지금 찾아봐도 되겠습니까?

❖ すぐに伺います。
  금방 찾아뵙겠습니다.

❖ 近いうちにお伺いします。
  가까운 시일에 찾아뵙겠습니다.

❖ 2時なら大丈夫です。
  2시라면 괜찮습니다.

❖ いつでも結構です。

언제든지 좋습니다.

❖ 今日は一日中事務所におります。

오늘은 하루 종일 사무실에 있습니다.

❖ 午前10時にしていただけますか。

오전 10시로 해주시겠습니까?

❖ 10時にお待ちしております。

10시에 기다리고 있겠습니다.

❖ では2時に会いましょう。

그럼 2시에 뵙시다.

❖ 木村さんに会う約束が取れました。

기무라 씨와 만날 약속이 됐습니다.

방문 장소를 정할 때

❖ どこでお会いしましょうか。

어디서 만날까요?

❖ そちらに伺いますよ。

그쪽으로 찾아뵐게요.

❖ 私がそちらに参りましょうか。

제가 그쪽으로 갈까요?

❖ 私のオフィスまで来ていただけますか。

제 사무실까지 와 주시겠습니까?

❖ 何か目印はありますか。

무슨 표시가 있습니까?

❖ 角にマクドナルドがあります。

모퉁이에 맥도날드가 있습니다.

❖ すぐに分かりますよ。

금방 알 수 있어요.

❖ 万一会えなかったときは私の会社に電話
してください。

만일 만나지 못했을 때는 저희 회사로 전화주세요.

스케줄을 조정할 때

❖ いつにしましょうか。

언제로 할까요?

❖ いつが都合がいいですか。

언제가 사정이 괜찮겠습니까?

❖ いつ空いていますか。

언제 비어 있습니까?

❖ いつ行けば一番いいのでしょうか。

언제 가면 가장 좋을까요?

❖ 来週はどうです?

다음 주는 어때요?

❖ 会合の時間を決めたいのですが。

모임 시간을 정하고 싶은데요.

❖ 30分以上はかかりませんから。

30분 이상은 걸리지 않으니까요.

❖ その日は都合が悪いです。

그 날은 사정이 안 좋습니다.

❖ あいにくできません。

유감스럽지만 안 됩니다.

❖ 午前9時にスケジュールが入っています。

오전 9시에 스케줄이 잡혀 있습니다.

❖ 当社の者を出向かせましょうか。

저희 회사 사람을 보낼까요?

회사방문과 접대

자사를 방문하는 손님을 맞이하거나 거래처를 방문해야 하는 일은 비즈니스맨에게 하루 일과의 중요한 부분입니다. 자신의 회사를 찾아오는 사람을 맞이할 때는 「何のご用件でしょうか(무슨 용건이십니까?)」라고 용건을 묻고, 다른 회사를 찾아갔을 때는 먼저 자신의 신분을 밝히고 「木村さんはいらっしゃいますか(기무라 씨는 계신가요?)」라고 찾아온 용건과 만나고 싶은 사람을 부탁합니다.

방문했을 때의 인사

❖ シグマ社のホンギルドンと申します。

시그마사의 홍길동이라고 합니다.

❖ お待ちしておりました。

기다리고 있었습니다.

❖ 私どもはシグマ社の代理の者ですが。

저희는 시그마사의 대리인입니다만.

❖ 木村があなた方をお待ちしておりました。

기무라 씨가 여러분을 기다리고 있었습니다.

❖ 毎度お世話になっております。

매번 신세가 많습니다.

❖ 木村さんにお会いしたいのですが。

기무라 씨를 뵙고 싶은데요.

❖ 広末さんはいらっしゃいますか。

히로스에 씨는 계십니까?

❖ たった今、席を外したところです。

방금 자리를 비웠습니다.

❖ ご用件は何でしょうか。

무슨 용건이십니까?

❖ 広告担当の方とお目にかかりたいのですが。

광고 담당하시는 분을 뵙고 싶은데요.

❖ 係りの方とお会いできますか。

담당자를 뵐 수 있을까요?

❖ どうぞお座りください。

자, 앉으십시오.

❖ お待たせしてすみません。

기다리게 해서 미안합니다.

❖ シグマ社のキムさんに紹介されて来ました。

시그마사의 김 씨로부터 소개받아 왔습니다.

❖ 私の名刺です。

제 명함입니다.

❖ もっとはやくお目にかかれなくてすみません。

좀더 일찍 뵙지 못해 죄송합니다.

접대

❖ 今夜も接待だよ。

오늘밤도 접대야.

❖ だれを接待するの?

누구를 접대하니?

❖ 接待は気疲れするね。

접대는 피곤해.

396

❖ これも仕事のうちだからね。
이것노 일의 일부라서.

❖ どこで接待するの?
어디서 접대하니?

❖ いつものお店ですよ。
늘 가는 그 가게에서요.

❖ 何をお飲みになりますか。
무엇을 드시겠습니까?

❖ 課長が乾杯の音頭を取った。
과장이 건배를 제창했어.

❖ 彼は社内で「接待課長」とも言われている。
그는 사내에서 「술상무」라고도 해.

❖ 彼はヨイショをしつつ、場を盛り上げるのがうまい。
그는 술자리에서 분위기 메이커야.

❖ どこの会社にもああいう人が必ずいるよね。
어느 회사에나 그런 사람이 반드시 있어.

❖ 堅い話はこのくらいにして…。
딱딱한 이야기는 이 정도로 하고….

❖ お目が高いですね。
눈이 높군요.

❖ お口に合いますかどうか…。
입에 맞으실지 어떨지….

❖ 日本酒はいかがですか。
청주는 어떠십니까?

❖ おつぎしましょう。
(술을) 따르겠습니다.

❖ なかなかいいお店ですね。
상당히 좋은 가게군요.

❖ お酒も料理もおいしいですね。
술도 요리도 맛있군요.

❖ このお店にはよくいらっしゃるんですか。
이 가게에는 자주 오십니까?

❖ 取引先の幹部を料亭で接待した。
거래처의 간부를 요정에서 접대했어.

❖ 今夜の接待には社長も同席した。
오늘밤 접대에는 사장도 동석했어.

❖ もう一軒いかがですか。
한집 더 가시겠습니까?

❖ こちら、お荷物になりますが…。
이거, 짐이 되겠습니다만…

❖ 接待されることに慣れっこになっているんだね。
접대를 받는 데 이골이 나 있군.

❖ 不況で接待がめっきり減った。
불황으로 접대가 현저히 줄었어.

398

❖ 支払いは法人カードでお願いします。

지불은 법인카드로 부탁합니다.

❖ 年間の接待費はどれくらいかな。

연간 접대비는 얼마 정도일까?

❖ 接待費を使い過ぎたよ。

접대비를 너무 썼어.

다른 회사에 방문해서 제품을 설명할 때는 회사 소개에 관한 책자, 제품안내서, 견본 등 설명할 자료를 미리 준비해 세밀히 검토해 둘 필요가 있습니다. 또한 설명해야 할 상대방의 수준을 고려해 그것에 따른 별도의 자료를 마련해 두는 것도 좋은 방법이라 할 수 있습니다. 설명 하는 도중「질문이 있으시면 문의하십시오.」라고 상대방이 알아들었는지를 확인할 때의 표현도 잊지 맙시다.

세일즈 포인트

❖ セールスポイントは何ですか。
세일즈 포인트는 뭡니까?

❖ これに匹敵するものはありません。
이것에 필적할 만한 것은 없습니다.

❖ とても高品質の商品なのです。
최고 품질의 상품입니다.

❖ 当社の製品は最高の品質です。
저희 회사의 제품은 최고의 품질입니다.

❖ 品質の点では我々が一枚上手です。
품질 면에서는 저희가 한수 위입니다.

❖ より小さくなりました。
더 작아졌습니다.

❖ 大きなスペースを取りません。
많은 공간을 차지하지 않습니다.

❖ これは持ち運びがとても楽です。
이건 들고 운반하기가 매우 편합니다.

❖ 折り畳むことができます。
  접을 수가 있습니다.

❖ 操作がより簡単です。
  조작이 보다 간단합니다.

❖ これは調節ができます。
  이건 조절할 수 있습니다.

❖ これは丈夫に作られています。
  이건 튼튼하게 만들어졌습니다.

❖ とても経済的でもあるんです。
  매우 경제적이기도 합니다.

❖ 年間ではかなり節約ができます。
  연간으로 따지면 많은 절약을 할 수 있습니다.

❖ 損はさせないと約束します。
  손해는 끼쳐드리지 않는다고 약속하겠습니다.

❖ それは商品が物語っています。
  이건 상품이 말해주고 있습니다.

신제품을 설명할 때

❖ 当社の新製品をご紹介したいのですが。
  저희 회사의 신제품을 설명하고 싶은데요.

❖ これが当社の新製品です。
  이것이 당사의 신제품입니다.

❖ これが新製品のメガネです。
  이것이 신제품인 안경입니다.

401

❖ こちらは当社の最新モデルです。

이것은 당사의 최신 모델입니다.

❖ パンフレットをどうぞ。

팸플릿을 보십시오.

❖ これが新製品のリストです。

이것이 신제품 목록입니다.

❖ これが新しいモデルですか。

이것이 새로운 모델입니까?

❖ 四月に出たばかりです。

4월에 갓 나왔습니다.

상품을 설명할 때

❖ 使用方法についてご説明いたします。

사용 방법에 대해서 설명 드리겠습니다.

❖ どこが新しくなりましたか。

어디가 새로워졌습니까?

❖ パンフレットは最新のものとなっています。

팸플릿은 최신 것입니다.

❖ こちらがサンプルです。

이것이 샘플입니다.

❖ 他社製品より小さく軽くなっております。

타사 제품보다 작고 가벼워졌습니다.

❖ 品質が良くなっています。

품질이 좋아졌습니다.

＊品質に関してはこれが一番です。

品질에 관해서는 이것이 제일입니다.

＊少なくとも5年はもちます。

적어도 5년을 갑니다.

＊なぜこれを使うべきかを言ってください。

왜 이것을 써야 하는지 말해주세요.

＊これが当社の製品の利点です。

이것이 저희 회사 제품의 이점입니다.

＊これは何でできているんですか。

이것은 무엇으로 만들어졌습니까?

＊重さはどのくらいですか。

무게는 어느 정도입니까?

＊これに特許が出ていますか。

이것은 특허가 나와 있습니까?

＊これが私の最新の発明品です。

이것이 제 최신 발명품입니다.

＊特許は出願中です。

특허는 출원 중입니다.

＊購入する前に商品を試してみたいのですが。

구입하기 전에 상품을 시험해보고 싶은데요.

＊従来の機種には欠点がありました。

종래의 기종에는 결함이 있었습니다.

Part
04

❖ 自社で作っています。

저희 회사에서 만듭니다.

❖ 定期点検が必要です。

정기적인 점검이 필요합니다.

❖ 長期の保証はありますか。

장기 보증은 있습니까?

비즈니스 업무에서 상당한 비중을 차지하는 것은 상담 내용입니다. 해외 출장 혹은 국내에서 외국인 바이어(바이어)를 만나 교섭할 경우, 사전에 행동 계획을 충분히 마련해 두어야 합니다. 나름대로 계획서를 일본어로 작성한다면 나중에 대단히 유용할 것입니다. 교섭에 임할 때에는 바이어의 조건을 충분히 숙지하여 자사의 조건을 제시하고 납득시켜 타협점을 찾아야 합니다.

예산과 견적	❖ どのくらいのご予算でしょうか。
	어느 정도의 예산이십니까?
	❖ だいたいいくらくらいですか。
	대충 얼마 정도입니까?
	❖ 我々の予算内で可能ですか。
	저희 예산 범위에서 가능합니까?
	❖ 見積書を作ってくれますか。
	견적서를 만들어 줄래요?
	❖ こちらが見積もりになります。
	이게 견적입니다.
가격	❖ これはいくらで売りますか。
	이것은 얼마에 팝니까?
	❖ 税込みですか。
	세금이 포함되어 있나요?
	❖ 卸値はいくらなんですか。
	도매가격은 얼마입니까?

❖ これは小売りではいくらになるのですか。

이것은 소매가격으로 얼마가 됩니까?

❖ 指し値を言っていただけますか。

가격을 제시해 주시겠어요?

❖ 当社の価格表を同封しました。

저희 회사의 가격표를 동봉했습니다.

❖ その値段はとても魅力的です。

그 가격은 무척 매력적입니다.

❖ 値段は手頃だと思います。

가격은 적당한 것 같습니다.

❖ 内容のわりに安いです。

내용에 비해 쌉니다.

❖ それはべらぼうに高いですよ。

그건 터무니없이 비쌉니다.

❖ それが相場です。

그것이 시세입니다.

가격 교섭

❖ もう少し安くなりませんか。

좀더 싸게 안 됩니까?

❖ 現金で買ったら負けてくれますか。

현금으로 사면 깎아 줄래요?

❖ この商品にこの値段では高すぎますよ。

이 상품에 이 가격은 너무 비쌉니다.

406

❖ どのくらいの割引きが可能ですか。
어느 정도 할인이 가능합니까?

❖ 価格が一番問題ですか。
가격이 가장 문제입니까?

❖ 価格をお下げできます。
가격을 낮춰드릴 수 있습니다.

❖ この値段ではどうですか。
이 가격이면 어떠세요?

❖ これも買ったら、いくらにしてくれますか。
이것도 사면 얼마에 해줄래요?

❖ こういう支払い条件ではいかがですか。
이런 지불조건이면 어떻습니까?

❖ もうこれ以上負けられません。
이제 더 이상 깎아드릴 수 없습니다.

❖ それを原価で差し上げることはできません。
그것을 원가로 드릴 수는 없습니다.

검토

❖ 今、お返事をいただけますか。
지금 답변을 주실 수 있습니까?

❖ 金曜日までにお返事をいただけますか。
금요일까지 답변을 주실 수 있습니까?

❖ いつお返事をいただけますでしょうか。
언제 답변을 주실 수 있겠습니까?

❖ 少し時間をください。

시간을 좀 주세요.

❖ もうしばらくお時間をいただけますか。

잠시 시간을 더 주실 수 있습니까?

❖ 今すぐにお答えしないとだめですか。

지금 당장 답변을 해야 합니까?

❖ 改めてご連絡いたします。

정식으로 연락드리겠습니다.

❖ どうか再検討していただけないでしょうか。

부디 재검토해 주실 수 없겠습니까?

❖ 支払い条件を再考してください。

지불 조건을 재고해 주세요.

❖ お互いに再度検討してみましょう。

서로 다시 한번 검토해봅시다.

❖ そんなに長く待てません。

그렇게 오래 기다릴 수 없습니다.

❖ 結論は出ましたか。

결론은 나왔습니까?

❖ 当社の求める基準を満たしていません。

저희 회사가 요구하는 기준을 채우지 못했습니다.

계약의 성립과 결렬

❖ 問題はないでしょう。

문제는 없겠지요?

408

❖ 購入<ruby>購入<rt>こうにゅう</rt></ruby>されますか。

구입하시겠습니까!

❖ お申<ruby>申<rt>もう</rt></ruby>し出<ruby>出<rt>で</rt></ruby>をお受<ruby>受<rt>う</rt></ruby>けいたします。

요구를 받아들이겠습니다.

❖ お言葉<ruby>言葉<rt>ことば</rt></ruby>に甘<ruby>甘<rt>あま</rt></ruby>えさせていただきます。

말씀대로 하겠습니다.

❖ ご注文<ruby>注文<rt>ちゅうもん</rt></ruby>をありがとうございます。

주문해 주셔서 감사합니다.

❖ 契約書<ruby>契約書<rt>けいやくしょ</rt></ruby>を完成<ruby>完成<rt>かんせい</rt></ruby>していただけますか。

계약서를 완성해 주시겠습니까?

❖ 契約書<ruby>契約書<rt>けいやくしょ</rt></ruby>をよく読<ruby>読<rt>よ</rt></ruby>んでください。

계약서를 잘 읽으세요.

❖ ご注文<ruby>注文<rt>ちゅうもん</rt></ruby>を書類<ruby>書類<rt>しょるい</rt></ruby>で確認<ruby>確認<rt>かくにん</rt></ruby>したいのですが。

주문을 서류로 확인하고 싶은데요.

❖ では、サインをいただけますか。

그럼 사인을 해주시겠습니까?

❖ ここにサインをお願<ruby>願<rt>ねが</rt></ruby>いします。

여기에 사인을 부탁합니다.

❖ 商談<ruby>商談<rt>しょうだん</rt></ruby>が一向<ruby>一向<rt>いっこう</rt></ruby>に進<ruby>進<rt>すす</rt></ruby>まないんですよ。

상담이 전혀 진척이 안 돼요.

❖ 先方<ruby>先方<rt>せんぽう</rt></ruby>がなかなかいい返事<ruby>返事<rt>へんじ</rt></ruby>をくれなくてね。

상대방이 좀처럼 좋은 회답을 주지 않아서요.

❖ 先方<ruby>先方<rt>せんぽう</rt></ruby>の意向<ruby>意向<rt>いこう</rt></ruby>がつかめないんです。

상대방의 의향을 파악할 수 없어요.

◆ 先方にとっても決して悪い話ではないの
ですが。

상대방에게도 결코 나쁜 이야기(조건)는 아닌데요.

◆ すべての取引をキャンセルしました。

모든 거래를 취소했습니다.

지불

◆ 毎月月末に請求書をお送りします。

매월 월말에 청구서를 보내드리겠습니다.

◆ 月ごとではなくて一括で支払いたいの
ですが。

달마다가 아니라 한꺼번에 지불하고 싶은데요.

◆ 一括払いでお願いします。

일괄지불로 부탁합니다.

◆ 円でお支払いします。

엔으로 지불하겠습니다.

◆ 支払いの条件がどうも…。

지불 조건이 아무래도….

납품과 클레임

일본 バイヤー(바이어)와 계약을 체결한 후 또는 계약이 체결되지 않은 경우라도 외국인과 비즈니스를 하는 데 있어서 제품의 注文(주문), 在庫(재고) 확인, 船積(선적), クレーム(클레임), 決済(결제) 등에 필요한 기본적인 표현은 반드시 익혀두어야 합니다. 그렇지 않을 경우 외국 바이어로부터 비즈니스에 대한 전화를 받았을 경우 당황스러울 수밖에 없습니다.

납품과 물류

❖ いつ出荷できますか。

언제 출하할 수 있습니까?

❖ 私どもは今月末までに商品が必要です。

저희들은 이달 말까지 상품이 필요합니다.

❖ 出荷は毎日行っています。

출하는 매일 하고 있습니다.

❖ 一週間以内にお届けします。

1주일 이내에 보내드리겠습니다.

❖ これらの商品は切らしております。

이 상품은 다 떨어졌습니다.

❖ 次の出荷は予定どおりです。

다음 출하는 예정대로입니다.

❖ 時間どおりに納品できません。

시간대로 납품할 수 없습니다.

❖ お届けが二日ほど遅れます。

배달이 이틀 정도 늦겠습니다.

❖ 損害を弁償してください。

손해를 변상해 주세요.

❖ クレームがあるのですが。

클레임이 있는데요.

❖ この仕事の責任者は誰ですか。

이 일의 책임자가 누구입니까?

❖ 何とかしていただけないでしょうか。

어떻게 해주실 수 있겠습니까?

❖ この商品は質的に劣っています。

이 상품은 질적으로 떨어집니다.

❖ それは契約違反です。

이건 계약위반입니다.

❖ もうおたくとは二度と取引はしません。

이제 댁과는 두 번 다시 거래하지 않겠습니다.

❖ 先方は支払いを拒否しています。

그쪽에서는 지불을 거부하고 있습니다.

❖ 申し訳ありません。

죄송합니다.

❖ ご迷惑をかけました。

폐를 끼쳐드렸습니다.

❖ 本当にすまなく思っております。

정말 죄송하게 생각합니다.

❖ 心配かけてすみません。

걱정을 끼쳐 죄송합니다.

❖ 返す言葉がありません。

드릴 말씀이 없습니다.

❖ 私の過ちを許してください。

제 잘못을 용서해 주십시오.

❖ これからはもっと気をつけます。

앞으로는 더욱 조심하겠습니다.

클레임에 대응할 때

❖ お調べして、折り返しご連絡します。

조사해서 즉시 연락드리겠습니다.

❖ すぐにそう致します。

당장 그렇게 하겠습니다.

❖ その問題は、私どもで処理致します。

그 문제는 저희들이 처리하겠습니다.

❖ 手違いで別の商品をお送りしてしまいました。

실수로 다른 상품을 보내고 말았습니다.

❖ 破損しているものをご返送いただけますか。

파손된 것을 반송해 주시겠습니까?

❖ すぐに正しい品物をお送りいたします。

곧바로 올바른 물건을 보내드리겠습니다.

❖ 私どもの手違いでした。

저희들의 실수였습니다.

Part 1

Expression of Conversation
대화 표현

Part 2

Expression of Opinion
의견 표현

Vol.2

Practical Japanese Conversation

실용 일본어회화

Part
01

Expression of Conversation
대화 표현

상대의 말에 긍정할 때 쓰이는 감탄사로는 はい가 있으며, 부정할 때 쓰이는 감탄사로
는 いいえ가 있습니다. 또한 다른 사람의 말을 긍정할 때는 「そうです(그렇습니다)」, 부
정할 때는 「ちがいます(아닙니다)」라고 합니다. 흔히 そうです의 부정형인 「そうではあ
りません(그렇지 않습니다)」이라고 하기 쉬우나 そうではありません은 좀더 구체적으로
지적해서 부정할 때 쓰며, 단순히 사실과 다르다고 할 때는 ちがいます라고 합니다.

**긍정의 마음을
전할 때**

❖ はい、そうです。
네, 그렇습니다.

> A : あなたはお医者さんですか。
> (당신은 의사입니까?)
>
> B : はい、そうです。
> (네, 그렇습니다.)

❖ うん。
응.

❖ そうです。
그렇습니다.

> A : あなたは東京にお住まいですよね?
> (당신은 동경에 살고 계시죠?)
>
> B : そうです。
> (그렇습니다.)

❖ 私もそうです。
저도 그렇습니다.

> A : すごく疲れました。
> (너무 피곤합니다.)
>
> B : 私もそうです。
> (저도 그렇습니다.)

❖ わかりました。
알겠습니다.

> A : タクシーを呼んでください。
> (택시를 불러주세요.)
>
> B : わかりました。
> (알겠습니다.)

❖ もちろん。
물론이야.

> A : 私たちと一緒に行く?
> (우리와 같이 갈래?)
>
> B : もちろん。
> (물론이야.)

❖ まったくそのとおりです。
말씀하신 그대로입니다.

> A : 旅行は楽しかったですか。
> (여행은 즐거웠습니까?)
>
> B : まったくそのとおりです。
> (너무 즐거웠습니다.)

❖ それだよ!
바로 그거야!

> A : この本を探しているの?
> (이 책을 찾고 있니?)
>
> B : それだよ! どこで見つけたんだい?
> (맞아! 어디에서 찾았어?)

❖ きっとそうだよ。
틀림없이 그래.

> A : このダイアモンド、本物かな?
> (이 다이아몬드, 진짜야?)
>
> B : きっとそうだよ。
> (틀림없어.)

❖ そう思います。

그렇게 생각해요.

> A : その仕事、明日までにできる?
> (그 일을 내일까지 할 수 있겠어?)
>
> B : はい、そう思います。
> (네, 그렇게 생각합니다.)

❖ 保証するよ。

보증해.

> A : この薬、本当に効くの?
> (이 약, 정말 효과 있어?)
>
> B : うん。保証するよ。
> (응, 내가 보증해.)

❖ 当たり!

맞았어!

부정의 마음을
전할 때

❖ いいえ、違います。

아뇨, 아닙니다.

> A : 鈴木さんですか。
> (스즈키 씨입니까?)
>
> B : いいえ、違います。
> (아뇨, 아닙니다.)

❖ 違います。

아닙니다.

> A : 君はフランス語を話せるんだよね?
> (자네는 프랑스어를 할 줄 알지?)
>
> B : 違います。まったく話せません。
> (아닙니다. 전혀 못합니다.)

❖ そうではありません。
그렇지 않습니다.

> A : 鈴木さんは弁護士ですよね?
> (스즈키 씨는 변호사시죠?)
>
> B : そうではありません。先生ですよ。
> (그렇지 않습니다. 선생님이세요.)

❖ 絶対に違うよ!
절대 아니야!

> A : 鈴木をデートに誘ったの?
> (스즈키에게 데이트 신청했어?)
>
> B : 絶対に違うよ!
> (절대 아니야!)

Part 01

❖ とんでもない!
당치 않아.

> A : カラオケに行こうよ。
> (가라오케에 가자.)
>
> B : とんでもない!　今日中にこの仕事を終わ
> らせなければならないんだ。
> (당치 않아! 오늘 중으로 이 일을 끝내야 해.)

❖ 私もそうではありません。
저도 그렇지 않습니다.

> A : 騒々しい音楽は好きじゃないんです。
> (시끄러운 음악은 안 좋아해요.)
>
> B : 私も好きではありません。
> (저도 안 좋아합니다.)

❖ 僕じゃないよ。

난 아니야.

> A : ケーキを全部食べてしまったのは誰なの?
> (케이크를 전부 먹어버린 사람은 누구냐?)
>
> B : 僕じゃないよ。
> (난 아니야)

❖ もちろん違うよ。

물론 아냐.

> A : 私のことを利用したの?
> (나를 이용한 거야?)
>
> B : いや、もちろん違うよ。
> (아니, 물론 아냐)

❖ いいえ、一度もありません。

아니, 한 번도 없습니다.

> A : アフリカに行ったことはありますか。
> (아프리카에 간 적이 있나요?)
>
> B : いいえ、一度もありません。
> (아니오, 한 번도 없어요)

❖ いつもというわけじゃないよ。

항상 그런 것은 아냐.

> A : 毎日ここで昼食をとるの?
> (매일 여기에서 점심을 먹냐?)
>
> B : いつもというわけじゃないよ。
> (항상 그런 건 아냐)

❖ もうそうじゃないよ。

이젠 그렇지 않아.

A : まだタバコを吸っているの?
  (아직도 담배를 피우니?)

B : もうそうじゃないよ。やめたんだ。
  (이제 그렇지 않아. 끊었어.)

❖ 何でもないよ。

아무것도 아니야.

A : どうしたの?
  (무슨 일 있어?)

B : 何でもないよ。
  (아무것도 아니야.)

❖ いいえ、結構です。

아니, 괜찮습니다.

A : コーヒーをもう少しいかがですか。
  (커피를 좀 더 드릴까요?)

B : いいえ、結構です。
  (아니, 괜찮습니다.)

❖ 残念ながらだめです。

유감스럽지만 안 됩니다.

❖ だめだと思います。

안 될 것 같습니다.

일본인은 자신의 의견을 애매하고 완곡하게 대답하는 편입니다. 「同意します(동의합니다)」 또는 「私もそう思います(저도 그렇게 생각합니다)」 등은 상대방의 의견에 동의하거나 찬성할 때 쓰이는 기본적인 표현이며, 반대로 상대방의 의견에 동의하지 않거나 반대할 때 기본적으로 쓰이는 표현은 「同意しかねます(동의하기 어렵습니다)」 또는 「私はそう思いません(저는 그렇게 생각하지 않습니다)」 등이 있습니다.

찬성을 나타낼 때

❖ 賛成です。

동의합니다.

❖ まったく同感です。

전적으로 찬성입니다.

❖ その点については賛成だ。

그 점에선 너의 의견에 찬성해.

❖ 私もそう思う。

나도 그렇게 생각해.

> A: 中村はいい人だと思うわ。
> (나카무라는 좋은 사람이라고 생각해.)
>
> B: 私もそう思う。
> (나도 그렇게 생각해.)

❖ 君の言うとおりだ。

네가 말한 대로야.

> A: 君は今すぐタバコをやめるべきだ。
> (너는 당장 담배를 끊어야 해.)
>
> B: 君の言うとおりだ。
> (네가 옳아.)

❖ いい考えだね!

좋은 생각이야!

❖ 君の意見に賛成だよ。

너의 의견에 동의해.

❖ それはもっともだね。

지당한 말이야.

A : もっと節約するべきだと思うんだ。
（좀더 절약해야 한다고 생각해.）

B : それはもっともだね。
（지당한 말이야.）

❖ 君の言うことはもっともだ。

네가 말한 것은 지당해.

❖ いいよ。

좋아.

A : コーナー・カフェでお昼を食べましょう。
（코너 카페에서 점심 먹읍시다.）

B : いいよ。
（좋아.）

❖ それでけっこうです。

그걸로 됐어.

❖ 僕はそれでいいよ。

난 그래도 좋아.

A : 遙を誘ってもいい?
（하루카를 초대해도 될까?）

B : 僕はそれでいいよ。
（나는 그래도 좋아.）

❖ 確かにそうだね。

확실히 그래.

❖ 私もちょうどそう思っていたのよ。

나도 마침 그렇게 생각하고 있었어.

> A : 春子の誕生日のお祝いをしなければ。
> (하루코의 생일을 축하해줘야 해.)
>
> B : 私もちょうどそう思っていたのよ。
> (나도 마침 그렇게 생각하고 있었어.)

❖ 異議はありません。

이의는 없습니다.

> A : 新しい規則についてどう思いますか。
> (새로운 규칙에 대해 어떻게 생각하십니까?)
>
> B : 異議はありません。
> (이의는 없습니다.)

반대를 나타낼 때

❖ 反対です。

반대합니다.

❖ あなたの意見には反対です。

당신 의견에 반대합니다.

❖ それには反対だ。

그것에는 반대야.

> A : あなたはこの計画に賛成、それとも反対?
> (너는 이 계획에 찬성이야, 반대야?)
>
> B : それには反対だ。
> (그것에는 반대야.)

❖ 君の意見には大反対だ。

너의 의견에 강력히 반대해.

❖ 私はそうは思わないよ。

나는 그렇게 생각하지 않아.

❖ そうは思えないよ。

그렇게 생각할 수 없어.

❖ 僕は違う意見だ。

나는 다른 의견이야.

Part

01

❖ いい考えだとは思えないね。

좋은 생각이라고는 생각할 수 없어.

❖ 君は間違っているよ。

네가 틀려.

> A : 子育てなんて簡単だと思うわ。
> 　(아이들 키우는 게 쉽다고 생각해.)
> B : 君は間違っているよ。
> 　(네가 틀려.)

❖ それは無理だよ。

그건 무리야.

> A : もっと大きな家に引っ越しましょうよ。
> 　(더 큰 집으로 이사합시다.)
> B : それは無理だよ。
> 　(그건 무리야.)

❖ それは勧められないな。

그것은 권하고 싶지 않아.

A : 仕事を辞めようと思うんだ。
（일을 그만둘까 해.）

B : それは勧められないな。
（권하고 싶지 않아.）

❖ ばかなことを言わないでよ!
바보 같은 소리 하지 마라!

A : 仕事を辞めてハワイに引っ越したいんだ。
（일을 그만두고 하와이로 이사하고 싶어.）

B : ばかなことを言わないでよ!
（바보 같은 소리 하지 마요!）

❖ 絶対にダメ!
절대 안 돼!

A : スカイダイビングをやりたいのだけど。
（스카이다이빙을 해 보고 싶은데.）

B : 絶対にダメ!
（절대로 안 돼!）

❖ うまくいかないと思うよ。
잘될 거라고 생각하지 않아.

A : 僕たち、独立して事業を始めてはどうかな?
（우리, 독립해서 사업을 시작해 보는 게 어떨까?）

B : うまくいかないと思うよ。
（잘될 것 같지 않은데）

❖ もっと現実的に考えろよ。
좀더 현실적으로 생각해.

❖ 君は楽観的すぎるよ。
너는 너무 낙관적이야.

428

일본인은 자신의 생각이나 주장을 단정적으로 표현하지 않고 완곡하게 표현하는 경향이 많습니다. 그것은 상대의 기분을 상하게 하지 않으려는 배려와 폐를 끼치지 않으려는 마음에서 나온 것이라고 볼 수 있습니다. 따라서 추측을 할 때는 「～と思います(～라고 생각합니다)」, 「～でしょう(～일(할) 것입니다)」 등의 표현이 있습니다. 만약 일본인이 애매하게 대답을 했다면 그것은 분명 거절을 뜻하므로 주의합시다.

추측할 때

Part
01

❖ 彼女はきっと来ると思いますよ。

그녀는 분명 올 것입니다.

❖ あれが私たちの乗るバスでしょうね。

저게 우리들이 탈 버스겠지요.

❖ あそこに座っている人は木村さんらしいですね。

저기에 앉아 있는 사람은 기무라 씨인 것 같군요.

❖ 憶測ですけど…。

억측입니다만….

❖ 今度の旅行は面白かったでしょう。

이번 여행은 재미있었겠죠.

❖ あまりよい人ではないと思いますよ。

그다지 좋은 사람은 아닌 것 같아요.

❖ ええ、晴れると思いますよ。

예, 맑을 것입 l다.

❖ 彼はきっと来るでしょう。

그는 분명 올 것입니다.

❖ たぶんね。
아마도 그럴걸.

❖ たぶんそれはないよ。
아마도 그렇지 않을걸.

> A : 松本は来るの?
> (마츠모토는 올까?)
>
> B : たぶんそれはないよ。
> (아마도 오지 않을 거야.)

❖ そうだろうね。
그렇게 생각해.

❖ そうかもしれないね。
그럴지도 몰라.

❖ あなたの言うとおりかもね。
네가 옳을지도 몰라.

❖ はっきりわからないよ。
확실히 몰라.

❖ 多少ね。
약간.

> A : 酔っ払っているの?
> (취했니?)
>
> B : う~ん、多少ね。
> (응, 약간.)

❖ 場合によるよ。
경우에 따라 달라.

> A : 来週の会議には出られる?
> (다음 주 회의에 참석할 수 있어?)
>
> B : 場合によるよ。
> (상황에 달렸어.)

❖ そうだといいけれどね。
그렇다면 좋겠어.

> A : 君ならできるよ!
> (너라면 할 수 있어!)
>
> B : そうだといいけれどね。
> (그렇다면 좋겠어.)

❖ どちらとも言いきれないよ。
어느 쪽이라고 말할 수 없어.

> A : あなたは社交的なタイプですか。
> (당신은 사교적인 타입입니까?)
>
> B : そうだな。どちらとも言いきれないよ。
> (글쎄. 그렇다고 할 수도 있고 아니라고 할 수도 있어요.)

Part 01

❖ 何とも言えないね。
뭐라고 말할 수 없어.

> A : 私たちが勝つと思う?
> (너는 우리가 이길 거라 생각해?)
>
> B : 何とも言えないね。
> (뭐라고 말할 수 없어.)

❖ 君の好きなものでいいよ。
너 좋을 대로 해.

> A : 夕食は何にする?
> (저녁은 뭘 먹을까?)
>
> B : 君の好きなものでいいよ。
> (네가 좋아하는 거 아무거나.)

❖ 君がそう言うのなら、それでいいよ。
네가 원한다면 그렇게 하자.

A：今夜は外食しましょう。
（오늘밤 외식합시다.）

B：君がそう言うのなら、それでいいよ。
（네가 원한다면 그렇게 하자.）

❖ どうでもいいよ。
아무래도 좋아.

A：白いシャツを着ようかしら、それともピンク?
（흰색 셔츠를 입을까, 아니면 분홍색?）

B：どうでもいいよ。
（아무래도 좋아.）

대답을 보류할 때

❖ 考えておくよ。
생각해 볼게.

A：この仕事を引き受けてくれないか?
（이 일을 맡아주지 않을래?）

B：考えておくよ。
（생각해볼 게.）

❖ 考えさせてよ。
생각 좀 해보자.

❖ 今すぐには決められないな。
지금 바로는 결정 못하겠어.

❖ ひと晩考えさせてください。
하룻밤 생각을 좀 해볼게요.

A：この車を買いませんか。
（이 차를 사겠습니까?）

B：そうですね。ひと晩考えさせてください。
（글쎄요. 하룻밤 생각을 좀 해볼게요.）

❖ 考かんがえる時間じ かんをください。

생각할 시간을 주세요.

> A : 僕ぼくと一緒いっしょにソウルへ行いってほしいんだ。
> (나와 함께 서울에 갔으면 좋겠어.)
>
> B : 考かんがえる時間じ かんをください。
> (생각할 시간을 주세요.)

❖ まだはっきりした返事へん じはできないんです。

이직 확답을 드릴 수는 없습니다.

❖ 頭あたまを冷ひやして考かんがえ直なおさなければ。

침착하게 다시 생각해 봐야겠어.

❖ どうしたらいいかを検討けん とうしてみます。

어떻게 하면 좋을지를 검토해 보겠습니다.

> A : 一層いっそうの値引ね びきを考かんがえていただきたいのですが。
> (가격을 더 할인해 주셨으면 합니다만)
>
> B : どうしたらいいかを検討けん とうしてみます。
> (어떻게 하면 좋을지를 검토해 보겠습니다.)

사람을 부를 때

서로 아는 사이라면 이름이나 직책, 호칭으로 표현하지만, 모르는 사람을 부를 때는 보통 「**すみません**(실례합니다)」라고 합니다. 하지만 상대의 이름만을 부를 때는 신중을 기해야 합니다. 이것은 상대와 무척 친한 사이에만 쓸 수 있으므로 친근한 사이가 아니면 실례가 됩니다. 또한 상대와 대화를 원할 때는 상대의 사정을 살피며 お暇ですか(시간 있으세요?)라고 하면 됩니다.

사람을 부를 때

❖ おい!
　어이!

❖ あのう。
　저.

❖ あのう、すみません。
　저, 실례합니다.

❖ もしもし。
　여보세요.

❖ あのう、ちょっと…。
　저, 잠깐 ….

❖ ねえ、ちょっと待って。
　저기, 잠깐 기다려요.

❖ すみません。ちょっとうかがいたいのですが。
　미안합니다. 좀 여쭤보고 싶은데요.

❖ 皆さん、聞いてください!
　여러분, 들으세요!

호칭을 부를 때	❖ お父さん! 아버지!
	❖ 先生! 선생님!
	❖ ウエートレスさん! 웨이트리스!
	❖ お嬢さん、ハンカチ落としましたよ。 아가씨, 손수건이 떨어졌어요.
	❖ 田中さん、ちょっとすみません。 다나카 씨, 잠깐 실례해요.
주의를 끌 때	❖ 見て。 봐요.
	❖ ねえ、あれ、何? 저어, 저게 뭐지?
	❖ 聞いて。 들어봐요.
	❖ ちょっと聞いてよ。 좀 들어줘.
	❖ よーく聞いてね。 잘 들어요.
	❖ いいかい? 됐니?

❖ あのさあ…。
  저 그러니까….

❖ 何これ!?
  뭐야, 이거!?

말을 꺼낼 때

❖ あのね。
  저어.

❖ 話があるんだけど。
  할 이야기가 있는데.

❖ 話したいことがあるの。
  이야기하고 싶은 것이 있어.

❖ 聞いてもらいたいことがあるんだけど。
  들어 주었으면 하는 것이 있는데.

❖ 今、話してもいい?
  지금 이야기해도 될까?

❖ 今、少し時間ある?
  지금, 시간 좀 있나?

❖ 今、ちょっといい?
  지금 잠깐 괜찮겠니?

❖ 相談したいことがあるの。
  의논하고 싶은 일이 있어.

❖ 実はさあ…。
  실은 말이야….

436

어떤 상대방과 대화를 나누고 싶다는 자신의 의사를 밝힐 경우에는 「お話ししたいこと
がありますが(드릴 말씀이 있는데요)」라고 말하고, 특정인과의 대화를 위해서 끼어든
경우에는 「お話中, 申し訳ありませんが(말씀 중에 죄송합니다)」라고 표현합니다. 또한
말문을 자연스럽게 트기 위해서는 공통의 화제로 상대의 주의를 끌도록 합시다. 「いい
天気でしょう(날씨가 좋죠?)」처럼 날씨부터 시작하는 것이 가장 무난한 표현입니다.

말을 걸 때

❖ いい天気ですね。
날씨가 좋군요.

❖ 涼しくて気持ちがいいですね。
시원해서 기분이 좋군요.

❖ いやな天気ですね。
날씨가 우중충하네요.

❖ この席はどなたかおられますか。
이 자리에는 누가 있습니까?

❖ ご遠方までお出かけですか。
멀리까지 가십니까?

❖ 新聞はいかがですか。
신문은 어떠십니까?

❖ すばらしい眺めですね。
경치가 멋지네요.

❖ 日本語をお話しになりますか。
일본어를 하십니까?

❖ 日本語はどうですか。

일본어는 어때요?

❖ こちらは初めてですか。

여기는 처음입니까?

❖ ちょっとすみません。

실례합니다.

❖ すみません、何か落としましたよ。

실례합니다, 뭘 떨어뜨리셨네요.

❖ すみません、ここは禁煙ですよ。

미안합니다, 이곳은 금연입니다.

❖ あのね。

있잖아.

❖ 聞いて!

들어 봐!

❖ 皆さん、ちょっと聞いてください。

여러분, 잠깐 주목해 주세요.

❖ 今、ちょっといいかな?

잠깐 시간 좀 내줄 수 있어요?

❖ お忙しいところすみません。

바쁘실 텐데 죄송합니다.

❖ お話し中すみません。

말씀 중인데 죄송합니다.

❖ 話があるんだけど。

할 얘기가 있는데.

A：話があるんだけど。
（할 말이 있는데.）

B：いいわよ。何かしら？
（좋아. 뭐야?）

❖ 聞きたい？

듣고 싶니?

A：すごいニュースがあるんだ。聞きたい？
（굉장한 뉴스가 있어. 듣고 싶니?）

B：教えてよ。何なの？
（가르쳐줘. 뭐야?）

❖ これを聞いたら驚くと思うけれど。

이걸 들으면 놀랄 거야.

A：これを聞いたら驚くと思うけれど。
（이걸 들으면 놀랄걸.）

B：何だい？興味あるな。
（뭔데? 궁금하잖아.）

**상황에 따라 말을
걸 때**

❖ 何かお役に立てますか。

좀 도와 드릴까요?

❖ お困りのようですが、私にできることがあ
りますか。

난처한 것 같은데요. 제가 할 수 있는 게 있습니까?

❖ 少し顔色が悪いようですね。

안색이 좀 안 좋은 것 같군요.

◆ 失礼ですが、以前にお会いしたでしょうか。

실례지만, 이전에 뵈었던가요?

◆ 失礼ですが、どちらから?

실례합니다만, 어디에서 (오셨나요)?

◆ 失礼ですが、以前どこかでお会いしません
でしたか。

실례합니다만, 이전에 어디선가 만나지 않았습니까?

◆ 川村さんじゃありませんか。ソウルで会っ
たキムですよ。

가와무라 씨가 아니세요? 서울에서 만난 김입니다.

◆ 日本の方ですか。

일본 분이십니까?

| 대화 도중에 말을 걸 때 |

◆ 先生、すみません。質問してもよろしい
でしょうか。

선생님, 실례합니다. 질문해도 되겠습니까?

◆ お話の途中ですけど…。

말씀 중입니다만…

◆ 今お忙しいですか。

지금 바쁘십니까?

◆ ちょっとお話しいていいでしょうか。

잠깐 말씀드려도 되겠어요?

◆ ちょっとお時間をいただけますか。

잠깐 시간을 주시겠습니까?

440

❖ お話ししたいことがあるのですが。

말씀드리고 싶은 게 있는데요.

❖ お話中失礼ですが、ちょっとお話をしたいのですが。

말씀 중에 실례합니다만, 잠깐 말씀드리고 싶은 게 있는데요.

❖ ちょっとお尋ねしたいことがあるのですが。

좀 여쭙고 싶은 게 있는데요.

❖ お手間はとらせません。

시간을 많이 드릴 수 없습니다.

❖ 二、三分でよろしいですか。

2, 3분 정도로 괜찮으시겠습니까?

용건을 말할 때

❖ ご用件をどうぞ。

용건을 말씀하십시오.

❖ 取引をしたいんですが。

거래를 하고 싶습니다만.

❖ 契約の件について商談したいんですが。

계약건에 대해서 상담하고 싶은데요.

❖ 木村さんと今日会うことに約束したんですが。

기무라 씨와 오늘 만나기로 약속을 했는데요.

❖ 田中さんとお話ししたいんですが。

다나카 씨와 통화하고 싶은데요.

441

맞장구는 상대의 이야기를 잘 듣고 있으니 계속하라는 의사 표현의 하나입니다. 일본어에서 주로 쓰이는 자연스런 맞장구로는 そうですか, なるほど, そのとおりです 등이 있으며, そうですか는 상대의 말에 적극적인 관심을 피력할 때 쓰이는 표현으로 우리말의「그렇습니까?」에 해당합니다. 친구나 아랫사람이라면 가볍게 끝을 올려서 そう?나 そうなの?로 표현하면 적절한 맞장구가 됩니다.

맞장구를 칠 때

❖ なるほど
　과연.

❖ わかったよ。
　알았어.

❖ わからないな。
　모르겠어.

❖ 確かにそうだね。
　확실히 그래.

❖ それで?
　그래서?

❖ 聞いているよ。
　듣고 있어.

❖ それからどうしたの?
　그래서 어떻게 됐어?

❖ それは面白いね。
　그거 흥미롭군.

❖ それはひどいな。
　정말 끔찍해.

❖ そうだろうね。
그렇겠지.

> A : 中村ったら、成功して得意になっているのよ。
> (나카무라는 성공해서 의기양양하고 있어.)
>
> B : そうだろうね。
> (그렇겠지.)

❖ それは驚きだね。
정말 놀라워.

❖ それがどうかしたの?
그래서 어떻다는 거야?

> A : あなたって、中村に対して冷たいのね。
> (너, 나카무라에게 차갑더라.)
>
> B : それがどうかしたの?
> (그래서 어떻다는 거야?)

❖ たとえば?
예를 들면?

> A : そのチャリティーのためにできることはた
> くさんあるんだよ。
> (그 자선쇼를 위해서 할 수 있는 일이 많이 있어.)
>
> B : たとえば?
> (예를 들면?)

❖ それはよかったね。
그거 잘됐네.

> A : 母の体調はよくなってきているよ。
> (엄마의 건강이 좋아지고 있어.)
>
> B : それはよかったね。
> (그거 잘됐네.)

❖ それは気の毒ね。

그거 안 됐군.

> A : 先週、うちの犬が死んだんだ。
> (지난주에 우리집 개가 죽었어.)
>
> B : それは気の毒ね。
> (그거 안 됐어.)

❖ それは残念だな。

그거 유감스럽군.

> A : 悪いけれど、スキー旅行には行けないんだ。
> (불행하게도 스키여행에 못 가.)
>
> B : それは残念だな。
> (그거 유감이야.)

❖ やっぱりね。

역시.

> A : すみませんが、チケットは売り切れです。
> (죄송하지만 티켓은 매진입니다.)
>
> B : やっぱりね。
> (역시.)

되물을 때

❖ 何?

뭐라고?

❖ 何ですか。

뭡니까?

❖ 本当?

정말?

❖ 何て言ったの?

뭐라고 말했니?

❖ 何か言った?

뭐라고 말한 거니?

> A : 何か言った?
> (뭐라고 말한 거니?)
> B : いや、何でもないよ。
> (아니, 아무 것도 아니야)

❖ もう一度言って。

다시 한 번 말해 봐.

❖ もう一度言ってもらえますか。

다시 한 번 말씀해 주시겠어요?

❖ おっしゃっていることがよくわからないのですが。

무슨 말씀인지 잘 모르겠습니다만.

❖ どういう意味ですか。

무슨 뜻입니까?

❖ そこのところを説明していただけますか。

그것을 설명해 주시겠습니까?

❖ もっとゆっくり話してもらえますか。

조금 천천히 말씀해 주겠어요?

❖ もっと大きな声で話してください。

좀더 크게 말씀해 주세요.

❖ 聞こえないよ。

안 들려요.

❖ 聞こえなかったんだ。

안 들렸어.

❖ 要点を言ってくれないかな。

요점을 말해 줄래요.

❖ 何の話?

무슨 얘기야?

A : おめでとう! よくやったね。
　　(축하해! 잘했어.)

B : 何の話?
　　(무슨 얘기야?)

❖ 何のために?

무엇 때문에?

A : 次回は1時間早く来てください。
　　(다음에는 1시간 빨리 오세요.)

B : 何のために?
　　(무엇 때문에?)

❖ 誰がそう言ったの?

누가 그래?

A : 赤ワインは身体にいいって聞いたよ。
　　(적포도주는 몸에 좋다고 들었어.)

B : 誰がそう言ったの?
　　(누가 그래?)

❖ 本当に彼がそう言ったの?

정말 그가 그렇게 말했어?

446

わかる와 知る는 우리말의 「알다」로 해석되는 동사이지만, わかる는 듣거나 보거나 해서 이해, 인식하다는 의미로 쓰이며, 知る는 학습이나 외부로부터의 지식을 습득하여 안다는 의미로 쓰입니다. 흔히 「알겠습니다」의 표현으로 わかりました를 쓰지만, 상사나 고객에게는 承知しました나 かしこまりました를 쓰는 것이 좋다. 또한 그 반대 표현인 「모르겠습니다」도 わかりません이 아니라 わかりかねます라고 하는 것이 좋습니다.

이해를 확인할 때

❖ わかる?
알겠니?

❖ わかった?
알았니?

A : もっと一生懸命に勉強してほしいのよ。
わかった?
(좀더 열심히 공부하기를 바란다. 알겠니?)

B : わかったよ。
(알았어.)

❖ ね?
그렇지?

A : このソフトウェア、操作が簡単なんだね。
(이 소프트웨어, 조작이 간단하네.)

B : ね? 言ったとおりでしょ。
(그렇지? 내 말대로지?)

❖ はっきりわかったかな?
분명히 알겠어?

A : はっきりわかったかな?
(분명히 알겠어?)

B : はい、完全に理解しました。
(네, 확실히 이해했습니다.)

❖ その点をはっきりさせておきたいんだ。

그걸 확실히 해두고 싶어.

> A : 誰の責任なの？　その点をはっきりさせて
> おきたいんだ。
> (누구 책임이야? 그 점을 확실히 해두고 싶어.)
>
> B : それは青山の責任だよ。
> (그것은 아오야마 책임이야.)

❖ そのことを確認しておきたいんだ。

그걸 확인해 두고 싶어.

❖ 私の言っていることがわかる？

내가 말하고 있는 것 알겠어?

❖ どういうことかわかったかな？

무슨 말인지 알았니?

❖ ここまではわかる？

여기까지는 알겠니?

❖ 私の話を聞いてる？

내 말 듣고 있니?

> A : 私の話を聞いてる？
> (내 말 듣고 있니?)
>
> B : うん、それで？
> (응, 그래서?)

❖ 私の言っていること、聞こえる？

내가 말하는 것, 들리니?

> A : 私の言っていること、聞こえる？
> (네가 말하는 것, 들리니?)
>
> B : いや、周りがうるさすぎるんだ。
> (아니, 주변이 너무 시끄러워서.)

448

❖ 確かにそうなの?

확실하니?

> A : 中村さん、大阪に転勤するんだよ。
> (나카무라 씨, 오사카로 전근될 거래.)
>
> B : 確かにそうなの?
> (확실해?)

❖ 確かだよ。

확실해.

❖ それでいい?

괜찮아?

> A : 私は遅れると思うわ。それでいい?
> (나는 늦을 것 같아. 괜찮겠니?)
>
> B : 問題ないよ。
> (괜찮아.)

❖ 君もそう思うだろ?

너도 그렇게 생각하지?

Part 01

이해를 나타낼 때

❖ なるほど、分かります。

그렇군요, 알겠습니다.

❖ なるほど、よく分かりました。

과연, 잘 알았습니다.

❖ 彼は飲み込みが早い。

그는 이해가 빨라.

❖ 分かりません。

모르겠습니다.

❖ 本当に知らないんです。

정말로 모르겠어요.

❖ わたしも知らないんです。

저도 모르겠습니다.

❖ さっぱり分かりません。

도무지 모르겠습니다.

❖ 聞いたこともありません。

들은 적도 없습니다.

❖ それは初耳ですね。

그건 금시초문인데요.

❖ よく分からないのです。

잘 모르겠어요.

❖ ぼんやりとしか分かりません。

어렴풋이 밖에 모르겠습니다.

**일본어 이해를
나타낼 때**

❖ ちょっとだけ話します。

조금 말할 뿐입니다.

❖ あまりうまくないのです。

그다지 잘 못합니다.

❖ 私の日本語はまだ初歩です。

저의 일본어는 아직 초보입니다.

❖ 話すのに慣れていません。

말하는 데는 익숙하지 못합니다.

やっと相手に通じる程度です。
겨우 상대와 통하는 정도입니다.

あまり話す機会がありません。
별로 말할 기회가 없습니다.

うまく日本語で言えないことがあります。
일본어로 잘 말하지 못하는 것도 있습니다.

いいえ、まだ下手です。
아뇨, 아직 서툽니다.

まだまだです。
아직 멀었습니다.

Part
01

잘 알아들을 수 없을 때

聞こえてますか。
들립니까?

声を大きくしましょうか。
목소리를 크게 할까요?

話し方が速すぎますか。
말투가 너무 빠릅니까?

もう一度言ってくれますか。
다시 한 번 말해 주겠어요?

すみません、もう一度言ってくださいませんか。
미안합니다. 다시 한 번 말씀해 주시겠습니까?

聞き取れません。もう一度お願いします。
못 알아듣겠습니다. 다시 한 번 부탁합니다.

❖ 速すぎてわかりません。ゆっくり話してくれませんか。
너무 빨라서 모르겠습니다. 천천히 말해 주겠어요?

❖ もっとはっきり話してくれますか。
더 확실히 말해 주겠어요?

❖ 耳が遠くてよく聞き取れません。
귀가 멀어서 잘 알아듣지 못합니다.

대화를 하다 보면 짧고 간단한 표현으로 상대에게 확실한 의사 표시를 할 수 있습니다. 예를 들면 전철 안에서 복잡한 사람들 사이를 헤치고 내리려고 할 때 「길 좀 비켜 주세요.」를 일본어로 어떻게 표현할까? 이 표현을 직역해서 말하려고 하다 보면 이미 말할 기회가 놓치게 됩니다. 이럴 때는 간단히 「すみません(미안합니다)」라고 합니다. 따라서 외국인과 대화를 할 때는 쉽고 짧은 표현을 사용하는 것이 대화를 계속할 수 있는 요령입니다.

생각하면서 말할 때

❖ そうだなぁ。
글쎄.

> A : 今度はいつ会おうか。
> (이제 언제 만날까?)
>
> B : そうだなぁ。水曜日はどう?
> (글쎄. 수요일은 어때?)

❖ つまり、
내 말은,

> A : 松本はパーティーに来るの?
> (마츠모토는 파티에 오나?)
>
> B : 彼女は忙しいんだ… つまり、来られないんだよ。
> (그녀는 바빠서… 내 말은, 못 와.)

❖ 何を言おうとしたんだっけ?
무슨 말을 하려고 했더라?

❖ どこまで話したかな?
어디까지 말했지?

A：最後まで言わせてくれよ。どこまで話したかな。
（내가 말을 끝마칠게. 어디까지 말했지?）

B：教授に会いに行ったっていうところまでよ。
（교수를 만나러 갔었다고 까지야）

❖ 何て言ったらいいのかわからないのだけど。

어떻게 말해야 할지 모르겠어.

A：デートはどうだった？
（데이트는 어땠나?）

B：何て言ったらいいのかわからないのだけど、あまりうまくいかなかったわ。
（어떻게 말해야 할지 모르겠어. 썩 잘되지는 않았어.）

❖ 何て言ったらいいのかな？

어떻게 말하면 좋을까?

❖ 何だったかな？

뭐였더라?

❖ 適当な言葉が思いつかないのだけど。

적당한 말이 생각나지 않지만.

❖ 私の知る限りでは、

내가 알기로는,

A：会議には何人出席するんですか。
（회의에 몇 사람이 출석합니까?）

B：私の知る限りでは、4人です。
（내가 알기로는 네 명입니다.）

❖ 私に関して言えば、

내 의견을 말하지면,

454

A : プロジェクト全体を延期しなければ。
（프로젝트 전체를 연기해야 해.）

B : 私に関して言えば、何とかなります。
（내 의견을 말하자면 어떻게든 됩니다.）

❖ 個人的には、

개인적으로,

A : 授業はどうだった?
（수업은 어땠니?）

B : 個人的には、気に入らなかったね。
（개인적으로는 마음에 들지 않았어.）

❖ はっきり言って、

분명히 말해서,

A : はっきり言って、彼が有能だとは思えないんだ。
（분명히 말해서 그가 유능하다고 생각지 않아.）

B : 私もそう感じるわ。
（나도 그렇게 느껴.）

❖ まじめな話、

진지하게 말하자면,

A : 本当に彼女と結婚するわけじゃないだろう?
（정말 그녀와 결혼할 거는 아니지?）

B : まじめな話、ゆうべ彼女にプロポーズしたんだ。
（진지하게 말하자면 어젯밤 그녀에게 청혼했어.）

화제를 바꿀 때

❖ 話題を変えよう。

화제를 바꾸자.

> A : 中村の話はもう聞き飽きたわ。
> (나카무라 이야기는 듣는 것조차 지겨워.)
>
> B : わかったよ。話題を変えよう。
> (알았어. 화제를 바꾸자.)

❖ さて、

이제,

> A : さて、次は栄養について考えてみましょう。
> (이제, 다음에는 영양에 대해서 생각해 봅시다.)
>
> B : わかりました。ビタミンEについて質問したいのですが。
> (알겠습니다. 비타민E에 대해 질문하고 싶은데요.)

❖ ところで、

그런데,

> A : おいしいステーキでした。
> (맛있는 스테이크였습니다.)
>
> B : 本当に。ところで、寿司はお好きですか。
> (정말이야. 그런데 초밥은 좋아합니까?)

❖ 話は違うけど、

이야기는 다르지만,

> A : つまり、何もかもうまくいったんだ。
> (결국 모든 게 다 잘 됐어.)
>
> B : よかったね。話は違うけど、明日、春子に会うんだ。
> (잘됐다. 이야기는 다르지만, 내일 하루코를 만날 거야.)

❖ 話がそれてしまったね。

이야기가 주제에서 벗어났어.

❖ 本題に戻ろう。

주제로 돌아가자.

❖ 次の話題に移りましょう。

다음 화제로 옮깁시다.

❖ 話をそらさないで。

화제를 바꾸지 마.

> A : 話題を変えよう。
>   (다른 얘기 좀 해보자.)
>
> B : 話をそらさないで。
>   (화제를 바꾸지 마.)

Part 01

❖ その話はあとにしよう。

그런 이야기는 나중에 하자.

❖ そのことについては、また改めて話そう。

그것에 대해서는 다시 정식으로 얘기하자.

❖ その話はやめよう。

그 이야기는 그만두자.

❖ その話はもうやめて。

그 얘기는 이제 그만해.

> A : 確か君もダイエットをしていたんだよね。
>   (확실히 너도 다이어트했다고 생각했어.)
>
> B : その話はもうやめて。
>   (그 얘기는 이제 그만해.)

❖ いま、そのことは話したくないんだ。

지금, 그 일은 얘기하고 싶지 않아.

> A : 春子とはまだ付き合っているの?
> (하루코와는 아직 사귀고 있니?)
>
> B : うーん、いま、そのことは話したくないんだ。
> (응, 지금, 그 얘기는 하고 싶지 않아.)

❖ それは禁句だよ。

그건 입 밖에 내서는 안 돼.

> A : 中村さん、新しい部長とうまくいってないのよ。
> (나카무라 씨, 새로 온 부장님과 사이가 좋지 않아.)
>
> B : シーッ、それは禁句だよ。
> (쉬, 그런 얘기는 하면 안 돼.)

말을 재촉할 때

❖ 話してよ。

말해 봐.

> A : 落ち込んじゃうなぁ。
> (우울해.)
>
> B : 何があったの? 話してよ。
> (무슨 일 있니? 말해봐.)

❖ もっと詳しく話して。

좀 더 자세히 말해봐.

❖ その話、聞きたいな。

그 얘기를 듣고 싶어.

❖ 何か言ってよ。

뭐라고 말 좀 해봐.

❖ 興味あるよ。
きょう み

흥미가 있어.

❖ 何を考えているの?
なに かんが

무엇을 생각하고 있니?

❖ どうだった?

어땠어?

> A : 例の新しいイタリア料理店に行ったんだよ。
> れい あたら りょうり てん い
> (그 새로운 이탈리아 식당에 갔었어.)
>
> B : どうだった?
> (어땠어?)

❖ どうなった?

어떻게 됐어?

> A : 昇給の件で上司と話をしたよ。
> しょうきゅう けん じょうし はなし
> (진급 건으로 상사와 얘기했어.)
>
> B : どうなった?
> (어떻게 됐어?)

❖ 気に入った?
き い

마음에 들었니?

> A : あなたからの花束、受け取ったわ。あり
> はなたば う と
> がとう。
> (네가 보내준 꽃다발 받았어. 고마워.)
>
> B : 気に入った?
> き い
> (마음에 들었니?)

❖ 印象はどうだった?
いんしょう

인상은 어땠니?

잠깐 말이 막히거나 생각을 하면서 말할 때의 연결 표현은 상대의 기분을 거슬리지 않기 위해서도 매우 중요하고 회화에서 가장 기본적인 기술의 하나라고 할 수 있습니다. 「あのう、~(저, ~)」은 대화에서 침묵을 피할 때 적절하게 쓸 수 있는 표현입니다. 이건 「ちょっと待ってください~(잠시 기다려 주십시오~)」에 해당하는 대화의 연결 표현이므로 자연스럽게 말하면서 다음 말을 생각하도록 합시다.

말이 막힐 때

❖ え~と…。
에~ 그러니까…

❖ つまり、その…。
요컨대 그…

❖ 何だっけ?
뭐더라?

❖ でも…。
하지만…

❖ それで…。
그래서…

❖ うん…、だから…。
응…, 그러니까…

❖ あのう…。
저어…

❖ のどまで出かかっているんだ。
목구멍에서 빙빙 도는데 나오질 않아.

❖ あのね…。
저 말이죠

❖ まあ、そうですね…。
글쎄요….

❖ つまり…。
그러니까….

❖ 何て言ったらいいのか…。
뭐라 말하면 좋을지….

❖ 何と言ったらいいのかわからないのだけれど…。
뭐라고 말하면 좋을지 모르겠는데….

❖ どう言えばいいか、わからないけれど…。
어떻게 말하면 좋을지 모르겠지만….

답변을 요구할 때

❖ 何か言ってよ。
뭔가 말해줘.

❖ もっと詳しく知りたいんだ。
더 자세히 알고 싶어.

❖ 旅行はどうだった?
여행은 어땠니?

❖ ちゃんと聞いてるよ。
잘 듣고 있어.

❖ 会議はどうだった?
회의는 어땠니?

❖ 話を続けてくれ。
이야기를 계속하게.

461

❖ 世間話をしただけだよ。

세상 돌아가는 이야기를 했을 뿐이야.

❖ 映画はどうだった?

영화는 어땠니?

❖ 芝居はおもしろかった?

연극은 재미있었니?

❖ 今そのことを話し合いたいんだ。

지금 그것을 의논하고 싶어.

❖ 英語で話そう。

영어로 이야기하자.

❖ 雑談でもしましょう。

잡담이라도 합시다.

❖ 要点だけ話してください。

요점만 말해 주세요.

❖ 今日はどうだった?

오늘은 어땠니?

❖ どうぞ話を続けてください。聞いているから。

자 이야기를 계속하세요. 듣고 있으니까.

**상대방 얘기를 일단
인정하고 다음 말을
이을 때**

❖ 失礼ですが…。

실례합니다만….

❖ 違うかもしれませんが…。

다를지도 모르겠습니다만….

462

❖ おっしゃるとおりかもしれませんが、お考えちがいのようですね。

말씀하신 대로일지도 모르겠습니다만, (당신의) 생각이 틀린 것 같군요.

❖ ご意見は尊重しますが、私は別の考えを持っています。

의견은 존중합니다만, 저는 다른 생각을 갖고 있습니다.

❖ おっしゃることは本当でしょうが…。

말씀하신 것은 사실이겠지만…

❖ おっしゃる意味はよくわかりますが…。

말씀하신 뜻은 잘 알겠습니다만…

❖ それはいかにも結構なんですが…。

그건 정말로 만족스럽습니다만…

❖ ま、それは認めますが…。

글쎄, 그건 인정하지만…

❖ なるほど、でも問題は…。

과연, 하지만 문제는…

❖ 誤解しないでいただきたいのですが…。

오해하지 말아 주셨으면 합니다만…

❖ 信じられないかもしれませんが…。

믿지 않을지도 모르겠습니다만…

❖ ちょっと妙だと思うかもしれませんが…。

좀 이상하다고 생각할지도 모르겠습니다만…

❖ 気を悪くしないでいただきたいんですが…。

기분 나쁘지 않으셨으면 합니다만…

<table>
<tr><td>말을 꺼내거나
주저할 때</td><td>

❖ あのう…。

저어…

❖ ちょっと待ってください。

잠깐 기다려 주세요…

❖ ええと、たしか…。

저어, 분명…

❖ ええと、そうですね。

저어, 글쎄요.

❖ 待ってよ、辞書をどこへ置いたかな。

기다려요, 사전을 어디에 놓았지.

</td></tr>
<tr><td>적당한 말이 생각나지
않을 때</td><td>

❖ 昨夜、ええと…名前は何と言ったか…あの人に出会いましたよ。

어젯밤, 음… 이름은 뭐였더라… 그 사람을 만났어요.

❖ 何を言いかけていたんだっけ。そうそう…。

뭐라고 말을 했더라. 그래그래….

❖ あれ、ちょっと待ってくださいよ。何でしたっけ…。

그래, 잠깐 기다려 주세요. 뭐였더라….

❖ ええと、どこまで話したかな。

저어, 어디까지 말했더라.

</td></tr>
</table>

❖ どうもうまい言葉が思いつかないのです
が…。
아무래도 적당한 말이 생각이 나질 않습니다만…

❖ 日本語では何と言うのかわかりません
が…。
일본어로는 뭐라고 하는지 모르겠는데요…

❖ 何と言ったらよいか…。
뭐라고 하면 좋을지…

❖ 日本語では何とかと言うんですが…。
일본어로는 뭐라고 하는데…

❖ そうですね、こんなふうに言いましょうか。
글쎄요, 이런 식으로 말해볼까요?

❖ 私の知る限りでは…。
제가 알기로는…

❖ ほら、こうなんですよ。
자, 이렇습니다.

❖ よかったら、コーラか何かをもらえますか。
괜찮다면, 콜라나 뭐를 줄 수 있어요?

❖ 彼はまた遅刻したよ。車が故障したと
かどうとかだった。
그는 또 지각했어. 차가 고장 났다던가 뭐라던가 하더군.

❖ あの、一種の室内ゲームなんですよ。
저, 일종의 실내 게임입니다.

❖ ほら、あれみたいな物なんですが…。
봐, 저런 것 같은 건데요…

465

❖ あの、私の言う意味はわかるでしょう？

저, 내가 말하는 뜻은 알겠어요?

❖ つまり、私が言いたいのは…。

요컨대, 제가 하고 싶은 말은….

❖ つまり、私が言いたかったのは…。

요컨대, 제가 말하고 싶었던 것은….

말하면서 생각할 때

❖ 少しお金貸してもらえないかなあ、そうだな、千円。

돈 좀 빌릴 수 없겠나. 그래, 천 엔.

❖ ちょっと考えさせてください。

잠시 생각해볼게요.

❖ ちょっと待ってくださいよ。予定表を見ないと…。

잠깐 기다리세요. 예정표를 봐야 하는데….

❖ それはいいですね。でも予定表を見させてください。

그거 좋겠군요. 하지만 예정표를 보고요.

❖ ええと、そうですね。

저어, 글쎄요.

❖ はっきりしませんが、五時には来ると思います。

확실하지 않지만, 5시에는 올 것입니다.

❖ よくわかりませんが、たぶん…。
잘 모르겠습니다만, 아마….

❖ 私の記憶が正しければ…。
제 기억이 올바르다면….

❖ よく覚えてないが…。
잘 기억이 안 나지만….

❖ 強いて言うとしたら…。
굳이 말하자면….

Part 01

말을 막을 때

❖ ごちゃごちゃ口出ししないでよ。
너저분하게 말참견하지 마.

❖ 大声を出すな!
큰소리 지르지 마!

❖ ぶつぶつ言うな!
투덜거리지 마!

❖ 少しおとなしくしなさい。
좀 얌전하게 해라.

❖ がみがみ言うな!
시끄럽게 하지 마!

❖ 口答えはしないで!
말대꾸하지 말이요!

❖ 黙っていろよ。あんたはおしゃべりだな!
잠자코 있어. 너는 말이 많아!

Part
02

Expression of Opinion
의견 표현

「~についてどう思いますか(~에 대해서 어떻게 생각하세요?)」는 뭔가에 대해서 상대의 견해를 묻는 가장 기본적인 표현입니다. 그밖에 「ご意見はいかがですか(의견은 어떠십니까?)」 등이 있습니다. 이에 대해 자신의 의견이나 견해를 말하고자 할 때는 먼저 私の考えでは、~(내 생각은, ~) 등으로 서두를 꺼내고 하고 싶은 말을 연결하면 됩니다. 상대방의 의견을 칭찬할 때는 「そのとおりです(바로 그겁니다!)」 등으로 표현할 수 있습니다.

의견을 나타낼 때

❖ 考えがあるんだ。

생각이 있어.

❖ いい考えがあるよ。

좋은 생각이 있어.

❖ 提案したいことがあります。

제안하고 싶은 게 있습니다.

❖ こうしたらどうかな?

이렇게 하면 어때?

> A : こうしたらどうかな? 中村さんに話してみるんだ。
> (이렇게 하면 어때? 우리가 나카무라 씨께 얘기해보는 거야)
>
> B : ああ、それはいい考えだね。
> (그래, 그거 좋은 생각이다.)

❖ 僕の意見としては、やってみるべきだと思うよ。

내 생각으로는 해봐야 할 것 같아.

> A : どうしたらいいかしら?
> (어떻게 하면 좋을까?)
>
> B : 僕の意見としては、やってみるべきだと思うよ。
> (내 생각으로는 저걸 해봐야 할 것 같아.)

❖ 私としては賛成できないわ。

나로서는 찬성할 수 없어.

> A : あなたはどう思う?
> (너는 어떻게 생각해?)
>
> B : 私としては賛成できないわ。
> (나로서는 찬성할 수 없어.)

❖ ひとこと言わせてください。

한마디 하고 싶습니다.

❖ 最後まで言わせてよ。

끝까지 말할게.

❖ はっきり言っておこう。

분명히 말해 둘게.

> A : いちいち指示しないでよ!
> (일일이 지시하지 말아요!)
>
> B : はっきり言っておこう。私は父親なんだ。
> (분명히 말해 둘게. 난 네 아빠야)

❖ あなたは?

넌 어때?

> A : 私はチキンサンドイッチをいただきます。あなたは?
> (저는 치킨 샌드위치를 먹겠습니다. 당신은요?)
>
> B : 私はハンバーガーにします。
> (저는 햄버거를 먹을게요)

❖ あなたはどう思う?

넌 어떻게 생각해?

A : 車を買い替える必要があるわ。あなたは
　　どう思う？
　　(차를 새로 살 필요가 있어. 너는 어떻게 생각해?)

B : 賛成だよ。
　　(찬성이야.)

❖ 君の意見を聞かせてよ。
　　너의 의견을 말해줘.

❖ 思っていることを聞かせて。
　　생각하고 있는 것을 말해줘.

❖ ほかに何かある？
　　뭐 다른 건 없어?

❖ そう思わない？
　　그렇게 생각하지 않니?

의견을 받아들일 때

❖ いいよ。
　　물론.

A : ちょっと待ってくれる。
　　(잠깐만 기다려줄래?)

B : いいよ。
　　(물론.)

❖ わかりました。
　　알았어요.

A : タクシーを呼んでもらえますか。
　　(택시를 불러 주실래요?)

B : わかりました。
　　(알았어요.)

❖ お安いご用だよ。

やす　　　よう

문제없어.

> A : お皿を洗ってくれる？
> さら　あら
> (접시를 닦아 줄래?)
>
> B : お安いご用だよ。
> やす　　　よう
> (문제없어.)

❖ 喜んで。

よろこ

기꺼이.

> A : 家まで送ってもらえますか。
> いえ　　おく
> (집까지 데려다 줄래요?)
>
> B : 喜んで。
> よろこ
> (기꺼이.)

❖ 喜んで手伝うよ。

よろこ　　てつだ

기꺼이 도와줄게.

❖ 何をすればいいの？

なに

무엇을 하면 되겠니?

❖ 何をしてほしいの？

なに

뭘 해주기를 바라니?

❖ 君の言うとおりにするよ。

きみ　い

네가 말하는 대로 할게.

> A : この部屋の模様替えを手伝ってくれる？
> へや　　もようが　　てつだ
> (이 방을 다시 꾸미는 걸 도와줄래?)
>
> B : わかった。君の言うとおりにするよ。
> きみ　い
> (알았어. 네 말대로 할게.)

473

❖ できることなら何でもするよ。

가능한 무엇이든 할게.

❖ 遠慮しないで言ってよ。

서슴없이 부탁해라.

❖ 簡単なことさ。

쉬운 일이야.

❖ 私がやっておくわ。

내가 할게.

> A : このビデオ、返しにいってくれるかな?
> (이 비디오, 반납해 줄래?)
>
> B : いいわよ。私がやっておくわ。
> (좋아. 내가 할게.)

❖ 僕に任せて。

내게 맡겨.

> A : 飛行機の予約をしておいてくれる?
> (비행기 예약해 줄래?)
>
> B : わかった。僕に任せて。
> (알았어. 내게 맡겨.)

❖ しょうがないなぁ。

어쩔 수 없군.

> A : デパートまで車で連れていってくれる?
> (백화점까지 차로 데려다 줄래?)
>
> B : しょうがないなぁ。
> (어쩔 수 없군.)

❖ まったくかまいませんよ。

상관없습니다.

❖ 残念だけどそれはできないよ。
유감스럽게도 그건 못하겠어.

> A : お金を貸してくれる?
> (돈 좀 빌려줄래?)
> B : 残念だけどそれはできないよ。
> (안됐지만 그럴 수가 없어.)

❖ 悪いけれど力になれないわ。
미안하지만 도와줄 수가 없어.

> A : 僕の代わりに報告書を書いてくれる?
> (나 대신 보고서를 써줄래?)
> B : 悪けれど力になれないわ。
> (미안하지만 도와줄 수 없어.)

Part 02

❖ お役に立ちたいのですが、できません。
도와주고 싶지만 그럴 수가 없어.

❖ すみませんが、今は忙しいので。
미안하지만 지금은 바빠서요.

❖ ほかの人に頼んでください。
다른 사람에게 부탁하세요.

❖ ダメなものはダメだね。
안 되는 건 안 되는 거야.

❖ それは無理な相談だよ。
그것은 무리한 요구야.

❖ 僕に頼むのは間違いだ。
나에게 부탁하는 것은 실수야.

❖ 絶対にイヤ！

절대 싫어!

A : 中村が君とデートしたがっているよ。
　　(나카무라가 너랑 데이트하고 싶어 해.)

B : 絶対にイヤ！
　　(절대 싫어!)

❖ 議論の余地はないね。

의논할 여지도 없어.

❖ それは私の仕事じゃないわ。

그건 내 일이 아니야.

A : この書類をコピーしてくれる？
　　(이 서류를 복사해 줄래?)

B : それは私の仕事じゃないわ。
　　(그것은 내 일이 아니야.)

❖ そんなに断らせないでよ。

그렇게 곤란하게 하지 마.

A : お願いだよ。本当に君の助けが必要なんだ。
　　(부탁이야. 정말 너의 도움이 필요해.)

B : できないわ。そんなに断らせないでよ。
　　(못해. 그렇게 곤란하게 하지 마.)

❖ 勘弁してよ！

그만해 둬!

A : 僕の代わりにこの仕事をやってくれる？
　　(내 대신에 이 일을 해줄래?)

B : 勘弁してよ！
　　(그만 좀 해!)

❖ こちらの身にもなってよ。

내 입장이 되어 봐.

> A : 取引先に電話して断っておいてよ。
> (거래처에 전화해서 거절하겠니?)
>
> B : こちらの身にもなってよ。あなたのミスなのに。
> (내 입장이 되어 봐. 네 잘못인데)

❖ いいかげんにしろよ。

적당히 해라.

❖ ダメだって言ったでしょ。

안 된다고 말했잖아.

상대에게 허락을 구할 때 가장 일반적인 표현이 「~てもいいですか(~해도 되겠어요?)」
이다. 그밖에 「~てもかまわない(~해도 상관없다)」, 「~ても差し支えない(~해도 지장이
없다)」 등이 있습니다. 승낙할 때는 「いいですよ(좋아요)」라고 하며, 「どうぞ」는 허락
을 하는 표현으로 상황에 따라 「앉으세요, 가세요, 하세요」 등으로 다양하게 쓰일 수
있습니다. 반대로 단호하게 거절할 때는 「だめです(안 됩니다)」라고 하면 됩니다.

허락을 구할 때

❖ 入ってもいいですか。

들어가도 될까요?

❖ お手洗いをお借りできますか。

화장실 좀 써도 될까요?

❖ ひとつ聞いてもいいですか。

한 가지 물어봐도 됩니까?

❖ この本を借りてもいい?

이 책을 빌려도 되겠니?

> A : この本を借りてもいい?
> (이 책을 빌려도 되겠니?)
>
> B : もちろん。読み終わるまで持っていていいよ。
> (물론. 다 읽을 때까지 봐.)

❖ タバコを吸ってもいいですか。

담배를 피워도 됩니까?

> A : タバコを吸ってもいいですか。
> (담배를 피워도 됩니까?)
>
> B : ええ、かまいませんよ。
> (예, 피우세요.)

❖ 一緒に行ってもいい?

　함께 가도 되니?

❖ 隣に座ってもいいですか。

　옆에 앉아도 됩니까?

❖ ここに駐車してもいいですか。

　여기에 주차해도 됩니까?

❖ ここに座ってもいいですか。

　여기 앉아도 됩니까?

> A : ここに座ってもいいですか。
> 　(여기 앉아도 됩니까?)
> B : ええ、どうぞ。
> 　(네, 앉으세요)

Part
02

❖ ここで写真を撮ってもいいですか。

　여기서 사진을 찍어도 됩니까?

❖ ちょっと見てもいいですか。

　잠깐 봐도 됩니까?

❖ できれば会議を明日に延期したいのですが。

　가능하면 회의를 내일로 연기하고 싶습니다만.

❖ できれば明日、休ませてもらいたいのですが。

　가능하면 내일 쉬고 싶습니다만.

❖ さしつかえなければ、これで失礼したいの
　ですが。

　지장이 없다면, 이만 가보고 싶은데요.

❖ できればやめてほしいのですが。

　가능하면 그만 둬주셨으면 좋겠습니다만.

479

A：タバコを吸ってもいいですか。
(담배를 피워도 됩니까?)

B：できればやめてほしいのですが。
(가능하면 피우지 마셨으면 좋겠어요)

허락할 때

❖ いいよ。
좋아.

❖ いいとも!
좋고말고!

❖ 君にかかっているんだ。
너에게 달려 있어.

❖ 君がかまわなければ。
네가 상관하지 않으면.

❖ 差し支えなければ…。
지장이 없으면….

❖ ええ、どうぞ。
예, 하세요.

❖ もう帰ってもいいよ。
이제 돌아가도 돼.

❖ 何なりと、できることなら。
무엇이건 가능한 일이라면.

❖ もちろん。
물론.

❖ かしこまりました。
알겠습니다.

❖ はい、了解。
네, 알았어요.

❖ 構わないよ。
상관없어요.

❖ わかりました。
알았습니다.

❖ 賛成します。
찬성합니다.

❖ まかせてよ。
맡겨요.

❖ 喜んでするよ。
기꺼이 할게.

Part 02

❖ 仕方ないですね。
하는 수 없군요.

❖ どうぞ、ご自由に。
네, 마음대로.

❖ どちらでも構いませんよ。
어느 쪽이든 상관없어요.

❖ 明日はラフな格好でいいですよ。
내일은 캐주얼한 차림도 괜찮아요.

허락하지 않을 때

❖ 残念ながらだめです。
유감스럽지만 안 됩니다.

❖ できれば止めてください。
가능하면 그만두세요.

❖ いや! だめ!
아냐! 안 돼!

❖ まだだめだ。
아직 안 돼.

❖ 今はだめだ。あとでね。
지금은 안 돼. 나중에.

❖ ここではだめだ。
여기선 안 돼.

❖ 絶対許さん!
절대 용서 못해!

❖ いいえ、いけません。
아니, 안 됩니다.

❖ それはちょっと困るんですが。
그건 좀 곤란한데요.

요구할 때

❖ 身分証明書を見せてください。
신분증명서를 보여 주세요.

❖ 夜間工事をすぐにやめてください。
야간공사를 즉시 중단하세요.

❖ 暴力団はここから出ていけ!
폭력배는 여기서 나가라!

❖ 賃上げを要求したらいいじゃないか。
임금인상을 요구하면 되지 않을까?

❖ 待遇の改善を要求します。
치우개선을 요구합니다.

❖ この仕事にはTOEIC900点以上の英語
力が必要です。
이 일은 TOEIC 900점 이상의 영어실력이 필요합니다.

❖ ここから先に進むにはパスワードを入力
してください。
여기서 앞으로 진행하려면 패스워드를 입력해 주세요.

❖ 言いわけはいいから、お金を返してよ。
변명은 됐으니까, 돈을 갚아요.

❖ 具体的に説明していただけますか。
구체적으로 설명해 주시겠습니까?

상대방을 설득할 때는 「私の言うことを聞きなさい(내말 들으세요)」라고 하고, 상대방의 주장에 따를 때는 「ダメもとでやってみましょうよ(시험삼아 해봅시다)」라는 표현을 쓸 수 있습니다. 또한 상대에게 설명을 요구할 때는 「くわしく説明してください(자세히 설명해 주세요)」라고 하며, 자신이 설명할 때는 「ご説明申し上げます(설명드리겠습니다)」라고 말하면 됩니다.

설득할 때

❖ 君の力がぜひとも必要なんだ。
네 힘이 반드시 필요해.

❖ その仕事ができるのはあなたしかいないんです。
이 일을 할 수 있는 것은 당신 밖에 없어요.

❖ 僕の決心は固いんです。
나의 결심은 확고합니다.

❖ この際、新しいファックスを買いましょう。
이 기회에 새 팩스를 삽시다.

❖ やればできますよ。
하면 돼요.

❖ ダメもとでやってみましょうよ。
시험삼아 해봅시다.

❖ みるだけならダメですよ。
보기만 하는 것으로는 안 돼요.

❖ 一生のお願い。
평생소원이야.

❖ 説明してみましょう。

설명해 봅시다.

❖ わが社の経営方針について説明します。

우리 회사의 경영방침에 대해서 설명하겠습니다.

❖ 今年度の事業計画の概略を申し上げます。

금년 사업계획의 개략을 말씀드리겠습니다.

❖ 要点は2つです。

요점은 두 가지입니다.

❖ 順を追って説明します。

순서에 따라서 설명하겠습니다.

❖ その点について補足説明をすると、こう言えます。

그 점에 대해서 보충설명을 하자면, 이렇게 말할 수 있습니다.

❖ それについてかみ砕いて説明します。

그것에 대해서 자세하게 설명하겠습니다.

❖ これに関しては後述します。

이에 관해서는 나중에 말씀드리겠습니다.

❖ それではまだ説明不足です。

그것으로는 아직 설명이 부족합니다.

❖ 新しいネットワークシステムについて図で説明します。

새로운 네트워크 시스템에 대해서 그림으로 설명하겠습니다.

❖ これについては説明するまでもないと思います。

이에 대해서는 설명할 필요도 없을 것 같습니다.

의논할 때

❖ 相談があるんだけど。

의논할 게 있어.

❖ 相談したいことがあるんだ。

의논하고 싶은 것이 있어.

❖ 君の意見が聞きたいんだ。

네 의견이 듣고 싶어.

❖ 正直に意見を言ってほしいんだ。

솔직한 의견을 말해줘.

❖ 何かアドバイスしてもらえませんか。

조언 좀 해 주시겠습니까?

❖ 部長に相談した方がいいよ。

부장님한테 의논하는 것이 좋겠어.

❖ 誰に相談したらいいか、わからないんだ。

누구에게 의논하면 좋을지 모르겠어.

A : 誰に相談したらいいか、わからないんだ。
(누구에게 의논하면 좋을지 모르겠어.)

B : 専門家に聞くべきだと思うわ。
(전문가에게 물어봐야 할 것 같아.)

❖ 医者に相談するべきだよ。

의사에게 물어봐야 해.

A : この薬を飲むべきかしら?
（이 약을 먹어야 할까?）

B : 医者に相談するべきだよ。
（의사에게 물어봐야 해.）

❖ 親には相談したの?
부모님과는 의논했니?

A : 親には相談したの?
（부모님과는 의논했니?）

B : いや、どう言っていいかわからないんだ。
（아니, 어떻게 말해야 좋을지 모르겠어.）

❖ 相談できるのは君だけなんだよ。
의논할 수 있는 사람은 너뿐이야.

Part 02

❖ 彼って何でも奥さんに相談するのよ。
그는 무엇이든 아내와 상의해.

❖ そのことについて相談しよう。
그것에 대해 의논하자.

❖ 相談してくれてうれしいよ。
상의해 줘서 고마워.

❖ ありがとう。少し気が楽になったわ。
고마워. 조금 기분이 좋아졌어.

❖ いつでも相談にのるよ。
언제든지 상담에 응할게.

A : 話を聞いてくれてありがとう。
（얘기를 들어줘서 고마워.）

B : うん、いつでも相談にのるよ。
（응, 언제든지 상담에 응할게.）

❖ 私でよかったら、相談にのるわよ。

나라도 괜찮다면 상담에 응할게.

A : 私でよかったら、相談にのるわよ。
　　(나라도 괜찮다면 상담에 응할게.)

B : ありがとう。でも、デリケートな問題なんだ。
　　(고마워. 하지만 민감한 문제야.)

비밀 이야기를 할 때

❖ ここだけの話なんだけどね。

여기서만 하는 얘기야.

A : ここだけの話なんだけどね。
　　(여기서만 하는 얘기야.)

B : 言って。何なの?
　　(말해봐. 뭔데?)

❖ 秘密の話なんだ。

비밀 이야기야.

❖ 誰にも言ってはダメよ。

누구에게도 말해서는 안 돼.

A : 誰にも言ってはダメよ。
　　(누구에게도 말해서는 안 돼.)

B : 言わないよ。
　　(말 안 할게.)

❖ これはまだ誰にも言っていないんだけど。

이것은 아직 누구에게도 얘기한 적 없어.

❖ 誰にも言わないって約束できる?

누구에게도 말하지 않겠다고 약속할 수 있어?

❖ 秘密を守れる?

비밀 지킬 수 있어?

❖ 彼女って口が軽いのよ。

그녀는 입이 가벼워.

> A : 春子に言ってもいい?
> (하루코에게 말해도 돼?)
>
> B : やめて、彼女って口が軽いのよ。
> (안 돼. 그녀는 입이 가벼워.)

❖ これは二人だけの秘密だよ。

이것은 우리 둘 만의 비밀이야.

❖ 中村には内緒にしておこう。

나카무라한테는 비밀로 하자.

Part
02

❖ これは絶対に秘密だよ。

이것은 절대로 비밀이야.

> A : これは絶対に秘密だよ。
> (이것은 절대로 비밀이야)
>
> B : わかった。誰にも言わないから。
> (알았어. 누구에게도 말하지 않을게)

❖ 人に漏らしてはダメだよ。

다른 사람에게 누설해서는 안 돼.

❖ 内部情報なんだ。

내부 정보야.

> A : どうしてそんなことを知っているの?
> (어떻게 그런 것을 알고 있나?)
>
> B : 内部情報なんだ。
> (내부 정보야.)

489

❖ 誰かが秘密を漏らしたのね。

누군가가 비밀을 누설했어.

❖ ちょっと聞いたのだけど。

잠깐 들었어.

A : ちょっと聞いたのだけど、婚約したんですってね。
　（잠깐 들었는데, 약혼했대요.）

B : 誰に聞いたの?
　（누구에게 들었니?）

❖ それは公然の秘密だよ。

그것은 공공연한 비밀이야.

A : 鈴木と石毛が付き合っているなんて、知らなかったわ。
　（스즈키와 이시게가 사귄다니 몰랐어.）

B : それは公然の秘密だよ。
　（그것은 공공연한 비밀이야.）

일본어로 충고나 조언을 할 때 쓰이는 문형 표현으로는 「~なさい(~하시오)」처럼 명령 조부터 「~するほうがいいのではないでしょうか(~하는 것이 좋지 않을까요?)」처럼 완곡하게 표현하는 경우에 이르기까지 여러 가지가 있습니다. 충고나 조언은 받는 사람의 입장에 따라서 언짢게 들릴 수도 있으므로 상대의 입장을 충분히 파악한 다음 가능하면 직접적으로 충고나 조언을 하는 것보다 우회적으로 하는 것이 좋습니다.

충고할 때

❖ 自分でやりなさい。
스스로 해라.

❖ 中途半端でやめるな。
중도에 포기하지 마.

❖ それをするのが君の義務だ。
그것을 하는 것은 너의 의무야.

❖ よくよく考えて決心しなさい。
잘 생각하고 결심해라.

❖ 頭を冷やしてよく考えなさい。
냉정하게 잘 생각해라.

❖ もう少しの努力をするべきだ。
좀더 노력을 해야 해.

❖ もう少し頑張るべきだ。
좀더 분발해야 해.

❖ あの男を甘く見てはいけない。
그 남자를 가볍게 봐서는 안 돼.

Part
02

❖ すべてのことにもっと積極的になってもらいたい。

모든 일에 더 적극적이길 바란다.

❖ 私は私の経験をふまえてこう言ってるんだ。

나는 내 경험을 바탕으로 이렇게 말하는 거야.

❖ 簡単に信用したらだめだ。

섣불리 믿으면 안 돼.

❖ 急いだほうがいいわよ。

서두르지 않는 게 좋겠어.

❖ それは賢明ではありませんね。

그것은 현명하지 않아요.

❖ ちゃんと働かないとくびになるよ。

제대로 일하지 않으면 잘려요.

❖ 考え直したほうがいいんじゃない?

다시 생각하는 게 좋지 않겠니?

❖ 簡単に信用したらだめだ。

섣불리 믿으면 안 돼.

조언할 때

❖ ちょっと言わせてもらいたいんだけど。

좀 말해주고 싶은데.

> A : 私の書いた報告書、どうですか。
> (제가 쓴 보고서는 어떻습니까?)
>
> B : ちょっと言わせてもらいたいんだけど、これは長すぎるよ。
> (좀 말해주고 싶은데 이것은 너무 길어.)

❖ これは僕の経験から言っているんだよ。

이것은 내 경험에서 하는 말이야.

> A : 私はそうは思わないわ。
> （나는 그렇게는 생각하지 않아.）
>
> B : これは僕の経験から言っているんだよ。
> （이것은 내 경험에서 하는 말이야.）

❖ 私のアドバイスが役に立つといいんだけど。

내 충고가 도움이 되었으면 좋겠어.

❖ 最後までやるべきだよ。

마지막까지 해야 해.

> A : 僕はもう諦めるよ。
> （나는 이제 포기할래.）
>
> B : いや、最後までやるべきだよ。
> （안 돼, 마지막까지 해야 해.）

❖ そこが肝心なんだよ。

그게 가장 중요한 거야.

❖ よく覚えておいてね。

잘 기억해 둬.

> A : 毎朝8時に来なければならないんですか。
> （매일 아침 8시에 와야 합니까?）
>
> B : 規則なのよ。よく覚えておいてね。
> （규칙이야. 잘 기억해 둬.）

❖ 言っておくけどね。

말해 두는데.

A : 言っておくけどね。彼は後悔するよ。
（말해 두는데, 그는 후회할거야.）

B : 君の忠告はもうたくさんだ。
（네 충고는 이제 충분해.）

❖ 考えてみろよ。

생각 해 봐.

A : なぜ私にその仕事はできないって思うの？
（왜 내가 그 일을 못할 거라고 생각하니?）

B : 考えてみろよ。大変な仕事なんだ。
（생각 해 봐라. 힘든 일이야.）

❖ 僕の忠告を聞けよ。

내 충고를 들어.

❖ 無理しないでね。

무리하지 마.

A : すごく忙しくて、毎日帰りが遅いんだ。
（너무 바빠서 매일 귀가가 늦어.）

B : 無理しないでね。
（너무 무리하지 마.）

❖ 焦らないでね。

초조해하지 마.

❖ あわてる必要ないよ。

서두를 필요는 없어.

A : しまった！もう1時じゃないか。
（안 돼! 벌써 1시잖아.）

B : あわてる必要ないよ。会議は1時半からだ。
（서두를 필요는 없어. 회의는 1시 반부터야.）

494

❖ それは君自身が決めることだよ。

그것은 네 자신이 결정할 일이야.

> A : どうしたらいいの?
> (어떻게 하면 좋지?)
>
> B : それは君自身が決めることだよ。
> (그것은 네 자신이 결정할 일이야.)

주의를 줄 때

❖ ひとつ注意しておきたいんだけど。

한 가지 주의를 주고 싶은데.

❖ あなたを非難するつもりはないのよ。

너를 비난할 생각은 없어.

❖ 気を悪くしないで聞いてね。

불쾌하게 생각하지 말고 들어.

> A : 気を悪くしないで聞いてね。
> (불쾌하게 생각하지 말고 들어.)
>
> B : 何だい? 言ってくれよ。
> (뭔데? 말해 봐.)

❖ 君のためを思って言っているんだ。

네가 걱정돼서 하는 말이야.

❖ 友達だから言うんだよ。

친구니까 말하는 거야.

❖ 君もそのうちわかるよ。

너도 조만간 알게 될 거야.

❖ だから言ったじゃないか。

그러니까 내가 말했잖아.

> A : 大失敗したよ。
> (큰 실수했어.)
>
> B : だから言ったじゃないか。
> (그러니까 내가 말했잖아.)

❖ 二度とこんなことがないようにね。

두 번 다시 이런 일 없도록 해.

❖ そんなにムキになるなよ。

그렇게 발끈하지 마.

> A : 何だって？ 僕には無理だって言うのかい？
> (뭐라고? 나에게는 무리라는 거야?)
>
> B : そんなにムキになるなよ。
> (그렇게 발끈하지 마.)

❖ うろたえるなよ。

겁먹지 마.

❖ まじめにやってよ。

진지하게 해.

❖ 笑い事じゃないよ。

웃을 일이 아니야.

> A : すごくおかしかったんだ。
> (너무 웃겼어.)
>
> B : 笑い事じゃないよ。君の失敗だろ。
> (웃을 일이 아니야. 네 실수야.)

❖ それはやり過ぎだよ。

그건 무리야.

> A : 1か月で5キロやせたいの。
> (1개월에 5킬로그램을 빼고 싶어.)
>
> B : それはやり過ぎだよ。
> (그건 무리야.)

❖ 口を慎みなさい。

입 조심해라.

❖ ばかな真似はやめなさい。

바보 같은 짓은 그만둬.

❖ 放っておきなよ。

내버려둬.

> A : 彼の私に対する態度、頭にくるわ。
> (그가 나를 대하는 태도에 화가 나.)
>
> B : 放っておきなよ。あいつはただのろく
> でなしだ。
> (내버려둬. 그 녀석은 그저 별 볼일 없는 놈이야.)

Part 02

❖ 油断するなよ。

방심하지 마.

변명할 때

❖ 言い訳するなよ。

변명하지 마.

> A : ほかのことで忙しくて、それに…。
> (다른 일로 바빠서, 게다가…)
>
> B : 言い訳するなよ。
> (변명하지 마.)

❖ 言い訳は聞きたくないわ。

변명은 듣고 싶지 않아.

❖ 言い訳はもうたくさん。

변명은 이미 실컷 들었어.

A : それにはもうひとつ理由があるんです。
（게다가 또 한 가지 이유가 있어요.）

B : 言い訳はもうたくさん。
（변명은 이미 실컷 들었어.）

❖ そんなの言い訳にならないよ。

그건 변명이 안 돼.

A : 遅刻したのは、道路が混んでいたからなんです。
（지각한 것은 도로가 막혀서입니다.）

B : そんなの言い訳にならないよ。
（그건 변명이 안 돼.）

❖ 適当に言い訳しておくよ。

적당히 핑계를 댈 거야.

A : また遅れたのね。部長が怒っているわよ。
（또 늦었구나. 부장님이 화나났어.）

B : 適当に言い訳しておくよ。
（적당히 핑계를 댈 거야.）

❖ あいつは言い逃れがうまいんだ。

저 사람은 핑계를 잘 대.

❖ ああ言えばこう言うっていう奴なんだ。

말대꾸할 준비를 하는 녀석이야.

❖ 屁理屈を言うなよ。

억지 쓰지 마.

❖ 話をそらすなよ。

말을 돌리지 마.

498

◆ 言いわけはいいから、お金を返してよ。

변명은 됐으니까, 돈을 갚아요.

말싸움할 때

◆ わがまま言うなよ。

제멋대로 말하지 마.

> A : 私、この仕事はやりたくないわ。
> (나, 이 일은 하고 싶지 않아.)
>
> B : わがまま言うなよ。全員でやらなければ
> いけないんだ。
> (제멋대로 굴지 마. 우리 모두가 해야 해.)

◆ 今さらそんなこと言わないでよ。

이제 와서 그런 말 하지 마.

> A : 週末のスキー旅行、行かないことにするわ。
> (주말의 스키 여행, 안 가기로 할래.)
>
> B : 今さらそんなこと言わないでよ。
> (이제 와서 그런 말 하지 마.)

◆ ばかなことを言わないでよ。

바보 같은 소리 하지 마.

> A : 君は金が目当てで僕と付き合っているんだな。
> (너는 돈을 바라고 나와 사귄 거네.)
>
> B : 何ですって? ばかなことを言わないでよ。
> (뭐라고? 바보 같은 소리 하지 마.)

◆ ばかにもほどがあるよ。

바보스러운 것도 정도가 있어.

> A : 中村にお金を貸したんだ。
> （나카무라에게 돈을 빌려 줬어.）
>
> B : ばかにもほどがあるよ。あいつは絶対に
> 返さないぞ。
> （바보스러운 것도 정도가 있어. 그는 절대로 갚지 않을 거야.）

❖ ばかにするなよ。
　놀리지 마.

❖ それはこっちのセリフだ。
　그것은 내가 할 소리야.

> A : 君にこの仕事ができるのかな。
> （네가 이 일을 할 수 있으려나.）
>
> B : それはこっちのセリフだ。へまをするなよ。
> （그건 내가 할 소리야. 일을 망치지나 마.）

❖ ウソをついていたのね。
　거짓말을 했구나.

❖ だましたんだな。
　속였구나.

❖ 私に何か隠しているわね。
　나에게 뭔가를 숨기고 있어.

❖ あなたって信用できないわ。
　너를 못 믿겠어.

❖ 偉そうなことを言うなよ。
　허풍떨지 마.

> A : このプロジェクトについては、僕が何もか
> も知っているから。
> （이 계획에 대해서는 내가 모두 알고 있으니까.）
>
> B : 偉そうなことを言うなよ。責任者は僕なんだ。
> （허풍떨지 마. 책임자는 나야.）

❖ 私に指示しないでよ。

나에게 지시하지 마.

> A : 彼と付き合うのはやめた方がいいよ。
>   (그와 사귀는 것을 그만두는 게 좋아.)
> B : 私に指示しないでよ。
>   (지시하지 마.)

❖ 八つ当たりしないでよ。

분풀이 하지 마.

❖ 逃げるなよ!

도망가지 마!

Part 02

> A : また別のときに話そう。
>   (다음에 얘기하자.)
> B : 逃げるなよ! まだ話は終わっていないんだ。
>   (도망가지 마! 아직 얘기 끝나지 않았어.)

상대방에게 무언가를 의뢰할 때 가장 많이 쓰이는 표현으로는 「お願いします(부탁합
니다)」가 있으며, 그밖에 의뢰나 요구 표현인 「~てください(~해주세요)」 등이 있습
니다. 하지만 「~てください」는 상대에게 직접적으로 행동할 것을 요구하는 것이므로
경우에 따라서는 불쾌감을 줄 수 있으므로 상대의 기분을 거슬리지 않는 「~ていただ
けませんか, ~てくださいませんか」 등처럼 완곡한 표현을 쓰는 것이 좋습니다.

의뢰를 할 때

❖ お願いします。
부탁합니다.

A : コーヒーはいかがですか。
(커피 드릴까요?)

B : お願いします。
(부탁합니다.)

❖ お願いがあるんだけど。
부탁이 있는데.

❖ お願いしてもいい?
부탁해도 될까?

❖ ちょっと手伝ってくれる?
좀 도와주겠니?

❖ この荷物を運んでください。
이 짐을 옮겨주세요.

❖ 明日、電話をいただきたいのですが。
내일, 전화주시면 좋겠습니다만.

❖ 明日の朝、7時に起こしてくれる?

내일 아침 7시에 깨워 주겠니?

❖ この包を郵便で送ってもらえませんか。

이 소포를 우편으로 보내줄 수 있습니까?

❖ ちょっとお時間をいただけますか。

잠깐 시간을 내줄 수 있습니까?

❖ ステレオの音を小さくしてください。

스테레오 소리를 줄여 주세요.

❖ 彼と話をしてもらえるとありがたいのですが。

그에게 말씀해 주시면 감사하겠습니다만.

❖ 私の家まで車で送ってもらえますか。

우리 집까지 자동차로 데려다 주실 수 있습니까?

❖ 面倒だとは思うのだけど。

번거로운 일이라는 건 알지만.

❖ お願いだから。

부탁한다.

| 희망을 나타낼 때 | ❖ そうしたいんだ。 |

그렇게 하고 싶어.

❖ そうしたいと思います。

그렇게 하고 싶습니다.

❖ 喜んでそうします。

기쁘게 그렇게 하겠습니다.

❖ 一緒に来てほしいんだ。
いっしょ き

함께 와주면 좋겠다.

❖ 私の立場をわかってほしいのよ。
わたし たちば

내 입장을 이해해줘.

❖ スピーチをしてほしいのですが。

연설을 해주셨으면 좋겠습니다.

❖ ビールをもう1杯ください。
ばい

맥주 한 잔 더 주세요.

❖ またお会いしたいですね。
あ

다시 뵙고 싶군요.

❖ 日本の会社に就職できればいいのだけど。
にほん かいしゃ しゅうしょく

일본 회사에 취직하면 좋겠어.

> A：大学を卒業したらどうするの。
> だいがく そつぎょう
> (대학을 졸업하면 어떻게 할 거야?)
> B：日本の会社に就職できればいいのだけど。
> にほん かいしゃ しゅうしょく
> (일본 회사에 취직하면 좋겠어.)

❖ そうだといいのだけど。

그렇다면 좋겠는데.

> A：彼は来ると思う？
> かれ く おも
> (그가 올 거라고 생각해?)
> B：そうだといいのだけど。
> (그러면 좋겠는데.)

❖ 早くよくなるといいね。
はや

곧 나았으면 좋겠어.

❖ そうではないといいのだけど。

그러지 않으면 좋겠는데.

> A : 明日は雨が降るのかな？
> （내일 비가 올까?）
>
> B : そうではないといいのだけど。
> （그러지 않으면 좋겠는데.）

❖ ぜひもう一度やってみたいわ。
꼭 다시 해보고 싶어.

> A : ダイビングは気に入った？
> （다이빙은 좋았어?）
>
> B : すごく面白かったわよ！　ぜひもう一度
> やってみたいわ。
> （너무 재미있었어! 꼭 다시 해보고 싶어.）

❖ ぜひ彼の意見を聞いてみたいね。
그의 의견을 꼭 듣고 싶어.

❖ 彼女に会いたくてたまらないよ。
그녀를 몹시 만나고 싶어 죽겠어.

❖ ああ、タバコが吸いたいなぁ。
아, 담배가 피고 싶어.

❖ 飲みに行きたい気分だよ。
술 마시러 가고 싶어.

> A : 仕事は終わったの？
> （일은 끝났니?）
>
> B : うん、飲みに行きたい気分だよ。
> （응, 술 마시러 가고 싶어.）

❖ 楽しみにしているの。
기대하고 있어.

505

일이 잘못되었거나 기대한 만큼의 결과가 나오지 않았을 때 화가 나는 법입니다. 이런 불평이나 불만을 나타낼 때 자신도 모르게 나오는 소리가 일본어에서는 「ちぇっ(칫)」, 「あっ, しまった(아뿔싸)」 등이 있습니다. 「불평을 늘어놓다」라고 할 때는 「不平を並べる」라고 합니다. 또한 진절머리가 나거나 지루할 때는 「退屈だ(지루해)」라고 말하거나 「もうたくさんだ(이제 됐어)」라고 말합니다.

불평할 때

❖ 苦情を言いたいのですが。
　불만스러운 게 있습니다.

❖ そのことについては不満です。
　그것이 불만입니다.

❖ 文句を言うなよ!
　불평 좀 그만해!

❖ あいつは文句ばかり言っているんだ。
　그는 불평만 해.

❖ あいつに文句を言ってやろう。
　그에게 잔소리를 좀 할 거야.

❖ 君に言いたいことがあるんだ。
　너한테 할 말이 있어.

❖ 何か不満があるの?
　무슨 불만 있니?

❖ 何が不満なの?
　뭐가 불만이야?

❖ まじめに言っているのよ。

진지하게 말하고 있는 거야.

❖ 何とかしてよ!

어떻게 좀 해봐!

❖ こんなこと、ばかげているわ!

이건 웃기는 일이야!

❖ 何考えてるんだよ。

무슨 생각을 하고 있는 거야?

A : 明日から10間、休暇をとっていいですか。
（내일부터 10일간 휴가를 내도 됩니까?）

B : 何考えてるんだよ。
（무슨 생각을 하고 있는 거야?）

❖ 不公平だよ

불공평해.

❖ 口で言うのは簡単だよ。

말로 하는 것은 쉬워.

A : すぐに新しい仕事に慣れるよ。
（금방 새 일에 빨리 익숙해질 거야.）

B : 口で言うのは簡単だよ。
（말이야 쉽지.）

❖ 君は口ばっかりだ。

너는 말뿐이야.

A : ごめん。いつか埋め合わせするよ。
（미안해. 언젠가 보충할게.）

B : 君は口ばっかりだ。
（너는 말뿐이야.）

507

❖ 君は要求が厳しすぎるんだよ。

너는 지나친 요구를 하고 있어.

❖ 君は何にでも文句をつけるんだな。

너는 모든 것에 다 불평이야.

❖ 急いでもらえないかな?

서둘러 줄래?

❖ どうしてそんなに時間がかかるんだよ?

왜 그렇게 시간이 걸려?

❖ もう少し静かにしてもらえませんか。

좀더 조용히 해 주시겠습니까?

난처할 때

❖ 困ったことになった。

곤경에 처해 있어.

❖ 問題があるんだ。

문제가 생겼어.

❖ それが問題なんだよ。

그게 문제야.

> A : 時間が足りないよ。
> (시간이 부족해)
> B : それが問題なんだよ。
> (그게 문제야)

❖ 難しいなあ。

어려워.

❖ どうしたらいいんだろう?

어떻게 해야 할까?

❖ 諦めるしかないな。
포기해야 해.

❖ それが悩みの種なんだ。
그것이 고민거리야.

> A : 君はお父さんを説得しなければいけないよ。
> (너는 아버지를 설득해야 해.)
>
> B : それが悩みの種なんだ。
> (그것이 고민거리야.)

❖ 行き詰まっているんだ。
망설이고 있는 중이야.

> A : どうするつもりだい?
> (어떻게 할 거야?)
>
> B : わからないよ。行き詰まっているんだ。
> (모르겠어. 고민 중이야.)

Part
02

❖ どうしようもないよ。
어떻게 할 수가 없어.

> A : どうするの?
> (어떻게 할 거야?)
>
> B : どうしようもないよ。
> (어떻게 할 수가 없어.)

❖ バカなことをしちゃったよ。
바보 같은 짓을 했어.

❖ 失敗したなぁ。
실패했어.

❖ あんなことするんじゃなかった。
그걸 하지 말았어야 했어.

❖ こんなはずじゃなかったのに。
이럴 리가 없는데.

> A : 誰も迎えに来ていないわよ。
> (아무도 마중 나오지 않았어.)
>
> B : おかしいなぁ。こんなはずじゃなかったのに。
> (이상한데, 이럴 리가 없는데.)

❖ ひどい目にあったよ。

혼쭐났어.

❖ それはあんまりだ。

그건 너무해.

> A : この仕事、今日中に終わらせてほしいのよ。
> (이 일, 오늘 중으로 끝내기를 바란다.)
>
> B : それはあんまりだ。
> (그건 너무해.)

❖ 最悪だ。

최악이야.

❖ 頭が痛いよ。

머리가 아파.

❖ 何もかもうまくいかないんだ。

되는 일이 하나도 없어.

❖ まったく落ち込んじゃうよ。

침담한 기분이야.

❖ もうおしまいだ。

이제 끝장이다.

> A : 山田さんが課長に昇進するんだよ。
> (야마다 씨가 과장으로 승진해.)
>
> B : 彼は僕のことが嫌いなんだよ。もうおしまいだ。
> (그는 나를 싫어해. 이제 끝장이야.)

상대의 행위를 제지할 때 보통 「やめなさい(그만 둬라)」, 「だめ(안 돼)」라고 합니다. 경고의 표현은 경찰이 범인을 체포하거나 금지구역에서 행위를 저지할 때, 또는 위험한 상황을 알릴 때 많이 쓰이므로 만일의 상황에 대비하여 익혀두면 여행할 때 도움이 됩니다. 경고할 때는 대부분 어감이 거칠고 직접적인 명령형이나 금지 표현으로 합니다. 따라서 이러한 경고의 표현은 여자보다는 남자들이 많이 씁니다.

명령할 때

◆ 早く出かける準備をしなさい。
  빨리 떠날 준비를 해라.

◆ 健康に注意しなさい。
  건강에 주의해.

◆ 待って!
  기다려!

◆ もっと早く仕上げてください。
  더 빨리 완성하세요.

◆ 時間を守りなさい。
  시간을 지켜.

◆ 出発進行。
  출발 진행.

◆ こら、静かにしろ!
  어이, 조용히 해!

❖ 私語禁止です。

시담 금지입니다.

❖ そんなことしちゃダメよ!

그런 짓을 하면 안 돼!

❖ この部屋に無断で入ってはいけない。

이 방에 무단으로 들어가서는 안 돼.

❖ 大きな声を出してはいけません。

큰 목소리를 내서는 안 됩니다.

❖ 電気をつけっ放しにしないでください。

전기를 켜두지 마세요.

❖ ここは禁煙です。

여기는 금연입니다.

❖ この本をコピーすることは禁じられています。

이 책을 복사하는 것은 금지되어 있습니다.

❖ 車内での携帯電話のご利用はご遠慮ください。

차안에서의 휴대전화 이용은 사양해 주십시오.

❖ 手を触れてはいけません。

손을 대면 안 됩니다.